21世纪经济与管理规划教材

工商管理系列

Management

5th edition

管理学教程

（第五版）

戴淑芬 ◎主编

刘明珠 李伊松 ◎副主编

北京大学出版社
PEKING UNIVERSITY PRESS

图书在版编目（CIP）数据

管理学教程/戴淑芬主编. —5 版. —北京：北京大学出版社，2022.4
21 世纪经济与管理规划教材·工商管理系列
ISBN 978 - 7 - 301 - 32169 - 0

Ⅰ.①管…　Ⅱ.①戴…　Ⅲ.①管理学—高等学校—教材　Ⅳ.①C93

中国版本图书馆 CIP 数据核字（2021）第 074201 号

书　　　名	管理学教程（第五版）
	GUANLIXUE JIAOCHENG(DI-WU BAN)
著作责任者	戴淑芬　主编　刘明珠　李伊松　副主编
责 任 编 辑	赵学秀
标 准 书 号	ISBN 978 - 7 - 301 - 32169 - 0
出 版 发 行	北京大学出版社
地　　　址	北京市海淀区成府路 205 号　100871
网　　　址	http://www.pup.cn
微信公众号	北京大学经管书苑（pupembook）
电 子 邮 箱	编辑部 em@pup.cn　总编室 zpup@pup.cn
电　　　话	邮购部 010 - 62752015　发行部 010 - 62750672　编辑部 010 - 62752926
印 刷 者	河北文福旺印刷有限公司
经 销 者	新华书店

　　　　　787 毫米 × 1092 毫米　16 开本　15.75 印张　367 千字
　　　　　2000 年 10 月第 1 版　2005 年 6 月第 2 版
　　　　　2009 年 7 月第 3 版　2013 年 8 月第 4 版
　　　　　2022 年 4 月第 5 版　2023 年 12 月第 2 次印刷

定　　　价	45.00 元

丛书出版前言

　　教材作为人才培养重要的一环，一直都是高等院校与大学出版社工作的重中之重。"21世纪经济与管理规划教材"是我社组织在经济与管理各领域颇具影响力的专家学者编写而成的，面向在校学生或有自学需求的社会读者；不仅涵盖经济与管理领域传统课程，还涵盖学科发展衍生的新兴课程；在吸收国内外同类最新教材优点的基础上，注重思想性、科学性、系统性，以及学生综合素质的培养，以帮助学生打下扎实的专业基础和掌握最新的学科前沿知识，满足高等院校培养高质量人才的需要。自出版以来，本系列教材被众多高等院校选用，得到了授课教师的广泛好评。

　　随着信息技术的飞速进步，在线学习、翻转课堂等新的教学/学习模式不断涌现并日渐流行，终身学习的理念深入人心；而在教材以外，学生们还能从各种渠道获取纷繁复杂的信息。如何引导他们树立正确的世界观、人生观、价值观，是新时代给高等教育带来的一个重大挑战。为了适应这些变化，我们特对"21世纪经济与管理规划教材"进行了改版升级。

　　首先，为深入贯彻落实习近平总书记关于教育的重要论述、全国教育大会精神以及中共中央办公厅、国务院办公厅《关于深化新时代学校思想政治理论课改革创新的若干意见》，我们按照国家教材委员会《全国大中小学教材建设规划(2019-2022年)》《习近平新时代中国特色社会主义思想进课程教材指南》和教育部《普通高等学校教材管理办法》《高等学校课程思政建设指导纲要》等文件精神，将课程思政内容融入教材，以坚持正确导向，强化价值引领，落实立德树人根本任务，立足中国实践，形成具有中国特色的教材体系。

　　其次，响应国家积极组织构建信息技术与教育教学深度融合、多种介质综合运用、表现力丰富的高质量数字化教材体系的要求，本系列教材在形式上将不再局限于传统纸质教材，而是会根据学科特点，添加讲解重点难点的视频音频、检测学习效果的在线测评、扩展学习内容的延伸阅读、展示运算过程及结果的软件应用等数字资源，以增强教材的表现力和吸引力，有效服务线上教学、混合式教学等新型教学模式。

　　为了使本系列教材具有持续的生命力，我们将积极与作者沟通，争取按学制周期对教材进行修订。您在使用本系列教材的过程中，如果发现任何问题或者有任何意见或建议，欢迎随时与我们联系(请发邮件至 em@ pup. cn)。我们会将您的宝贵意见或建议及时反馈给作者,以便修订再版时进一步完善教材内容,更好地满足教师教学和学生学习的需要。

最后,感谢所有参与编写和为我们出谋划策提供帮助的专家学者,以及广大使用本系列教材的师生。希望本系列教材能够为我国高等院校经管专业教育贡献绵薄之力!

北京大学出版社

经济与管理图书事业部

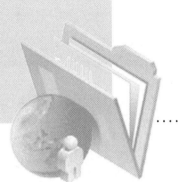

第五版前言

　　为满足高等学校管理学课程教学需要,我们重新修订了《管理学教程》这本教材。首先,在基本保持原书内容框架的前提下,结合近年来管理学的发展和教学需要,对部分章节和内容进行了适当的补充和修改,并增加了相关内容的原文链接(文中"延伸阅读")。根据国家教育部2020年5月印发的《高等学校课程思政建设指导纲要》精神,我们在每一章的思考题里都增加了相关分析题,旨在通过师生讨论,使学生认识到管理学理论在科学性层面的普遍适用性后,进一步思考中国特色社会主义制度下的管理理念、意识、文化和责任。此外,新版教材对各章的思考题和教学案例做了全面调整。所有这些都将为教师教学、学生学习带来更大的方便。

　　本书的编写工作由北京科技大学经济管理学院戴淑芬教授、刘明珠副教授和北京交通大学经济管理学院李伊松教授合作完成。在编写过程中,我们得到了北京科技大学经济管理学院高俊山教授的大力支持,查阅和参考了其他学者的教材和专著,在此致以深深的谢意!

　　最后,我们向多年来选用我们教材的兄弟院校的同行以及北京大学出版社表示衷心的感谢!

编　者

2021年4月

21世纪经济与管理规划教材

工商管理系列

目 录

第一章

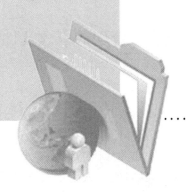

管 理 概 述

本章要点

（1）组织活动的构成及管理活动对组织的重要性。

（2）管理的含义及其应用范围。

（3）管理的性质，尤其是对管理的科学性和艺术性的理解。

（4）管理基本职能的构成、发展及各职能之间的关系。

（5）组织中管理者的主要类型及对管理者技能的要求。

（6）环境对管理的影响，组织一般环境的构成以及企业的市场环境要素。

（7）管理思想和理论发展的主要阶段及各阶段的主要特点。

（8）管理发展历史上，科学管理阶段的主要代表人物及其主要观点。

（9）现代管理理论的主要学派和现代管理理论的主要特点。

（10）企业的社会责任和企业家创业精神的内涵。

第一节 管理的概念及性质

一、管理的含义和重要性

管理是最重要的人类活动之一。自从人们开始形成群体去实现个人无法达到的目标以来，管理工作就成为协调个人努力必不可少的因素了。组成群体无非是为了集结个人的力量，以发挥集体的更大作用。这种群体实际上就是人类社会普遍存在的"组织"现象。所谓组织，是指由两个或两个以上的个人为了实现共同的目标而组成的有机整体。组织是一群人的集合，组织的成员必须按照一定的方式相互合作、共同努力去实现既定的组织目标。这样，组织才能形成整体力量，以完成单独个人力量的简单总和所不能完成的各项活动，实现不同于个人目标的组织总体目标。组织存在于日常生活和工作的各个方面。企业是一种组织，医院、学校和其他事业单位等也都是组织的具体表现形式。任何一个组织，都有其基本的使命和目标。例如，医院的使命和目标是治病救人，学校的使命和目标是培育人才，企业的使命和目标是满足用户的需要，等等。组织的使命和目标说明了组织存在的理由。

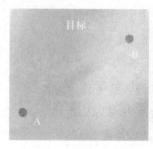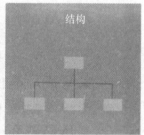

图 1-1　组织的三个特征

为了完成组织的使命和目标，组织需要开展业务活动（统称作业工作），如医院中的诊治、学校中的教学、工业企业中的生产等。组织是直接通过作业活动来达成组织目标的，而作业活动的开展自然离不开人力资源（人员）、物力资源（原材料、机器设备）和财力资源（资金）等的运用，否则作业活动就只能成为"无米之炊"。既然一个组织需要各种资源去完成作业活动，这些资源是否能够良好地协调和配合，就直接影响了组织的作业活动能否有效而顺利地进行。对组织而言，这就需要开展另一项活动管理。管理是伴随着组织的出现而产生的，是保证作业活动实现组织目标的手段，是协作劳动的必然产物。凡是需要通过集体努力去实现个人无法达到的目标，管理就成为必要。因此，小至企业、大至国家，任何组织都需要管理，它是协调个人努力必不可少的因素。正如马克思指出的那样：一切规模较大的直接社会劳动或共同劳动，都或多或少地需要指挥，以协调个人的活动，并执行生产总体的活动所产生的各种一般职能。一个单独的小提琴手是自己指挥自己，一个乐队就需要一个指挥。指挥之于乐队，就像经理人员之于企业，他们的存在是确保组织各项活动实现预定目标的条件。

管理的重要性伴随着组织规模的扩大和作业活动的复杂化而日益明显。如果说简单的组织只需要简单的管理,因而管理的重要性还不十分突出的话,那么时至今日,科学技术和经济已获得高度发展,组织的规模越来越大,组织面临的环境越来越复杂,作业活动越来越现代化,在这样的时代中,管理就越来越成为影响组织生死存亡和社会经济发展的关键因素。国际上有许多著名的管理学家和经济学家都非常强调管理的重要性,如有人把管理看成是工业化的催化剂和经济发展的原动力,同土地、劳动和资本并列为社会的"四种经济资源",或者同人力、物力、财力和信息一起构成组织的"五大生产要素";还有的人则把管理、技术和人才的关系比喻为"两个轮子一个轴"。如同没有先进的科学技术,作业活动乃至管理活动无法有效地开展一样,没有高水平的管理相配合,任何先进的科学技术都难以充分发挥作用,而且,科学技术越先进,对管理的要求也越高。由此可见管理活动对现代组织的重要性。组织中的活动包括作业活动和管理活动两大部分。组织是直接通过作业活动来达到组织目标的,但组织为了确保这一基本过程(对企业来说,该基本过程表现为生产过程)顺利而有效地进行,还需要开展管理活动,管理是促成作业活动顺利实现组织目标的手段和保证。

什么是管理?管理的定义,在中外许多管理学著作中均有描述。由于这些学者从不同角度和侧面对管理加以解释,因此这些定义会有一些不同。综合这些定义,能够较为全面地概括管理这一概念的内涵和外延的定义是:

管理,就是在特定的环境下,对组织所拥有的资源进行有效的计划、组织、领导和控制,以便达到既定的组织目标的过程。这个定义包含以下四层含义:

第一,管理活动是在特定的组织内外部环境的约束下进行的,任何组织都存在于一定的内外部环境之中,并受到环境的约束。企业的生存离不开外部的原材料供应和顾客的需求,其生产经营活动要受到国家政策、法律等多种因素的影响;学校的生存取决于学生求学的欲望和用人单位的需求。管理理论的学习和管理实践活动必须注重组织的内外部环境,适应环境,利用内外部环境的各种有利因素,并根据内外部环境的变化而不断创新。

第二,管理是为实现组织目标服务的。管理活动具有目的性,其目的是实现组织的目标。一个组织要实现的目标即使在同一时期也往往是多种多样的。企业的目标包括提高组织资源的利用效率和利用效果,主动承担社会责任以便获得更好的发展空间,不断开拓市场,最大限度地获取经济利益,创造条件促进职工发展,等等;学校的目标包括培养出高素质的毕业生,提高教师的教学科研水平,等等。不管是什么样的组织,都要重视效率(Efficiency)和效果(Effectiveness)问题,效率和效果是衡量管理工作的重要标志。

第三,管理工作要通过有效利用组织的各种资源来实现组织目标。资源是一个组织运行的基础,也是开展管理工作的前提。传统意义上的资源主要是指人、财、物,强调的是内部的、有形的资源。现代意义上的资源远不止这些,组织管理成效的好坏、有效性如何,集中体现在它能否使组织投入最少的资源,产出最大的、合乎需要的成果。产出一定、投入最少,或者投入不变、产出最多,甚至是投入最少、产出最多,这些都意味着组织具有较为合理的投入产出比,有比较高的效率。然而,仅仅关心效率是不够的,管理者还必须使组织的活动实现正确的目标,这就是追求活动的效果(效能)。效率和效果是两个不同的概念。效率涉及的只是活动的方式,它与资源利用相关,只有高低之分而无好坏之别。效果则涉及活动的目标和结果,不仅有高低之分,而且可以在好坏两个方向上表现出明显的差别。高效率只是正确地做事,好效果则是做正确的事。效率和效果又是相互联系的。例如,如果某个人不顾效率,他很容易达到好效果。很多企业的产品如果不考虑人力、材料等投入成本的话,能被生产或制造得更精细、更吸引人。因此,管理不仅关系到使活动达到目标,而且要做得尽可能有效率。只有"正确地做正确的事",组织才具有最大的有效性,把效率和效果结合起来(见图1-2)。作为一个组织,管理工作不仅仅追求效率,更重要的是从整个组织的角度来考虑组织的整体效果以及对社会的贡献。因此,要把效率和效果有机地结合起来,把管理的目的体现在效率和效果之中,即通常所说的绩效(Performance)。

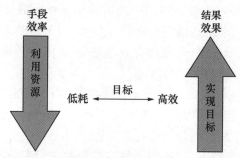

图1-2　效率与效果

第四,管理最终要落实到计划、组织、领导和控制等一系列管理职能上。管理职能是管理者开展管理工作的手段和方法,也是管理工作区别于一般作业活动的重要标志。实现这些管理职能是每个管理者都必须要做的事情,是管理理论研究和管理实践的重点,不为社会制度、组织规模和管理者的喜好所左右。

构成这一概念的四个要素的关系如图1-3所示。

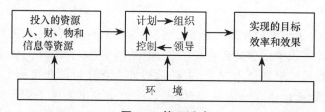

图1-3　管理活动

从前面对管理的分析不难看出,管理普遍适用于任何类型的组织。因为任何组织都有特定的组织目标,都有其特定的资源调配和利用问题,所以,也就有管理问题。

营利性组织需要管理,这类组织十分重视投入与产出的比较,十分强调对资源的利用效果。但是,人们往往认为只有大企业才需要管理,因为大企业拥有更多的资源,职工人数更多,更需要有周密的计划和高效率的沟通与协调。事实上,小企业同样需要管理。每年都有大量的小企业破产倒闭,其原因并不仅仅是小企业拥有的资源少,更重要的原因是管理方面的问题。

从非营利性组织的管理来看,不仅政府、军队、公安等组织需要管理,学校需要管理,公立医院、诊所、研究院、报社、博物馆及大众性广播、邮电和交通服务单位需要管理,而且各种基金会、联合会、俱乐部及政治党派、学术团体和宗教组织等也都需要管理。管理活动遍布人类社会的方方面面，无时无处不在。

当然，不同类型的组织，由于其作业活动的目标和内容存在一些差异，因而管理的具体内容和方法也不尽相同。但从基本管理职能、管理原理和方法来看，各种不同类型的组织管理具有相似性和共通性。

二、管理的本质及性质

（一）管理的本质

学习和运用管理，首先要准确地把握管理工作的本质及特性。管理工作不同于生产、科研、教学、治疗等具体的作业活动，它具有一定的特殊性。要把握管理的本质和特性，可以从分析管理工作和作业工作的关系入手。

首先，管理工作是独立进行、有别于作业工作又为作业工作提供服务的活动。

其次，管理不是独立存在的，管理活动和作业活动并存于一个组织之中，才能保证组织目标的圆满实现。

最后，从事管理工作的人并不是绝对不可以做一些作业工作。对管理工作与作业工作的概念区分，并不意味着这两类活动一定要由截然不同的两批人去做。事实上，组织中有不少被列为"管理人员"的人在某些时候也从事作业工作，如医院院长可能也做手术，学校校长可能也授课，企业销售经理可能也参与业务谈判和签订销售合同等。在某些时候，管理者参与作业工作并非坏事，这样往往有利于促进领导者与下属人员之间的沟通和理解。但是，如果一位管理者把绝大部分时间和精力都用于从事作业工作而不是管理工作（新从基层提拔上来的管理者易出现这种情况），那么，他就忘记了自己的管理者身份，没有关注管理工作与作业工作的区别，就不可能成为一个称职的管理者。

管理工作的本质，就是从事管理工作的人通过他人并使他人同自己一起实现组织的目标。在通常情况下，管理人员并不亲自从事具体工作，而是委托他人去干，自己花大量时间和精力进行计划安排、组织领导和检查控制其他人的工作。管理人员之所以在身份和地位上不同于其他人，就是因为其"分内"工作性质与这些人的作业工作有着迥然的差异，而且，管理人员还要对这些人的工作好坏负最终责任。正是在促成他人努力工作并对他人工作负责这一点上，管理人员与作业人员有所区别，他们构成了组织中相对独立的两大部分。

（二）管理的科学性与艺术性

关于管理的性质，许多管理学者从多方面进行过分析、总结，其中强调管理工作具有科学性和艺术性的双重特征，最能刻画出管理工作的本质特性。对管理科学性的了解，可从以下两个方面来看：

首先，管理是一门科学，是指它以反映客观规律的管理理论和方法为指导，有一套分析问题、解决问题的科学的方法论。管理学发展到今天，已经形成了比较系统的理论体系，揭示了一系列具有普遍应用价值的管理规律，总结出许多管理原则。这些规律和原则是由大量的学者和管理实践者在长期总结管理工作的客观规律的基础上形成的，是理论与实践高度凝结的产物，不会因为地域、文化乃至社会制度的差异而不同，也不以人们的主观意志为转移。

其次，管理是一门不精确的科学，指导管理的科学比较粗糙，不够精确。这一方面因为管理是一门正在发展的科学，与数学、物理学等自然科学相比，管理学的发展历史相对较短，还需要一个逐步走向完善的过程；另一方面，管理工作所处的环境和要处理的许多事务常常是复杂多变的，管理学并不能为管理者提供一切问题的标准答案，仅凭书本上的管理理论和公式进行管理活动是不能成功的。主管人员必须在管理实践中发挥积极性、主动性和创造性，因地制宜地将管理知识与具体的管理活动相结合，才能进行有效的管理。这一点决定了管理的艺术性。

管理的艺术性，就是强调管理活动除了要掌握一定的理论和方法，还要有灵活运用这些知识和技能的技巧和诀窍。管理的艺术性强调了其实践性，没有实践则无所谓艺术。无视实践经验的积累，无视对理论知识灵活运用能力的培养，管理工作注定要失败。基于对管理艺术性的认识，在20世纪70年代，权变管理理论在管理学界产生了极大的影响。对权变管理思想进行系统论述的是美国管理学家弗雷德·卢桑斯（Fred Luthans）。他在《权变管理理论：走出丛林之路》和《管理导论：一种权变学说》等论文和著作中，把权变管理思想归纳为管理理论方法和环境之间的函数关系，即管理理论方法 = f(环境)。其中环境是自变量，管理理论方法是因变量。这种函数理论关系可进一步解释为"如果—就要"模式，即如果某种环境存在或发生，就要采用某种相应的管理思想、管理方法和技术，以便更好地达到组织目标。权变理论认为没有一成不变的、普遍适用的、最好的管理理论和方法，一切应取决于当时的既定情况。这种强调应变性、灵活性的管理思想充分体现了管理工作的艺术性特点。

管理的科学性与艺术性并不互相排斥，而是互相补充的。不注重管理的科学性而只强调管理工作的艺术性，这种艺术性将会表现为随意性；不注重管理工作的艺术性，管理科学将会是僵硬的教条。管理的科学性来自管理实践，管理的艺术性要结合具体情况并在管理实践中体现出来，二者是统一的。

第二节　管理的职能

一、管理的基本职能

关于管理的基本职能，在管理的定义里已经阐明，是计划、组织、领导和控制，也就是说管理是由这样一系列相互关联、连续进行的活动构成的，或者说管理作为一个过程，管理者在其中要发挥这样的作用。

在管理学的发展历史上，一些学者对管理的基本职能做出了不同的描述。20世纪初期法国工业学家亨利·法约尔（Henry Fayol）提出，所有的管理者都履行以下五种管理职能：计划（Plan）、组织（Organize）、指挥（Command）、协调（Coordinate）和控制（Control）；另一个比较有影响和代表性的观点是美国管理学家哈罗德·孔茨（Harold Koontz）在20世纪50年代提出的管理包括计划、组织、人员配备、指导和领导、控制五项职能的观点；除此以外,还有七项职能等观点,如美国的卢瑟·古利克(Luther Gulick)在 20 世纪 30 年代提出管理职能包括计划、组织、指挥、控制、协调、人事、沟通等。关于管理职能的比较流行的观点是将其简化为四个基本职能：计划、组织、领导、控制。

1. 计划

如果你在旅行时没有任何特定的目的地,那么任何路线你都可以选择。由于组织的存在是为了实现某些目的,因此就需要有人来规定组织要实现的目的和实现目的的方案,这就是管理的计划职能应做的工作。计划是管理的首要职能,管理活动从计划工作开始。具体来说,计划工作的程序和内容如下:

第一步,在研究活动条件的基础上,确定组织在未来某个时期内的活动方向和目标。组织的业务活动是利用一定条件在一定环境中进行的。活动条件的研究包括内部能力研究和外部环境研究。内部能力研究主要是分析组织内部在客观上对各种资源的拥有状况和主观上对这些资源的利用能力;外部环境研究是要分析组织活动的环境特征及其变化趋势,了解环境是如何从昨天演变到今天的,找出环境的变化规律,并据以预测环境在明天可能呈现的状态。

第二步,制定业务决策。活动条件的研究为业务决策提供了依据。所谓业务决策,是在活动条件的研究基础上,根据这种研究揭示环境变化中可能提供的机会或造成的威胁,以及组织在资源拥有和利用上的优势和劣势,并据此做出抉择或决断。

第三步,编制行动计划。在确定了组织活动方向、目标,做出业务决策以后,还要详细分析为了实现这个目标,需要采取哪些具体的行动,这些行动对组织的各个部门和环节在未来各个时期的工作提出了哪些具体的要求。因此,编制行动计划的工作,实质上是将决策目标在时间上和空间上分解到组织的各个部门和环节,对每个单位、每个成员的工作提出具体要求。

2. 组织

再好的计划方案也只有落实到行动中才有意义。要把计划落实到行动中,就必须要有组织工作。组织工作决定组织要完成的任务是什么,谁去完成这些任务,这些任务如何分类组合,谁向谁报告,以及各种决策应在哪一级上制定,等等。组织工作的具体程序和内容如下:

(1) 设计组织。包括设计组织的机构和结构。机构设计是在分解目标活动的基础上,分析为了实现组织目标需要设置哪些岗位和职务,然后根据一定的标准将这些岗位和职务加以组合,形成不同的部门;结构设计是根据组织业务活动及其环境的特点,规定不同部门在活动过程中的相互关系。

(2) 人员配备。根据各岗位所从事的活动要求以及组织员工的素质和技能特征,将适当的人员安置在组织机构的适当岗位上,使适当的工作由适当的人承担。

(3) 组织变革。根据业务活动及其环境特点的变化,研究与实施组织结构、结构的调整与变革。

3. 领导

每一个组织都是由人力资源和其他资源有机结合而成的,人是组织活动中唯一具有能动性的因素。管理的领导职能是指指导和协调组织中的成员,包括管理者激励下属,指导他们的活动,选择最有效的沟通渠道,解决组织成员之间的冲突等,从而使组织中的全体成员以高昂的士气、饱满的热情投身到组织活动中去。

4. 控制

为了保证组织目标的实现和既定计划的顺利执行,管理必须监控组织的绩效,必须将实际的表现与预先设定的目标进行比较。如果出现了任何显著的偏差,管理的任务就是使组织回到正确的轨道上来。内容包括行动偏离目标和标准时对组织活动的纠正以及对目标和标准的修改和重新制定,后者是指当组织内外环境发生变化时,原来制定的目标和标准已不再适用。

控制工作过程包括衡量组织成员的工作绩效、发现偏差、采取矫正措施三个步骤,控制不仅是对以前组织活动情况的检查和总结,而且可能要求某时点以后对组织业务活动进行局部甚至全局的调整。因此,控制在整个管理活动中起着承上启下的连接作用。

计划、组织、领导和控制是最基本的管理职能,它们分别重点回答了一个组织要做什么、怎么做、靠什么做、如何做得更好及做得怎么样等基本问题。管理的各项职能不是截然分开的独立活动,它们相互渗透并融为一体。从管理职能在时间上的关系来看,它们通常按照一定的先后顺序发生,即先计划,继而组织,然后领导,最后控制。对于一个新创建的企业来说往往更是如此。然而,这种前后工作逻辑在实践中并不是绝对的,没有哪个管理者是周一制订计划,周二开展组织工作,周三实施领导工作,周四采取控制活动。这些管理职能往往相互融合,同时进行。没有计划便无法控制,没有控制也就无法积累制订计划的经验。人们往往在进行控制工作的同时,又需要编制新的计划或对原计划进行修改。同样,没有组织架构,便无法实施领导,而在实施领导的过程中,又可能反过来对组织进行调整。管理过程是一个各职能活动周而复始的循环过程,而且在大循环中套着小循环(见图1-4)。

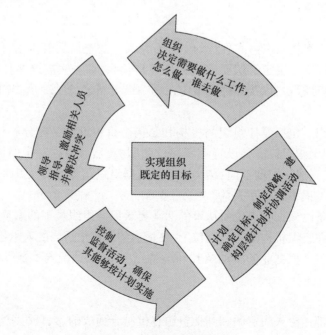

图1-4 管理的基本职能

◄**概念应用 1-1**►

管 理 职 能

指出以下五种情形描述的是四种管理职能的哪一种或非管理职能。

A. 计划　　　B. 组织　　　C. 领导　　　D. 控制　　　E. 非管理职能

_____1. 管理者向员工演示如何调试机器。

_____2. 管理者决定在前半个轮班中生产多少件产品。

_____3. 一名员工多次缺勤,管理者询问其原因并与之讨论如何提高出勤率。

_____4. 管理者主持面试,选择接替一位退休员工位置的人选。

_____5. 管理者修复机器故障。

二、管理职能的发展

如前所述,对计划、组织、领导和控制这四个基本职能,早在 20 世纪初管理界就已有认识。时至今日,这种认识也未发生根本性的变化,只是随着管理理论研究的深化和客观环境对管理工作要求的变化,人们对管理职能有了进一步的认识。这表现在:一方面,人们对于上述各项基本职能所涵盖的内容和使用的方法已经加深了理解,并在这四个职能的实施中有了很多的新方法,如计划工作中的网络计划技术、滚动计划和目标管理等,组织工作中组织结构有了许多较新形式,如事业部制、矩阵制和团队式组织结构等;另一方面,人们又在此基础上提出了一些新的管理职能,或者更准确地说,是对原有四个职能的某些方面进行强调,从中分离出新的职能,其中比较引人注目并得到一致认可的是决策和创新这两个职能。

从 20 世纪下半叶开始,决策和创新职能受到了管理界的普遍重视。管理者从某种意义上可以被看作决策者,从另一种意义上也可以被看作创新者,或者是具有企业家精神的管理者。

决策职能从 20 世纪 50 年代开始受到人们的重视。管理就是决策,决策贯穿于管理过程的始终。因为无论计划、组织、领导还是控制,其工作过程说到底都是由决策的制定和决策的执行两大部分活动所组成的。决策渗透到管理的所有职能中,所以管理者在某种程度上也被称为决策者。

延伸阅读

所谓创新,顾名思义,就是使组织的作业工作和管理工作不断有所革新、有所变化。管理界对于创新职能的重视始于 20 世纪 60 年代。因为当时的市场正面临着急剧的变化,竞争日益加强,许多企业感到不创新就难以生存下去,所以有不少管理学者主张将创新看成是管理的一项新职能。创新是组织活力之源泉,创新关系到组织的兴衰成败。美国有位著名的管理学家说过:"如果管理人员只限于继续做那些过去已经做过的事情,那么,即使外部条件和各种资源都得到充分利用,它的组织充其量也不过是一个墨守成规的组织。这样下去，很有可能衰退，而不仅是停滞不前，在竞争情况下尤其是这样……"在传统管理中，组织环境变化比较缓慢，问题多是重复的，创新并不显得十分突出。现代管理面临的是动荡的环境和崭新的问题，在这个变化日新月异的时代，我们都可以体会到唯有"创新"是不变的真理。这种创新，不但基于技术和管理层面，更基于商业模式乃至消费体验层面。很多活生生的例子摆在我们面前，有些之前我们印象中的"百年老店"、行业中的"航空母舰"式的老牌企业，在固执和傲慢中消失，但也有的在持续创新中重新焕发生机。世间没有绝对的基业长青，企业的生死存亡充满了诸多的不确定性因素。创新和变化虽不能完全确保企业永立潮头，但却是今天企业持续生存和发展的必要前提。任何故步自封、不思创新均难以赢得未来，而傲慢和忽视消费体验更将令其难以持久。

除了决策和创新，现代管理对协调职能也十分看中。实际上，法约尔早已将协调列为管理的五大职能之一，今天更多的人认为协调是管理的核心。所谓协调，就是指组织的一切要素、工作或活动都要和谐地配合，以便组织的整体目标得到顺利的实现。协调是管理活动所力图要实现的根本要旨。管理者的任务，归根到底就是协调组织的各个部分以及组织与环境的关系，以便更好地实现组织的目标。协调包括组织内部各个方面的协调、组织与外部环境的协调以及组织的现实需要与未来需要之间的协调。因此可以说，每一项管理职能的开展，都是为了更好地促进协调。有了协调，组织可以收到个人单独活动所不能收到的良好的效果，这就是通常所说的 1 + 1 > 2 的协同效应。

第三节　管理者及其应具备的技能

一、管理者和管理者的类型

管理活动通常是通过人来进行的，人是进行管理活动的主体，因此把执行管理任务的人统称为"管理人员""管理者"。管理的任务当然也就是管理人员的任务。管理者是组织最重要的资源，其工作绩效的好坏直接关系着组织的兴衰成败。所以，美国管理学家彼得·德鲁克(Peter F. Drucker)曾这样说："如果一个企业运转不动了，我们当然是去找一个新的总经理，而不是另雇一批工人。"那么，管理者在组织中具体扮演什么角色呢？

（一）管理者的角色

20 世纪 60 年代末期，加拿大管理学家亨利·明茨伯格(Henry Mintzberg)对五位总经理的工作进行了一项仔细的研究，在此研究及大量观察的基础上，明茨伯格提出了一个管理者究竟在做什么的分类纲要。

明茨伯格的结论是，管理者扮演 10 种不同但却高度相关的角色。这 10 种角色可以进一步组合成三个方面：人际关系、信息传递和决策制定，具体如表 1-1 所示。

表 1-1　明茨伯格的管理者角色

角色	描述	可被辨识的活动
人际关系		
代表人	象征性的首脑;必须担任许多法定的或宴席会性的例行职务	礼节性接待访客、签署法律文件
领导人	负责对下属进行激励和鼓励;负责人力资源、培训和其他辅助性事务	执行与下属有关的所有活动
联络人	与那些能为组织提供支持和信息的外部人员维持自我发展的网络联系	外部董事会的工作;执行其他与外部人员有关的活动
信息传递		
信息搜集人	搜集并接收各种专门信息(其中许多是最新资讯),以便对组织和环境有彻底的了解;成为组织内部和外部信息的神经中枢	阅读期刊和报告;保持个人联系
信息传达人	将来自其他员工的信息传播给组织成员;有些是事实方面的信息,有些是会对组织产生影响的各种不同价值观的解释和意见综合	主持信息工作会议;通过电话发布信息
发言人	将组织的计划、政策、行动、结果等信息传递给组织以外的人;担当组织的专业专家角色	召开董事会;向媒体传递信息
决策制定		
企业家	审视组织发展及其环境变化中的机会,制定"改进性方案"以求变革;对某些项目的设计进行监督	发起新项目开发的战略性和审核性会议
危机处理者	在组织遭遇重大的突发事件时,负责采取正确的补救行动	主持突发和危机事件战略性、审核性会议
资源分配者	负责对组织的各种资源进行有效分配,做出或批准所有组织重大决定	安排进程;要求授权;执行其他预算编制以及安排下属工作等活动
谈判者	代表组织来负责主要的谈判工作	参加工会合同谈判,或参加与供应商的谈判工作

资料来源:H. Mintzberg, *The Nature of Managerial Work*(paperback), NJ: Pearson Education Inc., Upper Sadde River, pp. 92-93.

　　在人际关系方面,经理人员首先要扮演好挂名领导的角色,承担这种角色,经理要在所有的礼仪事务方面代表其组织。此外,经理还要扮演联络者和领导者的角色。作为联络者,经理要同组织以外的其他经理和其他人相互交往,维护自行发展起来的外部接触和联系网络。作为领导者,经理要处理好同下属的关系,对组织成员做好激励和调配工作。

　　在信息传递方面,经理人员主要扮演信息搜集人、传播者和发言人的角色。作为搜集人,经理要注意接收和收集信息,以便对组织和环境有彻底的了解,进而成为组织内外部信息的神经中枢。作为传播人,经理要把外部信息传播给他的组织,并把内部信息从一位下属传播给另一位下属。作为发言人,经理要把组织的有关信息传递给组织以外的人,既包括董事会和更上一层次的管理当局,也包括供应商、同级别的人、政府机构、顾客、新闻媒体及竞争对手。

在决策制定方面,经理人员又要扮演企业家、危机处理者、资源分配者和谈判者的角色,并相应执行四个方面的任务:一是寻求机会,制订方案,从事变革,并对某些方案的设计进行监督;二是在组织面临重大的、出乎预料的故障时,采取补救措施;三是负责对组织的所有资源进行分配,事实上就是做出或批准所有重大的组织决定;四是代表组织参加与外界的重要谈判。

这些角色是一个相互联结的整体,虽然各种类型的管理者由于行业、等级和职能的不同,担任每一角色的分量也不完全相同,但总的来说,都或多或少地担任着这些角色。

延伸阅读

因为了解和确定管理者在组织中的角色十分重要,所以,明茨伯格提出的关于管理者角色的这一研究成果受到管理学界的较大关注。当然,管理学这一学科还处于发展之中,今后对管理者工作的理解还会不断地深入和扩充。

◄ 概念应用1-2 ►

管 理 角 色

指出以下五种情形各属于哪一类管理角色。

A. 人际关系　　　　B. 信息传递　　　　C. 决策制定

_____ 1. 管理者与工会代表谈判签订新用工合同。

_____ 2. 管理者向员工演示如何填写某些表格。

_____ 3. 管理者早晨起床后喝着咖啡阅读《中国经营报》。

_____ 4. 管理者开发新的全面质量管理(TQM)技术。

_____ 5. 销售经理处理顾客投诉。

(二) 管理者的类型

一个组织中从事管理工作的人可能有很多,可以从不同角度进行管理者的类型划分。虽然前面提到组织中所有的管理者扮演的角色大体上差不多,但不同位置上的管理者工作的侧重点或者说扮演每一角色的分量会有很大的不同,因此通过管理者类型的划分,使不同层次、不同领域的管理者进一步明确自己所扮演角色的工作细节,对组织管理工作的完善十分重要。

1. 管理者的层次分类

组织的管理人员可以按其所处的管理层次区分为高层管理者、中层管理者和基层管理者。同时,整个组织层次还包括一层作业人员(见图1-5)。

高层管理者是指对整个组织的管理负有全面责任的人,他们的主要职责是,制定组织的总目标、总战略,掌握组织的大政方针并评价整个组织的绩效。他们在与外界交往

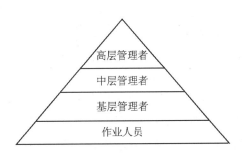

图 1-5　组织的层次

中,往往代表组织以"官方"的身份出现。这些高层管理者的头衔有公司董事会主席、首席执行官、总裁或总经理及其他高级资深经理人员以及高校的校长、副校长和其他处于或接近组织最高层位置的管理人员。

中层管理者通常是指处于高层管理者与基层管理者之间的一个或若干个中间层次的管理人员,他们的主要职责是贯彻执行高层管理者所制定的重大决策,监督和协调基层管理者的工作。中层管理者通常享有部门或办事处主管、科室主管、地区经理、产品事业部经理或分公司经理等头衔。与高层管理者相比,中层管理者更注意日常的管理事务,在组织中起承上启下的作用。

基层管理者又称一线管理人员,也就是组织中处于最低层次的管理者,他们所管辖的仅仅是作业人员而不涉及其他管理者。他们的主要职责是给下属作业人员分派具体工作,保证各项任务的有效完成。在企业的生产部门,基层管理者可能被称为领班、工头或工段长,而在职能部门则可能是科长。

作为管理者,不论他在组织中的哪一层次上承担管理职责,其工作的性质和内容应该基本上是一样的,都包括计划、组织、领导和控制几个方面。不同层次管理者工作上的差别,不是职能本身不同,而是各项管理职能履行的程度和重点不同。

如图 1-6 所示,高层管理者花在计划、组织和控制职能上的时间要比基层管理者多,

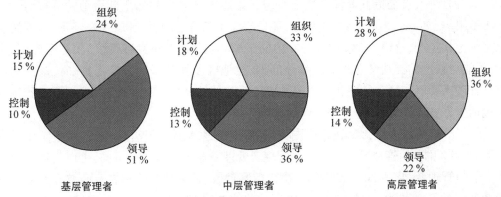

图 1-6　不同层级管理职能的时间分配

资料来源: T. A. Mahoney, T. H. Jerdee, and S. J. Carroll, "The Job(s)of Management", *Industrial Relations* 4, no. 2(1965), p. 103。

而基层管理者花在领导职能上的时间要比高层管理者多。即便是就同一管理职能来说,不同层次管理者所从事的具体管理工作的内涵也并不完全相同。例如,就计划工作而言,高层管理者关心的是组织整体的长期战略规划,中层管理者偏重的是中期、内部的管理性计划,基层管理者则更侧重于短期的业务和作业计划。

作业人员与管理者,即使是基层管理者也有本质区别。这种区别就在于管理者要促成他人努力工作并对他人工作的结果负责。当然,如前所述,管理人员有时也可能参与作业工作。另外,在鼓励民主管理或参与管理的组织中,作业者也可能参与自己工作或他人工作的管理。

2. 管理者的领域分类

管理人员还可以按其所从事管理工作的领域宽度及专业性质的不同,划分为综合管理人员与专业管理人员两大类(见图1-7)。

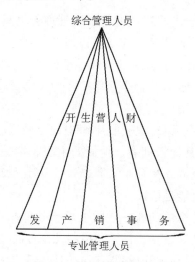

图 1-7　管理者的领域分类

综合管理人员是指负责管理整个组织或组织中某个事业部全部活动的管理者。对于小型组织(如一个小微企业)来说,可能只有一个综合管理者,那就是总经理,他要统管该组织包括生产、营销、人事、财务等在内的全部活动。而对于大型组织(如跨国公司)来说,可能会按产品类别设立几个产品分部,或按地区设立若干地区分部,此时,该公司的综合管理人员就包括总经理和每个产品或地区分部的经理,每个分部经理都要统管该分部包括生产、营销、人事、财务等在内的全部活动。

除了综合管理人员,组织中还可能存在专业管理人员,即仅仅负责管理组织中某一类活动(或职能)的管理者。根据这些管理者管理专业领域性质的不同,可以具体划分为生产部门管理者、营销部门管理者、人事部门管理者、财务部门管理者及研究开发部门管理者等。对于这些部门的管理者,可以泛称为生产经理、营销经理、人事经理、财务经理和研究开发经理等。对于现代组织来说,随着其规模的不断扩大和环境的日益复杂多变,将需要越来越多的专业管理人员,他们的地位也将变得越来越重要。

二、管理者应具备的技能

管理人员的分类很多,他们的工作重点各有区别,通常他们所能发挥作用的大小,以及他们能否开展行之有效的管理工作,在很大程度上取决于他们是否真正具备了管理所需的相应管理技能。由于管理工作的复杂性,要把承担管理工作的全部技能都列出来是不大可能的。管理者应具备的技能和前面讲过的管理者的角色相关。通常而言,一名管理人员应该具备的管理技能包括技术技能、人际技能、概念技能和政治技能四大方面。

1. 技术技能

技术技能是指使用某一专业领域内有关的工作程序、技术和知识完成组织任务的能力。例如,工程师、会计师、广告设计师、推销员等,都掌握了相应领域的技术技能,所以被称作专业技术人员。对于管理者来说,虽然没有必要使自己成为精通某一领域技能的专家(因为他可以依靠有关专业技术人员来解决专门的技术问题),但要掌握一定的技术技能,否则就很难与他所主管的组织内的专业技术人员进行有效的沟通,从而也就无法对他所管辖的业务范围内的各项管理工作进行具体的指导。医院院长不应该是对医疗过程一窍不通的人;学校校长也不应该是对教学工作一无所知的人;工厂生产经理更不应该是对生产工艺毫无了解的人;而如果是生产车间主任,就更需要熟悉各种机械的性能、使用方法、操作程序,各种材料的用途、加工工序,各种成品或半成品的指标要求等。

2. 人际技能

人际技能是指与处理人事关系有关的技能或者说是与组织内外的人打交道的能力。对一个组织而言,比如一个企业,对于不同层次和领域,管理者可能分别需要处理与上层管理者、同级管理者以及下属的人际关系,要学会说服上级领导,学会同其他部门的同事紧密合作,同时掌握激励和诱导下属的积极性和创造性的能力以及正确指导和指挥组织成员开展工作的能力。人际技能要求管理者了解别人的信念、思考方式、感情、个性以及每个人对自己、对工作、对集体的态度,个人的需要和动机,还要掌握评价和激励员工的一些技术和方法,最大限度地调动员工的积极性和创造性。

3. 概念技能

概念技能是能够洞察企业与环境相互影响的复杂性,并在此基础上加以分析、判断、抽象、概括并迅速做出正确决断的能力。任何管理都会面临一些混乱而复杂的环境,管理者应能看到组织的全貌和整体,并认清各种因素之间的相互联系(如组织与外部环境是怎样互动的,组织内部各部分是怎样相互作用的,等等),经过分析、判断、抽象、概括抓住问题的实质,进而做出正确的决策。这就是管理者应具备的概念技能。

概念技能包含一系列的能力:能够把一个组织看作一个整体的能力,能够识别某一领域的决策会对其他领域产生何种影响的能力,能够提出新想法和新思想的能力,以及能够进行抽象思维的能力。

4. 政治技能

政治技能是指强化个体在组织中的地位,建立权力基础并维系社会关系方面的能力。组织是人们竞夺资源的政治舞台,拥有较高政治技能的管理者可以比那些政治技能较差的管理者为其群体争取更多的资源,并有助于管理者得到更好的评价和更多的提升。成功的管理者通过他们的权力、政治影响力来影响与他人的网络关系以及在其中的地位,从而实现其职业目标。你将会在第四章了解到更多管理学中关于权力的内涵。

上述四种技能是各个层次管理者都需要具备的,只是不同层次的管理者对这四个技能的要求程度会有区别。一般来说,越是处于高层的管理人员,越需要制定全局性的决策,所做的决策影响范围越广,影响期限越长。因此,他们需要更多地掌握概念技能,进而把全局意识、系统思想和创新精神渗透到决策过程中。由于他们并不经常性地从事具体的作业活动,因此并不需要全面掌握完成各种作业活动必须具备的技术技能。但是,他们也需要对相关领域的业务、技术有基本的了解,否则就无法与他们所主管的专业技术人员进行有效的沟通,从而难以对他所管辖的业务范围内的各项业务进行决策。在现实生活中,那些在某一专业领域是专家而对其他相关领域专业知识一无所知的人很难成为一名称职的高级管理人员。例如,医院的院长不应该对医疗过程一窍不通,但如果他仅仅精于外科手术而不具有基本的财务管理知识,他也不应该当院长,而应该在医生的职位上寻求发展。

作为基层管理人员,他们每天大量的工作是与从事具体作业活动的工作人员打交道。他们有责任检查工作人员的工作,及时解答并同工作人员一起解决实际工作中出现的各种具体问题。因此,他们必须全面而系统地掌握与本单位工作内容相关的各种技术技能。当然,基层管理人员也可能面临一些例外的、复杂的问题,也要协调好所管辖工作人员的工作,制订本部门的整体计划。为了做好这些工作,他们也需要掌握一定的概念技能。人际关系技能和政治技能是组织中各层管理者都应具备的、重要程度相差不多的技能。因为不管是哪一层次的管理者,都必须在与上下左右进行有效沟通的基础上开展管理工作,都必须具有影响力而使得下属愿意追随去共同完成组织目标。

◀概念应用1-3▶

管 理 技 能

分析下列五种情形分别属于哪一种管理技能?

A. 技术技能　　　　　B. 人际技能　　　　　C. 概念技能

_____ 1. 感受事物整体和各部分之间关系的能力。

_____ 2. 激励员工做好工作的能力。

_____ 3. 执行具体任务,如计算机数据录入的能力。

_____ 4. 确定工作是否出现误差和予以改进的能力。

_____ 5. 起草备忘录和信件的能力。

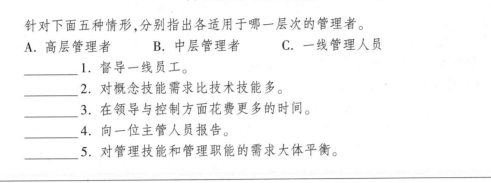

◀概念应用1-4▶

管理层次与管理技能

针对下面五种情形,分别指出各适用于哪一层次的管理者。
A. 高层管理者　　　　B. 中层管理者　　　　C. 一线管理人员
_____1. 督导一线员工。
_____2. 对概念技能需求比技术技能多。
_____3. 在领导与控制方面花费更多的时间。
_____4. 向一位主管人员报告。
_____5. 对管理技能和管理职能的需求大体平衡。

第四节　管 理 环 境

任何组织都不是独立存在、完全封闭的。组织存在于由外部各种因素构成的环境中,在与环境中其他组织之间的相互作用过程中谋求其自身目标的实现。要进行组织的管理,就必须了解和把握环境对组织的影响、环境要素的种类及特点等,就需要对组织的环境进行研究。

一、环境对组织的影响

环境是组织生存的土壤,它既为组织活动提供条件,同时也必然对组织的活动起制约作用。

以大量存在的从事经济活动的企业组织为例。企业经营所需的各种资源需要从属于外部环境的原料市场、能源市场、资金市场、劳动力市场中去获取。离开外部的这些市场,企业经营便会成为无源之水、无本之木。与此同时,企业出售用上述各种资源生产出来的产品或服务也要在外部环境中实现。没有外部市场,企业就无法销售产品、得到销售收入,生产过程中的各种消耗就不能得到补偿,经营活动就无法继续。

外部环境为企业生存提供了条件,也必然会限制企业的生存。企业只能根据外部环境能够提供的资源种类、数量和质量来决定生产经营活动的具体内容和方向;既然企业的产品要通过环境中的市场才能实现,那么在生产之前和生产过程中就必须考虑到这些产品能否被用户所接受,是否受市场欢迎。因此,外部环境在提供了经营条件的同时,也限制了企业的经营。

对组织活动有着如此重要作用的环境是在不断变化的。如果环境是静态的,那么它的影响再大,对其研究也无须反复强调、高度重视。因为在这种情况下,环境研究可以是一劳永逸的;对一成不变的外部环境进行一次深入的分析,便可把握它的特点,制定相应对策。然而,实际情况却并非如此,外部存在的一切都在不断变化,比如技术在发展,消费者收入在提高,教育在不断普及,就连执政者也在经常更换。

环境的种种变化可能会给组织带来两种不同程度的影响:一是为组织的生存和发展提供新的机会,比如新资源的利用可以帮助企业开发新的产品,执政者的变化可能导致环保政策的修订;二是环境在变化过程中对组织的生存造成某种威胁,比如技术条件或消费者偏好的变化可能会使企业产品不再受欢迎。组织要继续生存,要在生存的基础上不断发展,就必须及时地采取措施,积极地利用外部环境在变化中提供的有利机会,同时也要采取对策,努力避开这种变化可能带来的威胁。

要利用机会、避开威胁,就必须认识外部环境;要认识外部环境,就必须研究外部环境、分析外部环境。这种研究不仅可以帮助我们了解外部环境今天的特点,而且可以使我们认识外部环境是如何从昨天演变到今天的,从而揭示外部环境变化的一般规律,并据此预测它在未来的发展和变化趋势。

组织面对的环境非常复杂而且难以理解和预测,因此,如果能把环境区分成不同的部分,将十分有利于组织识别和预测环境的影响。环境是由众多因素交错而成的整体,难以准确而清楚地区分,所以,管理学界有许多环境分类结果。这里采用较常见的一种分类,即把环境分成一般(宏观)环境、具体(微观)环境和组织内部环境三大类。

二、组织的一般环境

极端地说,外部世界存在的一切均会或多或少地对组织活动产生一定影响,因而都在"外部环境研究"的对象范围内。但是,这个广义环境中存在的所有因素对组织活动的影响有直接或间接的区别,程度有深浅之分。因此,对于组织活动影响程度很低的因素似乎没有必要紧密跟踪、详细研究,同时,人力和经费的限制也决定了不能将外部环境的研究对象确定得过于宽泛,只能将这种研究集中于那些对组织活动影响程度较高、方式较为直接的因素。

就不同组织而言,环境中对其直接产生重要影响的因素是不同的,但一般来说,大致可归纳为政治、社会文化、经济、技术、自然等五个方面。

1. 政治环境

政治环境包括一个国家的社会制度,执政党的性质,政府的方针、政策、法令等。不同的国家有着不同的社会制度,不同的社会制度对组织活动有着不同的限制和要求。即使社会制度不变的同一个国家,在不同时期,由于执政党的不同,其政府的方针特点、政策倾向对组织活动的态度和影响也是不断变化的。对于这些变化,组织可能无法预测,但一旦变化产生后,它们对组织活动的影响是可以分析的。组织必须通过政治环境研究,了解国家和政府目前禁止组织干什么、允许组织干什么、鼓励组织干什么,从而使组织活动符合社会利益,受到政府的保护和支持。

2. 社会文化环境

社会文化环境包括一个国家或地区的居民受教育程度、文化水平、宗教信仰、风俗习惯、审美观念、价值观念等。文化水平会影响居民的需求层次;宗教信仰和风俗习惯会禁止或抵制某些活动的进行;价值观念会影响居民对组织目标、组织活动及组织存在的态度;审美观念则会影响人们对组织活动内容、活动方式及活动成果的态度。

3. 经济环境

经济环境是影响组织,特别是作为经济组织的企业活动的重要环境因素,主要包括宏观和微观两个方面的内容。

(1) 宏观经济环境。主要指一个国家的人口数量及其增长趋势、国民收入、国民生产总值及其变化情况以及通过这些指标能够反映的国民经济发展水平和发展速度。如人口众多既为企业经营提供了丰富的劳动力资源,决定了总的市场规模庞大,又可能因其基本生活需求难以充分满足,从而成为经济发展的障碍;经济的繁荣显然能为企业的发展提供机会,而宏观经济的衰退则可能给所有经济组织带来生存的困难。

(2) 微观经济环境。主要指企业所在地区或所需服务地区消费者的收入水平、消费偏好、储蓄情况、就业程度等因素。这些因素直接决定着企业目前及未来的市场大小。假定其他条件不变,一个地区的就业越充分,收入水平越高,那么该地区的购买能力就越强,对某种活动及产品的需求就越大。一个地区的经济收入水平对其他非经济组织的活动也有重要影响。比如,在温饱没有解决之前,居民很难自觉主动地去关心环保问题,支持环保组织的活动。

4. 技术环境

任何组织的活动都需要利用一定的物质条件,这些物质条件反映着一定技术水平下社会的技术进步会影响这些物质条件的技术水平的先进程度,从而影响利用这些条件的组织的活动效率。

技术环境对企业的影响就更为明显了。企业生产经营过程是一定的劳动者借助一定的劳动条件生产和销售一定产品的过程。不同的产品代表着不同的技术水平,对劳动者和劳动条件有着不同的技术要求。技术进步了,可能使企业产品被那些反映新技术的竞争产品取代,可能使旧的生产设施和工艺方法显得落后,使生产作业人员的操作技能和知识结构不再符合要求。因此,企业必须关注技术环境的变化,及时采取应对措施。

研究技术环境,除了要关注与所处领域直接相关的技术手段的发展变化,还应及时了解国家对科技开发的投资和支持重点、该领域技术发展动态和研究开发费用总额、技术转移和技术商品化速度、专利及其保护情况等。

5. 自然环境

中国人做事,向来重视天时、地利、人和。如果说"天时"主要与国家政策相关的话,那么"地利"则主要取决于地理位置、气候条件以及资源状况等自然因素。

地理位置是制约组织活动,特别是企业经营的一个重要因素,当国家在经济发展的某个时期对某些地区采取倾斜政策时尤其如此。比如,20 世纪 80 年代我国沿海地区的开放政策吸引了大批外资,促进了投资环境的改善,给这些地区的各类组织提供了充分的发展机会。此外,企业是否靠近原料产地或产品销售市场,也会影响到资源获取的难易程度和交通运输成本等。

气候条件及其变化亦然。气候趋暖或者趋寒会影响空调生产厂家的生产或者服装行业的销售,而四季如春、气候温和则会鼓励人们到郊外远足,从而为与旅行或郊游有关的产品制造提供机会。

资源状况与地理位置有着密切的关系。资源特别是稀缺资源的蕴藏不仅是国家或地区发展的基础,而且为所在地区经济组织的发展提供了机会。没有地下蕴藏的石油,许多中东国家就难以在沙漠中建造绿洲。我国一些资源型城市或地区的发展,也是靠优越的地理位置、靠资源开采而逐渐发展起来的。资源的分布通常影响着工业的布局,从而可能决定了不同地区、不同产业企业的命运。

三、具体组织的特殊环境

组织不仅在一般环境中生存,而且在特殊领域内活动。一般环境对不同类型的组织均产生某种程度的影响,而与具体领域有关的特殊环境则直接、具体地影响着组织的活动。

下面以企业为例来讨论具体组织的特殊环境。

延伸阅读

企业是在一定行业中从事经营活动的。行业环境的特点直接影响着企业的竞争能力。美国学者迈克尔·波特(Michael E. Porter)认为,影响行业内竞争结构及其强度的主要有现有竞争对手、潜在的竞争者、替代品制造商、原材料供应商及产品用户这五种环境因素(见图1-8)。

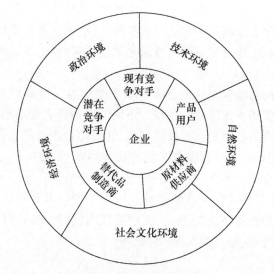

图1-8　企业的环境要素

（一）现有竞争对手研究

企业面对的市场通常是一个竞争市场。从事同种产品制造和销售的通常不止一家企业。多家企业生产相同的产品,必然会采取各种措施争夺用户,从而形成市场竞争。现有竞争对手的研究主要包括以下内容:

1. 基本情况的研究

竞争对手的数量有多少? 分布在什么地方? 它们在哪些市场上活动? 各自的规模、资金、技术力量如何? 其中哪些对自己的威胁特别大? 基本情况研究的目的是要找到主要竞争对手。

为了在众多的同种产品生产厂家中找出主要竞争对手,必须对它的竞争实力及其变化情况进行分析和判断。反映企业竞争实力的指标主要有三类：

（1）销售增长率，是指企业当年销售额与上年相比的增长幅度。销售增长率为正且数值高，说明企业的用户在增加，反映了相关企业的竞争能力在提高；反之则表明企业竞争能力的衰退。这个指标往往在与行业发展速度和国民经济发展速度进行对比分析时才有意义。如果企业当年销售额比上年有所增加，但增加的幅度小于行业或国民经济的发展速度，则表明经济背景是有利的，市场总容量在不断扩大，但企业占领能力相对地下降了。

（2）市场占有率，是指市场总容量中企业所占的份额，或指在已被满足的市场需求中有多大比例是由本企业占领的。市场占有率的高低可以反映不同企业竞争能力的强弱，是一个横向比较的指标。某企业占有的市场份额大，说明购买该企业产品的消费者多；消费者购买该企业而非其他企业的产品，说明该企业产品在价格、质量、售后服务等各方面的综合竞争能力比较强。同样，市场占有率的变化可以反映企业竞争能力的变动。如果一家企业的市场占有率本身虽然不高，但与上年相比有了进步，则表明该企业的竞争实力有所增加。

（3）产品的获利能力。这是反映企业竞争能力能否持续的指标，可用销售利润率表示。市场占有率只反映了企业目前与竞争对手相比的竞争实力，并未告诉我们这种实力能否维持下去；只表明企业在市场上销售产品的数量相对较多还是相对较少，并未反映销售这些数量的产品是否给企业带来了足够的利润。如果市场占有率高，销售利润率也高，则表明销售大量产品可给企业带来高额利润，从而可以使企业有足够的财力去维持和改善生产条件，因此较高的竞争能力是有条件持续下去的。相反，如果市场占有率很高，而销售利润率很低，那么就表明，企业卖出去的产品数量虽然很多，得到的收入却很少，在补偿了生产消耗后很少有（甚至没有）剩余，较高的市场占有率是以较少的利润为代价换取的。长此以往，企业的市场竞争能力是无法维持的。

2. 主要竞争对手的研究

比较不同企业竞争实力，找出了主要竞争对手后，还要研究其对本企业构成威胁的主要原因，是技术力量雄厚、资金多、规模大，还是其他原因。研究主要竞争对手的目的是找出主要对手的竞争实力的决定因素，帮助企业制定相应的竞争策略。

3. 竞争对手的发展方向

竞争对手的发展方向包括市场发展或转移动向与产品发展动向。要收集有关资料，密切注视竞争对手的发展方向，分析竞争对手可能开发哪些新产品、新市场，从而帮助本企业先走一步，争取时间优势，争取在竞争中占据主动地位。

根据波特的观点，在判断竞争对手的发展动向时，要分析退出某一产品生产的难易程度。下列因素可能妨碍企业退出某种产品的生产：

（1）资产的专用性。如果厂房、机器设备等资产具有较强的专用性，则其清算价值很低，企业既难用现有资产转向其他产品的生产，也难以通过资产转让收回投资。

（2）退出成本的高低。某种产品停止生产，意味着原来生产线工人的重新安置。这种重新安置需要付出一定的费用（比如新技能的培训）。此外，企业即使停止了某种产品的生产，但对在此之前已经销售的产品在相当长的时间内仍有负责维修的义务。职工安置、售后服务的维持等费用如果较高，也会影响企业的产品转移决策。

（3）心理因素。特定产品可能是由企业某位现任领导人组织开发成功的，曾对该领导人的升迁产生过重要影响，因此该领导人可能对其有深厚的感情，即使已无市场前景，可能也难以割舍。考虑到这种因素，具体部门在决策时也可能顾虑重重。那些曾经作为企业成功标志的产品生产的中止，对全体员工可能带来很大的心理影响，因此人们在决定让其"退役"时必然会犹豫不决。

（4）政府和社会的限制。某种产品的生产中止，某种经营业务的不再进行，不仅对企业有直接影响，可能还会引起失业，影响所在地区的社会安定和经济发展，因而可能遭到来自社区政府或群众团体的反对或限制。

（二）潜在竞争对手研究

一种产品的开发成功，会引来许多企业的加入。这些新进入者既可能给行业注入新的活力，促进市场竞争，也会给原有厂家造成压力，威胁它们的市场地位。新厂家进入行业的可能性大小，既取决于由行业特点决定的进入难易程度，又取决于现有企业可能做出的反应。原有企业可能采取的反击措施，迫使那些对某种产品生产跃跃欲试的企业不得不认真思考，慎重决策。

进入某个行业的难易程度通常受到下列因素的影响：

1. 规模经济

这个概念实际上描述了两个相互联系的经济现象。第一，它表明企业经营只有达到一定规模，才能收回经营过程中的各种耗费。小于此规模，企业经营不仅不能盈利，反而会出现亏损。与之相应的经营规模称"保本产量"或"盈亏平衡产量"。这是由企业在生产经营中必须投入较高的固定费用所决定的。比如，在特定时期，不论某种产品的生产数量有多少，这种产品的生产都要占用一定的生产设施和厂房。实际上，不仅产品的生产，而且物资的采购、资金的筹措、产品的销售、营销渠道的利用等均存在这样的最小规模。产品的性质不同，技术的先进程度不同，生产和经营的最小规模也会不一样。第二，这个概念还表明，企业生产和经营在达到盈亏平衡点以后，在未超过某个上限之前（在产量的增加尚未引起生产设施的调整，从而追加投资之前），单位产品的生产成本随产量的增加而下降。在这种情况下，生产规模越大，企业就越具有成本优势。显然，最小经济规模、达到此规模以后扩大产量的必要性都给企业进入该行业后的投资量提出了较高的要求。并非所有希望进入的企业都能满足这种资本要求。

2. 产品差别

不同企业提供的产品并不是完全均质的，必然存在着某种程度的差异。这种差异是客观存在的，既可能是由产品的材料性质、功能特点或外观形状决定的，也可能是由主观因素形成的，比如广告宣传等因素使得某种产品对消费者具有一种特殊的魅力。如果原已生产这种产品的厂家，其市场地位已确定，其品牌已经获得了用户的广泛认同，甚至使用户对其产生了一定感情，那么新进入者要想把用户吸引过去，就需付出很大的代价。

3. 在位优势

在位优势是指老厂家相对于新进入者而言所具有的综合优势。这种优势表现在多个方面。比如，原有企业已经拥有某种专利，从而可以限制他人生产相关产品；原有企业已经拥有一批熟练的工人和管理人员，从而具有劳动成本优势；原有企业已经建立了自己的进货渠道,从而不仅可以保证自己扩大生产的需要,甚至可以控制整个行业的原材料供应,限制新厂家的进入;原有企业已经建立的分销网络对新竞争者进入销售渠道也可能形成某种障碍。

(三) 替代品制造商分析

企业生产的产品,从表面上看是具有一定外观形状的物质品,但抽象地分析,它们是能够满足某种需要的使用价值或功能。企业向市场提供的不是一种具体的物质品,而是一种抽象的使用价值或功能。不同的产品,其外观形状、物理特性可能不同,但完全可能具备相同的功能。比如,自行车、摩托车、汽车、轮船、火车、飞机,是一些外观形状、内部结构以及物理性能等都有很大差异的产品,但它们都具有能够帮助人们在地球上两点之间移动的功能。产品的使用价值或功能相同,能够满足的消费者需要相同,在使用过程中就可以相互替代,生产这些产品的企业之间就可能形成竞争。因此,行业环境分析还应包括对生产替代品企业的分析。

波特认为,替代产品通过规定某个行业内企业可能获利的最高限价来限制该行业的潜在收益。也就是说,由于替代品的存在,即使行业内只存在少数生产企业,几乎垄断行业市场,也不能随心所欲地制定价格,侵害消费者的利益。

替代品生产厂家的分析主要包括两方面内容:第一,确定哪些产品可以替代本企业提供的产品。这实际上是确认具有同类功能产品的过程。相对而言,这项工作是易于进行的。第二,判断哪些类型的替代品可能对本企业(行业)经营造成威胁。这项工作较为复杂。为此,需要比较这些产品的功能实现能够给使用者带来的满足程度与获取这种满足所需付出的费用。如果两种相互可以替代的产品,其功能实现可以带来大致相当的满足程度,但价格却相差悬殊,则低价产品可能对高价产品的生产和销售造成很大威胁。相反,如果这两类产品的功能/价格比值大致相当,那么相互间不会造成实际的威胁。

(四) 产品用户研究

产品用户在两个方面影响着行业内企业的经营。其一,用户对产品的总需求决定着行业的市场潜力,从而影响行业内所有企业的发展边界;其二,不同用户的讨价还价能力会诱发企业之间的价格竞争,从而影响企业的获利能力。用户研究也因此而包括两个方面的内容:用户的需求(潜力)研究和用户的讨价还价能力研究。

1. 用户的需求研究

(1) 总需求研究。包括以下问题:市场容量有多大?总需求中有支付能力的需求有多大?暂时没有支付能力的潜在需求有多少?

(2) 需求结构研究。包括以下问题:需求的类别和构成情况如何?用户属于何种类型,是机关团体还是个人?主要分布在哪些地区?各地区占比如何?

(3) 用户购买力研究。包括以下问题:用户的购买力水平如何?购买力是怎样变化的?有哪些因素影响购买力的变化?这些因素本身是如何变化的?通过分析影响因素的变化,可以预测购买力的变化,从而预测市场需求的变化。

2. 用户的讨价还价能力研究

用户的讨价还价能力是众多因素综合作用的结果。这些因素主要有:

（1）购买量的大小。如果用户的购买量与企业销售量比较占比较大，是企业的主要顾客，他们就会意识到其购买对企业销售的重要性，因而拥有较强的讨价还价能力。同时，如果用户对这种产品的购买量在自己的总采购量以及总采购成本中占有较大比例，其必然会积极利用这种讨价还价能力，努力以较优惠的价格采购货物。

（2）企业产品的性质。如果企业提供的是一种无差异产品或标准产品，那么用户坚信可以很方便地找到其他供货渠道，因此也会在购买中要求尽可能优惠的价格。

（3）用户后向一体化的可能性。后向一体化是指企业将其经营范围扩展到原材料、半成品或零部件的生产。如果用户是生产性企业，购买企业产品的目的在于再加工或与其他零部件组合，又具备自制的能力，则会经常以此为手段迫使供应者降价。

（4）企业产品在用户产品形成中的重要性。如果企业产品是用户自己加工制造产品的主要构成部分，或对用户产品的质量或功能形成有重大影响，则用户可能对价格不甚敏感，这时他们关注的首先是企业产品质量及其可靠性。相反，如果企业产品在用户产品形成中没有重要影响，用户在采购时则会努力寻求价格优惠。

（五）原材料供应商研究

企业生产所需的许多生产要素是从外部获取的。提供这些生产要素的经济组织，对应于用户的作用，也在两个方面制约着企业的经营：其一，这些经济组织能否根据企业的要求按时、按量、按质地提供所需生产要素，影响着企业生产规模的维持和扩大；其二，这些组织提供货物时所要求的价格决定着企业的生产成本，影响着企业的利润水平。所以，供应商的研究也包括两个方面的内容：供应商的供货能力或企业寻找其他供货渠道的可能性，以及供应商的价格谈判能力。这两个方面是相互联系的。综合起来看，需要分析以下因素：

（1）是否存在其他货源。企业如果长期仅从单一渠道进货，则其生产和发展必然在很大程度上受制于后者。因此，应分析与其他供应商建立关系的可能性，以分散进货，或在必要时启用后备进货渠道，这样便可在一定程度上遏制供应商提高价格的倾向。

（2）供应商所处行业的集中程度。如果该行业集中度较高，由一家或少数几家集中控制，而与此对应，购买此种货物的客户数量众多，力量分散，那么该行业供应商将拥有较强的价格谈判（甚至是决定）能力。

（3）寻找替代品的可能性。如果行业集中程度较高，分散进货的可能性也较小，那么应寻找替代品。如果替代品不易找到，那么供应商的价格谈判能力将是很强的。

（4）企业后向一体化的可能性。如果供应商垄断控制了供货渠道，替代品又不存在，而企业对这种货物的需求量又很大，那么应考虑自己掌握或自己加工制作的可能性。这种可能性如果不存在，或者企业对这种货物的需求量不大，那么这时企业只能对价格谈判能力较强的供应商言听计从。

除了波特提出的五项具体环境要素，管理学界还有人提出其他要素，如管制机构、战略同盟伙伴等。管制机构与宏观环境中的政治环境不同，它主要是指能够直接影响或控制企业行为的机构，如行业协会、工商行政部门、消费者协会、新闻机构等；企业之间存在竞争，也存在合作，企业与企业之间可以结成战略联盟，企业与科研机构、政府部门也可以在某一共同利益的联系下结成战略联盟。

◂ 概念应用1-5 ▸

外 部 环 境

指出各题所描述的是哪一种外部环境因素。

A. 顾客　　　　B. 竞争　　　　C. 供应商　　　　D. 劳动力　　　　E. 股东

F. 社会　　　　G. 技术　　　　H. 政府　　　　I. 经济

_____1. 宝洁公司开发了一种生物降解材料来取代其原有尿不湿产品的塑料衬垫,这样用过的尿不湿就不会长期占用大量的空间。

_____2. 中国电信曾经是国内唯一的电信公司,但是后来成立了中国联通、中国网通以及其他的电信公司,它们分走了一部分原中国电信的顾客。

_____3. "我想开办一家自己的公司,但是可能申请不到贷款。因为虽然利率不低,但是银根依然很紧。"

_____4. 公司的所有者们向 CEO 提出警告。他们声称如果今年公司的业绩还得不到改善,就要解雇这位 CEO。

_____5. "管理者们要把公司卖给可口可乐公司,但是政府认为这样做违反了反垄断法。不知道我们公司下一步会怎么做。"

四、两种环境分析方法介绍

(一) 识别环境不确定程度的方法

对环境进行管理的核心是环境中蕴涵的不确定性。分析环境首先要识别环境的不确定性程度。美国学者邓肯(Duncan)提出从两个不同的环境层面来确定组织所面临的不确定性程度:一是环境变化的程度, 静态(稳定)动态(不稳定)层面;二是环境复杂性程度, 简单复杂层面,进而得出一个评估环境不确定性程度的模型(见图 1-9)。

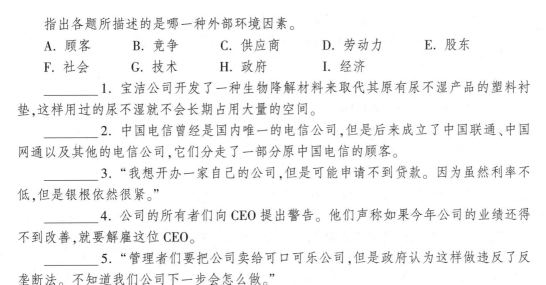

图 1-9　评估环境不确定性模型

资料来源: 饶美蛟、刘忠明,《管理学新论》,商务印书馆 1996 年版。

如果组织面对常规的需求环境，如为相同或极其相似的顾客生产同一种产品或提供相同的服务，那么组织面对的是一个稳定的环境，例如公用事业行业。反之，如果企业面对变化极其快速的环境，而且不同的环境要素都在发生变化，那么组织面对的是动态的、不稳定的环境，如计算机行业。

如果一个组织只与很少的外界部门相关，那么其面临的环境属于简单类型；如果组织必须面对许多外界部门，那么其面临的环境属于复杂环境。一般而言，组织规模越大，面临的环境越复杂。

（二）内外部环境综合分析

管理要通过组织内部的各种资源和条件来实现，因此，组织在分析外部环境的同时，必须分析其内部环境，即分析组织自身的能力和限制，找出组织的优势和存在的劣势。

任何组织的经营过程，实际上是不断在其内部环境、外部环境及其经营目标三者之间寻求动态平衡的过程。组织的内外部环境绝对不能割裂开来。如果一个企业能力很强，竞争优势十分明显，那么外部环境中的不确定性对该企业便不会构成太大的威胁。相反，不具有任何经营特色的企业，外部环境再有利，也不会有快速发展。因此，应对比分析外部环境中存在的机会和威胁与组织内部的优势和劣势，以便充分发挥组织的优势，把握住外部的机会，避开内部的劣势和外部的威胁。

SWOT 分析是最常用的内外部环境综合分析技术。SWOT 分析是机会（Opportunities）、威胁（Threats）、优势（Strengths）、劣势（Weakness）分析法的简称。这种分析方法把环境分析结果归纳为机会、威胁、优势、劣势四部分，形成环境分析矩阵（见图 1-10）。

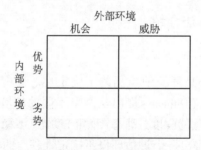

图 1-10　SWOT 分析矩阵

用 SWOT 分析模型进行管理环境分析，可以做到以下几个方面：① 它把内外部环境有机地结合起来，进而帮助人们认识和把握内外部环境之间的动态关系，及时地调整组织的经营策略，谋求更好的发展机会。② 它把错综复杂的内外部环境关系用一个二维平面矩阵反映出来，直观而且简单。③ 它促使人们辩证地思考问题。优势、劣势、机会和威胁都是相对的，只有在对比分析中才能识别。例如，一般意义上讲，耐磨程度是衡量鞋的质量的重要指标，所以制鞋商会因自己生产的鞋经久耐用而骄傲，并将其看成是自身的优势。然而，随着收入水平的提高，顾客已不关心鞋的耐用性，而是更关心款式。在这样的环境下，这家制鞋商原有的优势便不再是优势。目前，许多企业的管理人员都陷入"高质量的产品"没有人买的困境中，他们所谓的"高质量"大都是企业自我的感觉和判断。④ SWOT 分析可以组成多种行动方案供人们选择。由于这些方案是在认真对比分析的基础上产生的,因此可以提高决策的质量。SWOT 分析被广泛地应用于各行各业的管理实践中,成为最常用的管理工具之一。

第五节　主要管理思想及其演变

管理活动源远流长,自古即有,管理思想的发展可追溯到人类最初试图通过集体劳动来达到目标的年代。人类进行有效的管理实践,大约已有超过六千年的历史。早期的一些著名的管理实践和管理思想大都散见于埃及、中国、意大利等国的史籍和许多宗教文献之中。以历史记载的古今中外的管理实践来看,素以世界奇迹著称的埃及金字塔、巴比伦古城和中国的万里长城,其宏伟的建筑规模生动地证明了人类的管理和组织能力。在当时的技术条件下,如此浩大的工程,不但是劳动人民勤劳智慧的结晶,同时也是历史上伟大的管理实践。

一、早期的管理思想

有关管理思想的最早记载,是《圣经》中的一个例子。希伯来人的领袖摩西在率领希伯来人摆脱埃及人的奴役而出走的过程中,他的岳父叶忒罗对他处理政务事必躬亲、东奔西忙的做法提出了批评,并向他建议:一要制定法令,昭告民众;二要建立等级、授权委任管理;三要责成专人专责管理,问题尽量处理在下面,只有最重要的政务才提交摩西处理。这位叶忒罗可以说是人类最早的管理咨询人员了。他建议摩西采用的,就是我们现在常用的授权原理和例外原理,同时也体现了现代管理当中的管理宽度原理。

古希腊哲学家柏拉图在其《对话录》中论述了管理的普遍性。

我国古代典籍中也有不少有关管理思想的记载,如《周礼》中有对行政管理制度和责任的具体叙述。《孟子》《孙子》等著作对于管理的职能如计划、组织、指挥、用人等,都有不少适用于今天的精辟见解。秦始皇改订李悝《法经》,体现了古代管理思想中改革和创新的精神。秦朝确立的中央集权体制,建立的一整套行政管理机构,统一的文字、货币、车轨、道宽及度量衡制度等,不仅在当时有巨大的生命力,而且对中国延续两千年的封建制度也有着重大的影响。

在中世纪,管理实践和管理思想有了很大发展。15 世纪世界最大的几家工厂之一的威尼斯兵工厂(Arsenal of Venice),就采用了流水作业,建立了早期的成本会计制度,并进行了管理的分工,其工厂的管事、指挥、领班和技术顾问全权管理生产,而市议会通过一个委员会来干预工厂的计划、采购、财务事宜。这又是一个管理实践的出色范例,体现了现代管理思想的雏形。

意大利佛罗伦萨的尼古拉·马基雅维里(Niccolo Machiavelli)于 16 世纪所著的《君主论》一书,对统治者怎样管理国家、怎样更好地运用权威,提出了四条原则:① 群众认可,权威来自群众;② 内聚力,组织要能够长期存在,就要有内聚力,而权威必须在组织当中行使;③ 领导能力,掌权之后要能够维持下去,就必须具备领导能力;④ 求生存的意志,就是要"居安思危"。

二、管理学理论的萌芽

18 世纪到 19 世纪中期,资本主义生产方式从封建制度中脱胎而出,这期间家庭手工业制逐步被工厂制所代替。始于英国的工业革命,其结果是机械动力代替部分人力。机器大生产和工厂制度的普遍出现,对社会经济的发展产生了重要影响。

随着工业革命以及工厂制度的发展,工厂以及公司的管理越来越突出。许多理论家特别是经济学家,在其著作中越来越多地涉及有关管理方面的问题。很多实践者(主要是厂长、经理)则着重总结自己的经验,共同探讨有关管理的问题。这些著作和总结,为即将出现的管理运动打下了基础,是研究管理思想发展的重要参考文献。概括起来,其重要意义有三:① 促使人们认识到管理是一门具有独立完整体系的科学,值得去探索、研究、丰富和发展;② 预见到管理学的地位将不断提高;③ 区分了管理的职能与企业(厂商)的职能。

这一时期的著作,大体上有两类:一类偏重于理论的研究,即管理的职能和原则;另一类则偏重于管理技术和方法的研究。

(一) 有关管理职能和原则方面

这方面的学说散见于当时经济学家的一些著作,这些经济学家及其著作主要有:亚当·斯密(Adam Smith)及其《国富论》(1776 年);塞缪尔·纽曼(Samuel P. Newman)及其《政治经济学原理》(1835 年);约翰·穆勒(John Stuart Mill)及其《政治经济学原理》(1848 年);阿尔弗雷德·马歇尔(Alfred Marshall)及其《产业经济学概要》(1892 年)。从管理学的观点看,这些经济学家的论述还比较零碎,就事论事,缺乏系统化、理论化和概括。大体上说来,所涉及的管理问题,主要有四个方面:① 关于工商关系;② 关于分工的意义及其必然性,包括劳动的地域分工、劳动的组织分工、劳动的职业分工;③ 关于劳动效率与工资的关系,有所谓"劳动效率递减等级论";④ 关于管理的职能。

对西方管理理论的形成具有启蒙作用的英国著名经济学家、资产阶级古典政治经济学的杰出代表人物亚当·斯密在其《国富论》一书中,分析了劳动分工的经济效益,提出了生产合理化的概念。

纽曼、马歇尔等提出了对厂主(同时也是管理者)的要求:选择厂址、控制财务、进行购销活动、培训工人、分配任务、观察市场动向、富有新思想、开拓市场、具有对采用新发明的判断力等。

(二) 有关管理技术和方法方面

普鲁士军事理论家卡尔·冯·克劳塞维茨(Carl Von Clausewitz)认为:"企业简直就是类似于打仗的人类竞争的一种形式。"因此他关于军队管理的概念也适用于任何大型组织的管理。其主要观点如下:

(1) 管理大型组织的必要条件是精心的计划工作,并规定组织的目标。

(2) 管理者应该承认不确定性,从而按照旨在使不确定性减少到最低限度的要求来全面分析与计划。

(3) 决策要以科学而不是以预感为根据,管理要以分析而不是以直觉为根据。

英国数学家查尔斯·巴贝奇(Charles Babbage)在亚当·斯密劳动分工理论的基础上,又进一步对专业化问题进行了深入研究。在他1832年出版的《机器与制造业经济学》一书中,对专业化分工、机器与工具使用、时间研究、批量生产、均衡生产、成本记录等问题都作了充分的论述,并且强调要注重人的作用,分析颜色对效率的影响,应鼓励工人提出合理化建议等。该书是管理史上的一部重要文献。另外,他发现了计算机的基本原理,发明了手摇台式计算机,解决了繁重的计算工作,因此,有人称巴贝奇是"计算机之父"。

工业革命后的管理实践以苏霍制造厂(Soho Foundry)为代表。人们都知道瓦特改良了蒸汽机,使蒸汽机成为生产动力从而促进了18世纪下半叶的工业革命,然而很少有人知道他在管理上的成就。英国博尔顿—瓦特(Boulton & Watt)联合公司所属苏霍制造厂是最早进行科学管理的工厂之一。它有科学的工作设计,按更充分地利用机器的要求进行劳动分工和专业化;实行比较切合实际的工资支付办法;有着较完善的记录和成本核算制度。当代出现的许多管理问题,他们都曾遇到过,并努力加以解决。不过那时的管理还没有被系统化为一门科学。

空想社会主义的代表人物之一,英国的罗伯特·欧文(Robert Owen)为实践自己的政治主张而进行的"纽兰纳克"(Newlanark)及"新协和村"(New Community)的试验虽然未获成功,但他的实践与思想却对管理学的形成做出了贡献。例如就人和机器而言,他认为:"至少要像对待无生命的机器那样重视对于有生命的人的福利。"另外他还注重对工人的行为教育。现代管理中的行为学派公认欧文为其先驱者之一。

以上所介绍的这些主要的、有代表性的管理实践和管理理论,都是作为某个人或某个集团对某一活动单一管理实践和管理思想的体现,还没有形成一个完整的系统。管理理论的形成是在近代科学管理理论、管理过程与管理组织理论的研究中开始的。

三、管理学的产生与形成

19世纪末叶,科学管理初见端倪,第一次利用了"科学管理"这一术语。随着企业的规模和数量不断增长,管理人员遇到以前没有遇到过的多种问题。人们考虑问题的重点已经转移到企业内部的各种问题中,如加工过程、设备排列、场地布置、生产技术、刺激制度等。管理已逐步转向注意"物"的管理。人们聚集在大集体中,这又突出了组织与效率的问题。对这些问题的关心表现在管理文献中。

由于认识到需要通过社会、出版物和会议来交流观点,因此也开始了管理思想的传播和交流。人们对管理的认识已有了变化,把它看成是对人类经济活动有影响的一门完整知识。管理人员被公认为受尊敬的人。管理原理这一主题已经从工业界扩散到大学的课堂,管理终于成为一个独立的研究领域。

20世纪30年代,资本主义世界爆发了大危机,管理运动受到了影响。但是历时四五十年的管理运动,改变了人们的观念,引起了人们思想上、观念上的转变,对经济的发展起到了重要作用。管理运动为管理学的形成和发展奠定了基础,它所提倡并被普遍接受的"保存、调研、合作、渐进"观点已经在人们心中、在社会土壤中扎下了根。

（一）科学管理者泰罗及其同代人

1. 泰罗与"科学管理"理论

弗雷德里克·温斯洛·泰罗（Frederick Winslow Taylor），出生于美国费城一个富有的律师家庭，中学毕业后考入哈佛大学法律系，但不幸因眼疾而被迫辍学。1875年，他进入一家小机械厂当徒工，1878年转入费城米德瓦尔钢铁厂（Midvale Steel Works）当机械工人，他在该厂一直干到1897年。在此期间，由于工作努力，表现突出，很快被提升为车间管理员、小组长、工长、技师、制图主任和总工程师，并在业余学习的基础上获得了机械工程学士学位。1898—1901年，泰罗受雇于伯利恒钢铁公司（Bethlehem Steel Company）。从在米德瓦尔钢铁厂担任工长开始，到后来受雇于伯利恒钢铁公司，泰罗一直都在进行着改进管理、提高生产效率的试验，这些试验集中于"动作""工时"的研究，以及工具、机器、材料和工作环境等标准化研究，并根据这些成果制定了每日比较科学的工作定额和为完成这些定额的标准化工具。

泰罗一生致力于"科学管理"，但他的做法和主张并非一开始就被人们所接受，而是日益引起社会舆论的种种议论。于是，美国国会于1912年举行对泰罗制和其他工场管理制的听证会，泰罗在听证会上做了精彩的证词，向公众宣传科学管理的原理及其具体的方法、技术，引起了极大的反响。

科学管理理论的主要内容概括为以下八个方面：

（1）科学管理的中心问题是提高效率。泰罗认为，要制定出有科学依据的工人的"合理的日工作量"，就必须进行工时和动作研究。方法是选择合适且技术熟练的工人，把他们的每一项动作、每一道工序所使用的时间记录下来，加上必要的休息时间和其他延误时间，就得出完成该项工作所需要的总时间，据此定出一个工人"合理的日工作量"，这就是所谓工作定额原理。

（2）为了提高劳动生产率，必须为工作挑选"第一流的工人"。所谓第一流的工人，泰罗认为："每一种类型的工人都能找到某些工作使他成为第一流的，除了那些完全能做好这些工作而不愿做的人。"在制定工作定额时，泰罗是以"第一流的工人在不损害其健康的情况下维护较长年限的速度"为标准的。这种速度不是以突击活动或持续紧张为基础，而是以工人能长期维持的正常速度为基础。泰罗认为，健全的人事管理的基本原则是，使工人的能力同工作相配合，管理当局的责任在于为雇员找到最合适的工作，培训他成为第一流的工人，激励他尽最大的努力来工作。

（3）要使工人掌握标准化的操作方法，使用标准化的工具、机器和材料，并使作业环境标准化，这就是所谓标准化原理。泰罗认为，必须用科学的方法对工人的操作方法、工具、劳动和休息时间的搭配、机器的安排和作业环境的布置等进行分析，消除各种不合理的因素，把各种最好的因素结合起来，形成一种最好的方法。他把这叫作管理当局的首要职责。

（4）实行刺激性的计件工资报酬制度。为了鼓励工人努力工作、完成定额，泰罗提出了这一原则。这种计件工资制度包含三点内容：① 通过工时研究和分析，制定出一个有科学依据的定额或标准。② 采用一种叫作"差别计件制"的刺激性付酬制度，即计件工资按完成定额的程度而浮动，例如，如果工人只完成定额的80%，就按80%工资率付酬;如果完成了定额的120%,则按120%工资率付酬。③ 工资支付的对象是工人而不是职位,即根据工人的实际工作表现而不是根据工作类别来支付工资。泰罗认为,这样做不仅能克服消极怠工的现象,更重要的是能调动工人的积极性,从而促使工人大大提高劳动生产率。

（5）工人和雇主两方面都必须认识到提高效率对双方都有利,都要来一次"精神革命",相互协作,为共同提高劳动生产率而努力。在铁锹试验中,每个工人每天的平均搬运量从原来的16吨提高到59吨,工人每日的工资从1.15美元提高到1.88美元,而每吨的搬运费从7.5美分降到3.3美分。对雇主来说,关心的是成本的降低;而对工人来说,关心的则是工资的提高,所以泰罗认为这就是劳资双方进行"精神革命"、从事合作的基础。

（6）把计划职能同执行职能分开,变原来的经验工作法为科学工作法。所谓经验工作法是指每个工人用什么方法操作、使用什么工具等,都由他根据自己的或师傅等人的经验来决定。泰罗主张明确划分计划职能与执行职能,由专门的计划部门来从事调查研究,为定额和操作方法提供科学依据;制定科学的定额和标准化的操作方法及工具;拟订计划并发布指示和命令;比较"标准"和"实际情况",进行有效的控制等工作。至于现场工人,则从事执行的职能,即按照计划部门制定的操作方法和指示,使用规定的标准工具,从事实际的操作,不得自行改变。

（7）实行"职能工长制"。泰罗主张实行"职能管理",即将管理工作予以细分,使所有的管理者只承担一种管理职能。他设计出八个职能工长,代替原来的一个工长,其中四个在计划部门,四个在车间。每个职能工长负责某一方面的工作。在其职能范围内,可以直接向工人发出命令。泰罗认为这种"职能工长制"有三个优点：① 对管理者的培训花费的时间较少;② 管理者的职责明确,因而可以提高效率;③ 由于作业计划已由计划部门拟订,工具与操作方法也已标准化,车间现场的职能工长只需进行指挥监督,因此非熟练技术的工人也可以从事较复杂的工作,从而降低整个企业的生产费用。后来的事实表明,一个工人同时接受几个职能工长的多头领导,容易引起混乱。所以,"职能工长制"没有得到推广。但泰罗的这种职能管理思想为以后职能部门的建立和管理的专业化提供了参考。

（8）在组织机构的管理控制上实行例外原则。泰罗等人认为,规模较大的企业的组织和管理,必须应用例外原则,即企业的高级管理人员把例行的一般日常事务授权给下级管理人员去处理,自己只保留对例外事项的决定和监督权。这种以例外原则为依据的管理控制原理,以后发展成为管理上的分权化原则和事业部制的管理体制。

泰罗在管理方面的主要著作有《计件工资制》(1895年)、《车间管理》(1903年)、《科学管理原理》(其中包括在国会上的证词,1912年)。泰罗通过这一系列的著作,总结了几十年试验研究的成果,归纳了自己长期管理实践的经验,概括出一些管理原理和方法,经过系统化整理,形成了"科学管理"的理论。泰罗在管理理论方面做了许多重要的开拓性工作,为现代管理理论奠定了基础。由于他的杰出贡献,他被后人尊为"科学管理之父",这个称号被铭刻在他的墓碑上。

当然,泰罗的自身条件、背景以及当时所处的社会条件,不可避免地会影响到其进行科学管理研究的方法、效率、思路等,使其对管理较高层次的研究相对较少,理论深度也显得不足。而"科学管理"理论或"泰罗制"也并非泰罗一个人的发明,就像英国管理学家林德尔·厄威克(Lyndall F. Urwick)所指出的:"泰罗所做的工作并不是发明某种全新的东西,而是把整个19世纪在英美两国产生、发展起来的东西加以综合而形成一整套思想。他使一系列无条理的首创事物和实验有了一个哲学体系,称之为'科学管理'。"

2. 科学管理理论的其他代表人物

延伸阅读

泰罗的科学管理理论在20世纪初得到了广泛的传播和应用,影响很大。因此在他同时代和他以后的年代中,有许多人也积极从事管理实践与理论的研究,丰富和发展了"科学管理理论"。其中比较著名的有:

(1)卡尔·乔治·巴思(Carl George Barth),美籍数学家。他是泰罗最早、最亲密的合作者,为科学管理工作做出了很大贡献。他是个很有造诣的数学家,他提出的许多数学方法和公式,为泰罗的工时研究、动作研究、金属切削试验等研究工作提供了理论依据。

(2)亨利·甘特(Henry L. Gantt),美国管理学家、机械工程师。甘特是泰罗在创建和推广科学管理时的亲密合作者,他与泰罗密切配合,使科学管理理论得到了进一步的发展。特别是他的"甘特图"(Gantt Chart),是当时计划和控制生产的有效工具,并为当今现代化方法PERT(计划评审技术)奠定了基石。他还提出了"计件奖励工资制",即除了按日支付有保证的工资,超额部分还给予奖励;完不成定额的,可以得到原定日工资,这种制度补充了泰罗的差别计件工资制的不足。此外,甘特还很重视管理中人的因素,强调"工业民主"和更重视人的领导方式,这对后来的人际关系理论有很大的影响。

(3)吉尔布雷斯夫妇(Frank B. Gilbreth and Lillian M. Gilbreth)。美国工程师弗兰克·吉尔布雷斯与夫人(心理学博士莉莲·吉尔布雷斯)在动作研究和工作简化方面做出了特殊贡献。他们采用两种手段进行时间与动作研究:① 工人的操作动作分解为17种基本动作,吉尔布雷斯称之为"Therbligs"(这个字即为吉尔布雷斯英文名字母的倒写);② 用拍影片的方法记录和分析工人的操作动作,寻找合理的最佳动作以提高工作效率。通过这些手段,他们纠正了工人操作时某些不必要的多余动作,形成了快速准确的工作方法。与泰罗不同的是,吉尔布雷斯夫妇在工作中开始注意到人的因素,在一定程度上试图把效率和人的关系结合起来。吉尔布雷斯毕生致力于提高效率,即通过减少劳动中的动作浪费来提高效率,被人们称之为"动作专家"。

(4)哈林顿·埃默森(Harrington Emerson)。美国早期的科学管理研究工作者,从1903年起就同泰罗有紧密的联系,并独立地发展了科学管理的许多原理。如他对效率问题做了较多的研究和实践,提出了提高效率的12条原则:① 明确的目的;② 注意局部和整体的关系;③ 虚心请教;④ 严守规章;⑤ 公平;⑥ 准确、及时、永久性的记录;⑦ 合理调配人、财、物;⑧ 定额和工作进度;⑨ 条件标准化;⑩ 工作方法标准化;⑪ 手续标准化;⑫ 奖励效率。在组织机构方面,提出了直线和参谋制组织形式等等。另外,他在职工的选择和培训、心理因素对生产的影响、工时测定等方面也做出了贡献。

尽管泰罗的追随者在许多方面不同程度地发展了科学管理理论和方法,但总的来说,他们和泰罗一样,研究的范围始终没有超出劳动作业的技术过程,没有超出车间管理的范围。

（二）管理过程和管理组织理论

在泰罗等人以探讨工厂中提高效率为重点进行科学管理研究的同时,法国人法约尔则以管理过程和管理组织为研究重点,着重研究管理的组织和管理的活动过程。

除法约尔之外,管理过程和管理理论的主要代表人物还有德国著名的社会学家韦伯、美国的管理学家巴纳德等人。

1. 法约尔及其管理理论

亨利·法约尔（Henry Fayol）,法国人,1860 年从圣艾帝安国立矿业学院毕业后进入康门塔里—福尔香堡（Comentary-Fourchambault）采矿冶金公司,成为一名采矿工程师,并在此度过了整个职业生涯。从采矿工程师到矿井经理,直至公司总经理,由一名工程技术人员逐渐成为专业管理者,他在实践中逐渐形成了自己的管理思想和管理理论,对管理学的形成和发展做出了巨大的贡献。

法约尔 1916 年面世的著作《工业管理与一般管理》,是他一生管理经验和管理思想的总结,他认为他的管理理论虽然是以大企业为研究对象,但除了可应用于工商企业,还适用于政府、教会、慈善团体、军事组织以及其他各种事业。所以,人们一般认为法约尔是第一个概括和阐述一般管理理论的管理学家。他的理论概括起来大致包括以下内容:

（1）企业的基本活动与管理的五项职能。法约尔指出,任何企业都存在着六种基本的活动,而管理只是其中之一。这六种基本活动是:① 技术活动,指生产、制造、加工等活动;② 商业活动,指购买、销售、交换等活动;③ 财务活动,指资金的筹措和运用;④ 安全活动,指设备维护和职工安全等活动;⑤ 会计活动,指货物盘存、成本统计、核算等;⑥ 管理活动,其中又包括计划、组织、指挥、协调和控制五项职能活动。在这六种基本活动中,管理活动处于核心地位,即企业本身需要管理;同样的,其他五种属于企业的活动也需要管理。

（2）法约尔的 14 条管理原则。法约尔根据自己的工作经验,归纳出简明的 14 条管理原则。① 分工。他认为这不仅是经济学家研究有效地使用劳动力的问题,而且也是在各种机构、团体、组织中进行管理活动所必不可少的工作。② 职权与职责。他认为职权是发号施令的权力和要求服从的威望。职权与职责是相互联系的,在行使职权的同时,必须承担相应的责任,有权无责或有责无权都是组织上的缺陷。③ 纪律。纪律是管理所必需的,是对协定的尊重。这些协定以达到服从、专心、干劲以及尊重人的仪表为目的。就是说,组织内所有成员通过各方所达成的协议对自己在组织内的行为进行控制,它对企业的成功与否极为重要,要尽可能做到严明、公正。④ 统一指挥。指组织内每一个人只能服从一个上级并接受他的命令。⑤ 统一领导。指一个组织,对于目标相同的活动,只能有一个领导,一个计划。⑥ 个人利益服从整体利益。即个人和小集体的利益不能超越组织的利益。当三者不一致时,主管人员必须想办法使它们一致起来。⑦ 个人报酬。报酬与支付的方式要公平,给雇员和雇主以最大可能的满足。⑧ 集中化。这主要指权力的集中或分散的程度问题。要根据各种情况,包括组织的性质、人员的能力等,来决定

"产生全面的最大收益"的那种集中程度。⑨ 等级链。指管理机构中,最高一级到最低一级应该建立关系明确的职权等级系列,这既是执行权力的线路,也是信息传递的渠道。一般情况下不要轻易违反它。⑩ 秩序。指组织中的每个成员应该规定各自的岗位,做到"人皆有位,人称其职"。⑪ 公正。主管人员对其下属仁慈、公平,就可能使下属对上级表现出热心和忠诚。⑫ 保持人员的稳定。如果人员不断变动,工作将得不到良好的效果。⑬ 首创精神。这是提高组织内各级人员工作热情的主要源泉。⑭ 团结精神。指必须注意保持和维护每一集体中团结、协作、融洽的关系,特别是人与人之间的相互关系。

法约尔强调指出,以上14条原则在管理工作中不是死板和绝对的,关键是尺度问题,应当注意各种可变因素的影响。因此,这些原则是灵活的,是可以适应于一切需要的,但其真正的本质在于懂得如何运用它们。这是一门很难掌握的艺术,它要求智慧、经验、判断和注意尺度("有分寸")。

法约尔认为,人的管理能力可以通过教育来获得,也可以像技术能力一样,首先在学校里,然后在车间里得到。为此,他提出了一套比较全面的管理理论,首次指出管理理论具有普遍性,可以用于各个组织之中。他把管理视为一门科学,提出在学校设置这门课程,并在社会各个领域宣传、普及和传授管理知识。

综上所述,法约尔关于管理过程和管理组织理论的开创性研究,特别是其中关于管理职能的划分以及管理原则的描述,对后来的管理理论研究具有非常深远的影响。此外,他还是一位概括和阐述一般管理理论的先驱者,是一位伟大的管理教育家,后人称他为"管理过程之父"。

2. 韦伯理想的行政组织体系理论

马克斯·韦伯(Max Weber)是德国著名的社会学家,他对法学、经济学、政治学、历史学和宗教学都有广泛的兴趣。他在管理理论上的研究主要集中在组织理论方面,其主要贡献是提出了所谓理想的行政组织体系理论。这集中反映在他的代表作《经济与社会》①一书中。这一理论的核心是组织活动要通过职务或职位而不是通过个人或世袭地位来管理。他也认识到个人魅力对领导的重要性。他所讲的"理想的",不是指最合乎需要,而是指现代社会最有效和合理的组织形式。之所以是"理想的",因为它具有如下一些特殊性:

(1)明确的分工。即每个职位的权力和责任都应有明确的规定,人员按职业专业化进行分工。

(2)自上而下的等级系统。组织内的各个职位,按照等级原则进行法定安排,形成自上而下的等级系统。

(3)人员的任用。人员的任用要完全根据职务的要求,通过正式考试和教育训练来实行。

(4)职业管理人员。管理人员有固定的薪金和明文规定的升迁制度,是一种职业管理人员。

(5)遵守规则和纪律。管理人员必须严格遵守组织中规定的规则和纪律以及办事

---

① Max Weber. Economy and Society. University of California Press, Berkeley, Los Angeles and London,1978.

程序。

（6）组织中人员之间的关系。组织中人员之间的关系完全以理性准则为指导，只受职位关系而不受个人情感的影响。这种公正不倚的态度，不仅适用于组织内部，而且适用于组织与外界的关系。

韦伯认为，这种高度结构化的、正式的、非人格化的理想行政组织体系是人们进行强制控制的合理手段，是达到目标、提高效率的最有效形式。这种组织形式在精确性、稳定性、纪律性和可能性方面都优于其他组织形式，能适用于各种管理工作及当时日益增多的各种大型组织，如教会、国家机构、军队、政党、经济企业和各种团体。韦伯的这一理论对泰罗、法约尔的理论是一种补充，对后来的管理学家，尤其是组织理论学家有很大影响，他被称为"组织理论之父"。

3. 巴纳德的自觉协作活动系统

切斯特·巴纳德（Chester Z. Barnard）是美国的高级经理和管理学家，他在组织理论研究方面做出了很大贡献。他认为，组织是一个由人们有意识增加协调的各种活动的系统，其中最关键的因素是经理人员。每个人在克服其生理、心理、物质和社会的限制时，必须自觉地进行协作。组织就是这种自觉协作活动的一个系统，这种系统能否长期存在、发展，则决定于系统的效率和效果。个人间的协作固然可以通过命令和指挥形式来实现，但只有具备以下四个条件，个人才会承认这种命令的权威而接受命令：① 个人理解这个命令；② 个人认为这个命令同组织的目标是一致的；③ 个人认为这个命令同自己的个人利益是符合的；④ 个人有执行这个命令的能力。

他还把组织分为正式组织和非正式组织，指出正式组织作为一个协作系统，无论级别的高低和规模的大小，都包含三个基本要素，即协作的意愿、共同的目标、信息的联系。同时巴纳德还指出，在正式组织中还存在着一种产生于同工作有关的联系从而形成一定的看法、习惯和准则的无形的组织，即非正式组织。它的活动对正式组织有双重作用，既有不利的影响，又可能促使组织的效率得到提高。巴纳德的这一理论为后来社会系统学派的理论奠定了基础。[①]

综上所述，管理过程和管理组织理论，从不同角度进行了职能划分，研究了组织的形成以及组织管理的一些问题，在当时起到了历史性的作用，对今天的管理理论发展也具有深远的影响，其中许多原理及方法至今仍被许多国家广泛地参照和采用。

（三）人际关系学说和行为科学理论

以科学管理理论、管理过程与管理组织理论为代表的古典管理理论的广泛流传和实际运用，大大提高了组织的效率。但古典管理理论多着重于生产过程、组织控制方面的研究，较多地强调科学性、精密性、纪律性，对人的因素注意较少，把工人当作机器的附属品，不是人在使用机器，而是机器在使用人，这就激起了工人的强烈不满。20世纪20年代前后，一方面工人日益觉醒，工人阶级反对资产阶级剥削压迫的斗争日益高涨；另一方面经济的发展和周期性危机的加剧，使西方资产阶级感到再依靠传统的管理理论和方法

---

① 延伸阅读：Chester I. Barnard. The Functions of the Executive. Harvard University Press, Cambridge, Massachusetts, 1968.

已不可能有效地控制工人来达到提高生产率和利润的目的。一些管理学家和心理学家也意识到，社会化大生产的发展需要有与之相适应的新的管理理论。于是，一些学者开始从生理学、心理学、社会学等方面出发研究企业中有关人的一些问题，如人的工作动机、情绪、行为与工作之间的关系等，研究如何按照人的心理发展规律去激发其积极性和创造性。于是，行为科学应运而生。这是继古典管理理论之后管理学发展的一个重要阶段，也是现代管理学的一个重要组成部分。行为科学研究基本上可分为两个时期，前期叫作人际关系学说（或人群关系学），它始于20世纪二三十年代美国学者梅约的霍桑试验；后期是1949年在美国芝加哥讨论会上第一次提出的"行为科学"，1953年在美国福特基金会召开的各国科学家参加的会议上，正式定名为行为科学。

1. 研究人际关系学说的代表人物

（1）雨果·孟斯特伯格（Hugo Munsterberg）的心理学与工业效率。雨果·孟斯特伯格是德国人，工业心理学的创始人之一。他的专业是心理学和医学，但他对实验心理学却很感兴趣，以后更把兴趣转向了心理学在工业中的运用。1912年他在《心理学与工业效率》一书中强调说明了他的目标在于发展：① 每个人的心理特性和他适于做什么工作；② 处于什么心理状态下才能使每个人达到最高效率；③ 用什么样的方式刺激、诱导人们进行生产以达到最满意的产量或最高效率。

经过长期的研究，他发现并指出了心理学在许多领域中的应用价值，因而使心理学进入了产业界。在每一个课题上，他都指出了心理学的应用如何有助于绩效的增加。到他去世时，工业心理学已经成为管理学中的一个重要领域了。

（2）梅约及其霍桑试验。乔治·埃尔顿·梅约（George Elton Mayo），是原籍澳大利亚的美国行为科学家。1924—1932年，美国国家研究委员会和西方电气公司合作，由梅约负责进行了著名的霍桑试验（Hawthorne Experiment），即在西方电气公司所属的霍桑工厂，为测定各种有关因素对生产效率的影响程度而进行的一系列试验，由此产生了人际关系学说。试验分四个阶段。

第一阶段：工厂照明试验（1924—1927）。该试验是选择一批工人分为两组，一组为"试验组"，先后改变工厂照明强度，让工人在不同照明强度下工作；另一组为"控制组"，工人在照明度始终维持不变的条件下工作。试验者希望通过试验得出照明度对生产率的影响，但试验结果发现，照明度的变化对生产率几乎没有什么影响。这个试验似乎以失败告终。但这个试验得出了两条结论：① 工厂的照明只是影响工人生产效率的一项微不足道的因素；② 由于牵涉因素太多，难以控制，且其中任何一个因素都足以影响试验结果，故照明对产量的影响无法准确测量。

第二阶段：继电器装配室试验（1927年4月）。旨在试验各种工作条件的变动对小组生产率的影响，以便能够更有效地控制影响工作效果的因素。通过材料供应、工作方法、工作时间、劳动条件、工资、管理作风与方式等各个因素对工作效率影响的试验，发现无论各个因素如何变化，产量都是增加的。其他因素对生产率也没有特别的影响，而似乎是由于督导方法的改变，使工人工作态度有所变化，因而产量增加。

第三阶段：大规模的访问与调查（1928—1931）。两年内他们在上述试验的基础上进一步开展了全公司范围的普查与访问，调查了2万多人次，发现所得结论与上述试验相同,即"任何一位员工的工作绩效,都受到其他人的影响"。于是研究进入第四阶段。

第四阶段:接线板接线工作室试验(1931—1932)。以集体计件工资制刺激,形成"快手"对"慢手"的压力以提高效率。公司当局给他们规定的标准是焊合7 312个接点,但他们完成的只有6 000—6 600个接点。试验发现,工人既不会为超定额而充当"快手",也不会因完不成定额而成"慢手",当他们达到他们自认为是"过得去"的产量时就会自动松懈下来。其原因是,生产小组无形中达成默契的行为规范,即工作不要做得太多,否则就是"害人精";工作不要做得太少,否则就是"懒惰鬼";不应当告诉监工任何会损害同伴的事,否则就是"告密者";不应当企图对别人保持距离或多管闲事;不应当过分喧嚷、自以为是和热心领导,等等。根本原因则有三点:一是怕标准再度提高;二是怕失业;三是保护速度慢的同伴。这一阶段的试验,还发现了"霍桑效应",即对于新环境的好奇和兴趣,足以导致较佳的成绩,至少在初始阶段是如此。

通过四个阶段历时几年的霍桑试验,梅约等人认识到,人们的生产效率不仅要受到生理、物理方面等因素的影响,更重要的是要受到社会环境、社会心理等方面的影响,这个结论的获得是相当有意义的,这对"科学管理"只重视物质条件,忽视社会环境、社会心理对工人的影响来说,是一个重大的修正。

根据霍桑试验,梅约于1933年出版了《工业文明中人的问题》一书,提出了与古典管理理论不同的新观点,主要归纳为以下三个方面:

第一,工人是"社会人",而不是单纯追求金钱收入的"经济人"。作为复杂社会系统的成员,金钱并不是刺激积极性的唯一动力,他们还有社会、心理方面的需求,因此社会和心理因素等方面所形成的动力,对效率有更大的影响。

第二,企业中除了"正式组织",还存在着"非正式组织",这种非正式组织是企业成员在共同工作的过程中,由于具有共同的社会感情而形成的非正式团体。这种无形组织有它特殊的感情、规范和倾向,左右着成员的行为。古典管理理论仅注重正式组织的作用,这是很不够的。非正式组织不仅存在,而且同正式组织是相互依存的,对生产率的提高有很大影响。

第三,新型的领导通过提高职工的"满足度",来提高工人的"士气",从而达到提高效率的目的。生产率的升降,主要取决于工人的士气,即工作的积极性、主动性与协作精神,而士气的高低,则取决于社会因素特别是人群关系对工人的满足程度,即他的工作是否被上级、同伴和社会所承认。满足程度越高,士气也越高,生产效率也就越高。所以,领导的职责在于提高士气、善于倾听和沟通了解下属职工的意见,使正式组织的经济需求和工人的非正式组织的社会需求之间保持平衡。这样就可以解决劳资之间乃至整个"工业文明社会"的矛盾和冲突,提高效率。

梅约等人的人际关系学说的问世,开辟了管理和管理理论的一个新领域,并且弥补了古典管理理论的不足,为以后行为科学的发展奠定了基础。

2. 行为科学理论的研究内容及其发展

行为科学理论主要是对工人在生产中的行为以及这些行为产生的原因进行分析研究。它研究的内容包括人的本性和需要、行为的动机特别是生产中的人际关系(包括领导同工人之间的关系)。行为科学在第二次世界大战以后的发展,主要集中在四个方面:

① 关于人的需要和动机的理论；② 关于管理中的"人性"的理论；③ 关于领导方式的理论；④ 关于企业中非正式组织以及人与人之间关系的理论。

从霍桑试验开始的"人际关系"研究到行为科学理论的研究，乃至管理社会学（工效学）等方面的研究，不仅为管理理论的发展提供了许多有益的东西，而且在实际的管理中也产生了深刻的影响，同时在发展中其自身也得到不断的补充和完善。

延伸阅读

延伸阅读

四、现代管理理论丛林及其发展

第二次世界大战以后，现代化科学技术日新月异的发展、生产和组织规模的急剧增大、生产力的迅速发展、生产社会化程度的日益提高，引起了人们对管理理论的普遍重视。在美国和其他许多国家，不仅从事实际管理工作的人和管理学家研究管理理论，而且一些心理学家、社会学家、人类学家、经济学家、生物学家、哲学家、数学家也都从各自不同的背景、不同的角度，用不同的方法对现代管理问题进行研究。这一现象带来了管理理论的空前繁荣，出现了各种各样的学派。已故美国著名管理学家哈罗德·孔茨（Harold Koontz）把这一现象形象地描述为管理理论的"丛林"。由于这些学派都是从各自的背景出发，以不同的理论为依据来研究管理过程，因此带来了一些概念、原理和方法上的混乱。近年来，许多学者都在力求将各派的观点兼容并蓄，为走出"丛林"、建立统一的管理理论寻找新的出路。

（一）现代管理理论丛林

20 世纪 50 年代以来，在已有的古典管理理论、行为科学理论和管理科学理论的基础上，又出现了许多新的理论和学说，形成了许多学派，这些学派大大小小加总起来可能不下一百个，其中的主要学派，有人将其概括为六个，也有人将其归纳为八个或十一个。所谓"学派"，主要是指从什么角度或方面、运用什么样的理论去研究管理问题。下面介绍八个主要的学派。

1. 社会合作系统学派

这个学派认为，人与人的相互关系就是一个社会系统，它是人们的意见、力量、愿望以及思想等方面的一种合作关系。管理人员的作用就是要围绕着物质的（材料与机器）、生物的（作为一个呼吸空气和需要空间的抽象存在的人）和社会的（群体的相互作用、态度和信息）因素去适应总的合作系统。

这个学派是从社会学的角度来分析各类组织。它的特点是将组织看作一种社会系统，是一种人的相互关系的协作体系，它是社会大系统中的一部分，受到社会环境各方面因素的影响。美国的切斯特·巴纳德是这一学派的创始人，他的著作《经理的职能》对该学派有很大的影响。总体来看，该学派的理论有以下一些要点：

（1）组织是一个社会协作系统。这个系统能否继续生存，取决于：① 协作的效果，即能否顺利完成协作目标；② 协作的效率，即在达到目标的过程中，是否使协作的成员损失最小而心理满足较高；③ 协作目标能否适应协作环境。

（2）指出正式组织存在的三个条件：① 有一个统一的共同目标；② 其中每一成员都

能够自觉自愿地为组织目标的实现做出贡献;③ 组织内部有一个能够彼此沟通的信息联系系统。此外,在正式组织内部还存在着非正式组织。

(3) 对经理人员的职能提出三点要求:① 建立和维持一个信息联系的系统;② 善于使组织成员能够提供为实现组织目标所不可缺少的贡献;③ 规定组织目标。

此外,美国的怀特·贝克(White Bake)从社会学角度提出"组织结合力"的概念,对管理理论也有很大意义。贝克指出,企业中的组织结合力包括:① 职能规范系统,即由于协作而划分和安排工作岗位所产生的合作系统;② 职位系统,即直线的职权层次;③ 沟通联络系统;④ 奖惩制度;⑤ 组织规程,即使企业具有特征和个性的构想与手段。

这一学派主要以组织理论为研究重点,虽然组织理论并不是全部的管理理论,但它对管理理论所作的贡献是巨大的,并对其他学派的形成(如社会技术系统学派、决策理论学派、系统理论学派)有很大影响。

2. 经验或案例学派

这个学派主张通过分析经验(通常也就是一些案例)来研究管理问题。最早提出这一见解的是美国的德鲁克、戴尔(E. Dale)、纽曼(W. Newman)、斯隆(A. P. Sloan)等人。他们认为应该从企业管理的实际出发,以大企业的管理经验为主要研究对象,通过研究各种各样成功和失败的管理案例,就可以了解企业的管理。这一学派的主要观点大致如下:

(1) 作为企业主要领导的经理,其工作任务着重于两方面:① 形成一个"生产的统一体",有效调动企业各种资源,尤其是人力资源作用的发挥;② 经理做出每一项决策或采取某一行动时,一定要把眼前利益与长远利益协调起来。

(2) 非常重视建立合理组织结构。德鲁克认为,当今世界上管理组织的新模式可以概括为以下五种:① 集权的职能性结构;② 分权的联邦式结构;③ 矩阵结构;④ 模拟性分散管理结构;⑤ 系统结构。他还强调,各类组织要根据自己的工作性质、特殊条件以及管理人员的特点,来确定本组织的管理结构,切忌照搬别人的模式。

(3) 对科学管理和行为科学理论重新评价。这一学派中的许多人提出,科学管理和行为科学理论都不能完全适应企业实际需要,只有经验学派将这二者结合起来,才真正实用。

(4) 提倡实行目标管理。德鲁克首先提出目标管理的建议,其后又有许多学者共同参与了研究。

总之,经验或案例学派并未形成完整的理论体系,其内容也比较庞杂,但其中的一些研究反映了当代社会化大生产的客观要求,是值得注意的。

3. 社会技术系统学派

创立这一学派的是英国的特里斯特(E. L. Trist)及其同事。他们根据对煤矿中"长壁采煤法"研究的结果认为,要解决管理问题,只分析社会协作系统是不够的,还必须分析技术系统对社会的影响,以及对个人的心理影响。他们认为管理的绩效乃至组织的绩效,不仅取决于人们的行为态度及其相互影响,而且取决于人们工作所处的技术环境。管理人员的主要任务之一就是确保社会协作系统与技术系统的相互协调。

这个学派的大部分著作都集中于研究科学技术对个人、群体行为方式,以及对组织方式和管理方式等的影响,因此特别注重工业工程、人机工程等方面问题的研究,其代表作有《长壁采煤法的某些社会学和心理学的意义》《社会技术系统的特性》等。这个学派虽然也没有研究到管理的全部理论，但却首次把组织作为一个社会系统和技术系统综合起来考虑，填补了管理理论的一个空白，对管理实践也是很有意义的。

4. 人际关系行为学派

这个学派的依据是，既然管理就是让别人或同别人一起去把事情办好，因此，就必须以人与人之间的关系为中心来研究管理问题。这个学派把社会科学方面的有关理论、方法和技术用来研究人与人之间以及个人的各种现象，从个人的个性特点到文化关系，范围广泛，无所不包。这个学派的学者大多数都受过心理学方面的训练，他们注重个人的行为动因，把行为动因看成是一种社会心理学现象。其中有些人强调，处理人的关系是管理者应该而且能够理解和掌握的一种技巧；有些人把"管理者"笼统地看成是"领导者"，甚至认为管理就是领导，结果把所有的领导工作都当成管理工作；还有不少人则着重研究人的行为与动机之间的关系，研究有关激励和领导问题。这些研究提出了一些对管理人员大有裨益的见解，例如马斯洛的"需求层次理论"、赫茨伯格的"双因素理论"、布莱克和穆顿的"管理方格理论"。

5. 群体行为学派

这个学派同人际关系行为学派密切相关，以致常常被混淆。群体行为学派关心的主要是一定群体中的人的行为，而不是一般的人际关系和个人行为；它以社会学、人类文化学、社会心理学为基础，而不是以个人心理学为基础。这个学派着重研究各种群体的行为方式，从小群体的文化和行为方式到大群体的行为特点，均在研究之列。有人把这个学派的研究内容称为组织行为（Organizational Behavior）研究，其中"组织"一词被用来表示公司、企业、政府机关、医院以及任何一种事业中一组群体关系的体系和类型。这个学派最早的代表人物和研究活动就是梅约和霍桑试验。20 世纪 50 年代，美国管理学家克里斯·阿吉里斯（Chris Argyris）提出所谓"不成熟交替循环的模式"，指出"如果一个组织不为人们提供使他们成熟起来的机会，或不提供把他们作为已经成熟的个人来对待的机会，那么人们就会变得忧虑、沮丧，甚至还会按违背组织目标的方式行事"。

6. 决策理论学派

该学派的主要代表人物是赫伯特·西蒙（Herbert Simon）。这一学派是在社会系统学派的基础上发展起来的，他们把第二次世界大战以后发展起来的系统理论、运筹学、计算机科学等综合运用于管理决策问题，形成了一门有关决策过程、准则、类型及方法的比较完整的理论体系。其理论要点如下：

（1）决策贯穿于管理的全过程，管理就是决策。

（2）决策过程包括四个阶段：① 搜集情况阶段，即搜集组织所处环境中有关经济、技术、社会各方面的信息以及组织内部的有关情况；② 拟订计划阶段，即在确定目标的基础上，依据所搜集到的信息，编制可能采取的行动方案；③ 选定计划阶段，即从可供选用的方案中选定一个行动方案；④ 评价计划阶段，即在决策执行过程中，对过去所做的抉择进行评价。这四个阶段中的每一个阶段本身都是一个复杂的决策过程。

（3）在决策标准上，用"令人满意"的准则代替"最优化"准则。以往的管理学家往往把人看成是以"绝对理性"为指导、按最优化准则行动的理性人。西蒙认为事实上这是做不到的,应该用"管理人"假设代替"理性人"假设。这种"管理人"不考虑一切可能的复杂情况,只考虑与问题有关的情况,采用"令人满意"的决策准则,从而可以做出令人满意的决策。

(4) 一个组织的决策根据其活动是否反复出现,可分为程序化决策和非程序决策。此外,根据决策条件,决策还可以分为肯定型决策、风险型决策和非肯定型决策,每一种决策所采用的方法和技术都是不同的。

(5) 一个组织中集权和分权的问题是和决策过程联系在一起的,有关整个组织的决策必须是集权的,而由于组织内决策过程本身的性质及个人认识能力的限制,分权也是必需的。

7. 沟通(信息)中心学派

这一学派同决策理论学派关系密切,它主张把管理人员看作一个信息中心,并围绕这一概念来形成管理理论。这一学派认为,管理人员的作用就是接收、贮存与发出信息;每一位管理人员的岗位犹如一个电话交换台。

这一学派强调计算机技术在管理活动和决策中的应用,强调计算机科学同管理思想和行为的结合。大多数计算机科学家和决策理论家都赞成这个学派的观点。这个学派的代表人物有:美国的李维特(H. J. Leavitt),其代表作是《沟通联络类型对群体绩效的影响》;申农(Claude Shannou)和韦弗(Warren Weaver),其代表作是《沟通联络的数理统计理论》。

8. 数学(管理科学)学派

第二次世界大战时期,英国为解决国防需要而产生"运筹学"(Operational Research, OR),发展了新的数学分析和计算技术,例如统计判断、线性规划、排队论、博弈论、统筹法、模拟法、系统分析等。这些成果应用于管理工作就产生了"管理科学理论",其主要内容是一系列的现代管理方法和技术。提出这一理论的代表人物是美国研究现代生产管理方法的著名学者伯法(E. S. Buffa)等人。他们开拓了管理学的另一个广阔的研究领域,使管理从以往定性的描述走向了定量的预测阶段。

管理科学理论是指以现代自然科学和技术科学的最新成果(如先进的数学方法、电子计算机技术以及系统论、信息论、控制论等)为手段,运用数学模型,对管理领域中的人力、物力、财力进行系统的定量分析,并做出最优规划和决策的理论。这一理论是在第二次世界大战之后,与行为科学平行发展起来的。从历史渊源来看,管理科学是泰罗科学管理的继续和发展,因为它的主要目标也是探求最有效的工作方法或最优方案,以最短的时间、最少的支出,取得最大的效果。但它的研究范围已远远不是泰罗时代的"操作方法"和"作业研究",而是面向整个组织的所有活动,并且它所采用的现代科技手段也是泰罗时代所无法比拟的。管理科学理论主要包括以下三个方面:

(1) 运筹学。运筹学是管理科学理论的基础,是在第二次世界大战中,以杰出的物理学家布莱克特(P. M. S. Blackett)为首的一部分英国科学家为了解决雷达的合理布置问题而发展起来的数学分析和计算技术。就其内容讲,这是一种分析、实验和定量的科学方法,专门研究在既定的物质条件(人力、物力、财力)下,为达到一定的目的,运用科学的方法(主要是数学方法),进行数量分析,统筹兼顾研究对象的整个活动所有各个环节之间的关系，为选择出最优方案提供数量上的依据，以便做出综合性的合理安排，最经济最有效地使用人力、物力、财力，以达到最大的效果。运筹学后来被运用到管理领域。由于研究内容的不同，又形成了许多新的分支，这些分支主要有：

① 规划论，用来研究如何充分利用企业的一切资源，包括人力、物资、设备、资金和时间，最大限度地完成各项计划任务，以获得最优的经济效益。规划论根据不同情况又可分为线性规划、非线性规划和动态规划。

② 库存论，用来研究在什么时间、以什么数量、从什么地方供应，来补充零部件、器件、设备、资金等库存，既保证企业能有效运转，又使保持一定库存和补充采购的总费用最少。

③ 排队论，主要是用来研究在公用服务系统中，设置多少服务人员或设备最为合适，既不使顾客或使用者过长地排队等候，又不使服务人员及设备过久地闲置。

④ 对策论，又称博弈论，主要是用来研究在利益相互矛盾的各方竞争性活动中，如何使自己一方获得期望利益最大或期望损失最小，并求出制胜对方的最优策略。

⑤ 搜索论，用来研究在寻找某种对象（如石油、煤矿、铁矿以及产品中的废品）的过程中，如何合理使用搜索手段（包括人、物、资金和时间），以便取得最好的搜索效果。

⑥ 网络分析，是利用网络图对工程进行计划和控制的一种管理技术，常用的有"计划评审技术"（PERT）和"关键线路法"（CPM）。

（2）系统分析。系统分析这一概念是由美国兰德公司于1949年首先提出的，意思是把系统的观点和思想引入管理的方法之中，认为事物是极其复杂的系统。运用科学和数学方法对系统中的事件进行研究和分析，就是系统分析。其特点就是在解决管理问题时要从全局出发进行分析和研究，制定出正确的决策。因此，系统分析的步骤一般有：① 弄清并确定这一系统的最终目的，同时明确每个特定阶段的阶段性目标和任务；② 必须把研究对象看作一个整体、一个统一的系统，然后确定每个局部要解决的任务，研究它们之间以及它们与总体目标之间的相互关系和相互影响；③ 寻求达到总体目标及与其相联系的各个局部任务和可供选择的方案；④ 对可供选择的方案进行分析比较，选出最优方案；⑤ 组织各项工作的实施。

系统分析和运筹学作为逻辑和计量方法，它们的共性很多。一般认为，系统分析研究的范围更广泛一些，多用于战略性质的高级决策研究；运筹学研究的范围相对较窄一些，多用于战术性的分析论证。但在实际中，作为决策工具，往往是两种方法共同使用，互相补充。

（3）决策科学化。这是指决策时要以充足的事实为依据，采取严密的逻辑思考方法。对大量的资料和数据按照事物的内在联系进行系统分析和计算，遵循科学程序，做出正确决策。上述管理科学理论的两项内容就是为决策科学化提供分析思路和分析技术的。同时，它所使用的先进工具电子计算机和管理信息系统也为决策科学化提供了可能和依据。

总而言之，管理科学理论的基本特征是，以系统的观点，运用数学、统计学的方法和电子计算机的技术，为现代管理的决策提供科学的依据，通过计划与控制以解决各项生产与经营问题。这一理论认为，管理就是应用各种数学模型和特征来表示计划、组织、控制、决策等合乎逻辑的程序，求出最优的解决方案，以达到企业的目标。

　　管理科学理论把现代科学方法运用到管理领域中,为现代管理决策提供了科学的方法。它使管理理论研究从定性到定量从而在科学的轨道上前进了一大步,同时它的应用对企业管理水平和效率的提高也起到了很大作用。但是,同其他理论一样,它也有自己的弱点:一是把管理中与决策有关的各种复杂因素全部数量化,是不可能也不现实的;二是这一理论忽略了人的因素,这不能不说是它的一大缺陷;三是管理问题的研究与实践,不可能也不应该完全只依靠定量分析,而忽视定性分析。尽管如此,它的科学性还是被人们普遍承认。

　　除上面介绍的八个学派,还有一些学派,如管理过程学派以及近几年出现的还不太成熟的经理角色学派等,在管理理论丛林中也都是比较活跃和有代表性的。这里限于篇幅,就不一一介绍了。总之,这些学派都是在已有的管理理论基础上,力图吸收和利用其他学科的成就,从不同角度来探索管理的原理和方法,它们之间既有观点相同、继承发展的地方,也有许多观点不一致之处。因此,总体来看,这种"百花齐放、百家争鸣"的现象对构筑管理科学理论的大厦无疑是非常有益的。但是这种分散的管理理论,从理论上讲,经过一定阶段的发展需要走向统一,走向更高级的新的管理理论;从实践上看,在现代化管理工作中,分散的、各抒己见的理论应用起来也会有很大局限性,因而也需要有一套系统的、全面的管理理论来指导。

　　(二) 现代管理理论发展的新探索

　　管理理论从泰罗的科学管理至今,已有一个世纪的历史了,其间经历了古典管理理论阶段(包括泰罗的科学管理和以法约尔、韦伯为代表的管理过程与管理组织理论)、行为科学理论和管理科学理论阶段,以后随着行为科学和管理科学理论的继续发展、分化,演变出了许多的管理学派,形成了众多风格各异的管理理论,进入了管理理论的"丛林",即管理理论大发展时期。随着科学技术的不断进步,社会政治经济环境的复杂多变,管理所面临的问题也日益复杂,尽管管理理论"丛林"枝繁叶茂,但却难以适应现代管理实践的需要,因此不得不寻找新的出路,以图建立一套全面、系统的管理理论。

　　在管理理论逐渐互相融合渗透、走向统一的过程中,先后出现了两种有代表性的新的探索:一是系统管理理论,即把一般系统理论应用到组织管理之中,运用系统研究的方法,兼容并蓄各学派的优点,融为一体,建立通用的模式,以寻求普遍适用的模式和原则;二是权变管理理论,强调随机应变,灵活运用各派的学说,并根据内外环境的不同采取不同的组织管理模式或手段,进而建立起统一的管理理论。

　　1. 系统管理理论

　　系统管理理论是应用系统理论的范围、原理,全面分析和研究企业和其他组织的管理活动和管理过程,重视对组织结构和模式的分析,并建立起系统模型以便于分析。这一理论是美国管理学家卡斯特(F. E. Kast)、罗森茨威克(J. E. Rosenzweig)和约翰逊(R. A. Johnson)等在一般系统论的基础上建立起来的,其理论要点主要有:

　　(1) 企业是由人、物资、机器和其他资源在一定的目标下组成的一体化系统,它的成长和发展同时受到这些组成要素的影响,在这些要素的相互关系中,人是主体,其他要素则是被动的。

　　(2) 企业是一个由许多子系统组成的、开放的社会技术系统。企业是社会这个大系统中的一个子系统，它受到周围环境（顾客、竞争者、供货者、政府等）的影响，也同时影响环境。它只有在与环境的相互影响中才能达到动态平衡。在企业内部又包含着若干子系统：① 目标和准则子系统，包括遵照社会的要求和准则，确定战略目标；② 技术子系统，包括为完成任务必需的机器、工具、程序、方法和专业知识；③ 社会心理子系统，包括个人行为和动机、地位和作用关系、组织成员的智力开发、领导方式，以及正式组织系统与非正式组织系统等；④ 组织结构子系统，包括对组织及其任务进行合理划分和分配，协调他们的活动，并由组织图表、工作流程设计、职位和职责规定、章程与案例来说明，还涉及权力类型、信息沟通方式等问题；⑤ 外界因素子系统，包括各种市场信息、人力与物力资源的获得，以及外界环境的反映与影响等。此外，还有一些子系统，如经营子系统、生产子系统等。这些子系统还可以继续分为更小的子系统。

（3）运用系统观点来考察管理的基本职能，可以提高组织的整体效率，使管理人员不至于只重视某些与自己有关的特殊职能而忽视了大目标，也不至于忽视自己在组织中的地位与作用。

2. 权变管理理论

权变管理理论是20世纪70年代在美国形成的一种管理理论。这一理论的核心就是力图研究组织的各子系统内部和各子系统之间的相互联系，以及组织和它所处的环境之间的联系，并确定各种变数的关系类型和结构类型。它强调在管理中要根据组织所处的内外部条件随机应变，针对具体条件寻求最合适的管理模式、方案或方法。

美国尼布拉加斯大学教授卢桑斯（F. Luthans）在1976年出版的《管理导论：一种权变学》一书中系统地概括了权变管理理论。其内容主要包括：

（1）过去的管理理论可分为四种，即过程学说、计量学说、行为学说和系统学说，这些学说由于没有把管理和环境妥善地联系起来，其管理观念和技术在理论与实践上相脱节，所以都不能使管理有效地进行。而权变理论就是要把环境对管理的作用具体化，并使管理理论与管理实践紧密地联系起来。

（2）权变管理理论就是考虑到有关环境的变数同相应的管理观念和技术之间的关系，使采用的管理观念和技术能有效地达到目标。在通常情况下，环境是自变量，而管理的观念和技术是因变量。这就是说，如果存在某种环境条件，对于更快地达到目标来说，就要采用某种管理原理、方法和技术。比如，如果在经济衰退时期，企业在供过于求的市场中经营，采用集权的组织结构，会更适合达到组织目标；如果在经济繁荣时期，在供不应求的市场中经营，采用分权的组织结构可能会更好一些。

（3）环境变量与管理变量之间的函数关系就是权变关系，这是权变管理理论的核心内容。环境可分为外部环境和内部环境。外部环境又可以分为两种：一种是由社会、技术、经济和政治、法律等所组成；另一种是由供应者、顾客、竞争者、雇员、股东等组成。内部环境基本上是正式组织系统，它的各个变量与外部环境各变量之间是相互关联的。决策、交流和控制、技术状况等管理变量包括上面所列四种学说所主张的管理观念和技术。

总之，权变管理理论的主要特点是：第一，它强调根据不同的具体条件，采取相应的组织结构、领导方式、管理机制；第二，把一个组织看作社会系统中的分系统，要求组织各方面的活动都要适应外部环境的要求。

3. 现代管理理论的主要特点

管理科学理论的一个不足之处是过分强调定量因素与数学模型,忽视了定性因素的重要性。事实上,管理中的影响因素,很多是定性因素,无法用科学方法精确计量,只有依靠人的经验、知识来进行估计和判断才能完成。"管理理论丛林"则从不同的角度探讨了管理中的一些问题,也未能很好地提出一套完整的方案。这样,它们在现代管理工作中,应用起来就会有很大的局限性。近年来,在一些管理学者中逐步酝酿形成了一种新的观念,即"现代管理理论"。这一理论主张,不仅要综合管理科学理论中的方法和技术,还要综合行为科学理论,而且要着眼于系统分析的观点和权变理论的观点,使现代管理理论朝着一个统一的理论系统发展。这是因为有些学者认为,管理过程学派、管理科学学派和行为学派只是系统管理学派的子系统,都应归属于系统管理学派之中。而且要使系统的管理理论能真正地发挥作用,还必须依靠权变理论作为指导;只有随机地、灵活地应用系统管理理论,才能在管理实践中发挥管理理论的功能。

总之,现代管理理论是近代所有管理理论的综合,是一个知识体系,是一个学科群。它的基本目标就是要在不断急剧变化的现代社会面前,建立起一个充满创造活力的自适应系统。要使这一系统得到持续、高效和低消耗的输出功能,不仅要有现代化的管理思想和管理组织,而且还要有现代化的管理方法和手段来构成现代管理科学。

纵观管理学各学派,虽各有所长,但不难寻求其共性。管理学的共性实质上也就是现代管理学的特点,可概括如下:

(1)强调系统化。这就是运用系统思想和系统分析方法来指导管理的实践活动,解决和处理管理的实际问题。系统化,就要求人们要认识到一个组织就是一个系统,同时也是另一个更大系统中的子系统。所以,应用系统分析的方法,就是从整体角度来认识问题,以防止片面性和受局部的影响。

(2)重视人的因素。由于管理的主要内容是管人,而人又是生活在客观环境中,虽然他们也在一个组织或部门中工作,但是他们在思想、行为等诸方面,可能与组织不一致。重视人的因素,就是要注意人的社会性,对人的需要予以研究和探索,在一定的环境条件下,尽最大可能满足人们的需要,以保证组织中全体成员齐心协力地为完成组织目标而自觉做出贡献。

(3)重视"非正式组织"的作用,即注意"非正式组织"在正式组织中的作用。非正式组织是人们以感情为基础而结成的集体,这个集体有约定俗成的信念,人们彼此感情融洽。利用非正式组织,就是在不违背组织原则的前提下,发挥非正式群体在组织中的积极作用,从而有助于组织目标的实现。

(4)广泛地运用先进的管理理论和方法。随着社会的发展、科学技术水平的迅速提高,先进的科学技术和方法在管理中的应用越来越重要。所以,各级主管人员必须利用现代的科学技术与方法,促进管理水平的提高。

(5)加强信息工作。由于普遍强调通信设备和控制系统在管理中的作用,因此对信息的采集、分析、反馈等的要求越来越高,即强调及时和准确。主管人员必须利用现代技术,建立信息系统,以便有效、及时、准确地传递信息和使用信息,促进管理的现代化。

（6）把"效率"和"效果"结合起来。作为一个组织，管理工作不仅仅是追求效率，更重要的是要从整个组织的角度来考虑组织的整体效果以及对社会的贡献。因此，要把效率和效果有机地结合起来，从而使管理的目的体现在效率和效果之中，也即通常所说的绩效。

（7）重视理论联系实际。重视管理学在理论上的研究和发展，进行管理实践，并善于对实践进行归纳总结，找出规律性的东西，所有这些是每个主管人员应尽的责任。主管人员要乐于接受新思想、新技术，并用于自己的管理实践中，把诸如质量管理、目标管理、价值分析、项目管理等新成果运用于实践，并在实践中创造出新的方法，形成新的理论，促进管理学的发展。

（8）强调"预见"能力。强调要有很强的"预见"能力来进行管理活动。社会是迅速发展的，客观环境在不断变化，这就要求人们要用科学的方法进行预测，以"一开始就不出差错"为基点，进行前馈控制，从而保证管理活动的顺利进行。

（9）强调不断创新。要积极促变，不断创新。管理意味着创新，就是在保证"惯性运行"的状态下，不满足现状，利用一切可能的机会进行变革，从而使组织更加适应社会条件的变化。

（10）强调权力集中。使组织中的权力趋向集中，以便进行有效的管理。电子计算机的应用、现代通信设备的使用，使组织的结构趋向平面化，即减少了层次。权力统一集中，使最高主管人员担负的任务更加艰巨。因此，主管人员必须通过有效的集权，把组织管理统一化，以达到统一指挥、统一管理的目的。

≪概念应用1-6≫

管 理 学 派

指出以下五种理论分别对应哪一种描述。

A. 经典理论(科学管理理论和管理组织理论)

B. 行为科学理论　　　C. 管理科学理论

D. 系统管理理论　　　E. 权变管理理论

_____ 1. 关注人和如何提高人的生产率，寻求适用于所有组织的最佳管理方式。

_____ 2. 将组织视为一个整体，强调各个部分之间的关系而不是将它们看作单独的个体。

_____ 3. 提倡运用数学(计算机)帮助解决问题和制定政策。

_____ 4. 关注工作和企业的结构，寻求适用于所有组织的最佳管理方式。

_____ 5. 提倡根据具体的情境，选择运用最适合的一种理论或多种理论的组合。

五、当代管理学三个热点问题

在20世纪60年代，当某些社会活动家发起运动开始质疑企业经济目标唯一性原则时，企业社会责任(Social Responsibility)的重要性开始显现出来。例如，当国际大公司出现了歧视妇女与外族人的行为时,你认为它们是负责任的组织吗?烟草公司是否忽视了尼古丁会让人上瘾并对人体健康造成危害的事实?在20世纪60年代以前,很少会有人问到这样的问题。

虽然小企业的管理和大企业的管理有所不同,但焦点主要都集中在规模上。然而,企业经营环境是不断变化的,这样就出现了一种趋势,越来越多的人开始自主创立企业——每年仅在美国就有200万家,当前中国的情况也差不多。

信息技术正在改变当代组织的工作方式和管理者的管理方式。信息技术优势已经为许多企业带来显著的效率提升和经济效果,但是也存在管理者不能忽视的问题。管理者如何在计划、组织、领导和控制过程中应用信息技术并应对问题,是当代管理者面对的新挑战。

1. 企业的社会责任

企业的社会责任究竟意味着什么呢?意味着这是一个商业企业应尽的义务,它超越了法律与经济要求,追求有利于社会的长期目标。这个定义假设企业遵守法律同时也追求经济利益。我们将所有企业,无论它有没有社会责任感,均视为是遵守法律和社会规范的。我们也注意到这一定义将企业视为有道德的个体,它努力去做有利于社会的事,并且能够分辨好坏。

如果能够对两个概念——社会义务和社会责任进行一番比较的话,将能更好地理解社会责任的内在含义。社会义务是企业涉足社会事务的基础。只有当一个企业承担起它的经济和法律责任时,才可以说它履行了社会义务,而且它所做的只是法律所要求的事情。一个企业追求社会目标不能超越其追求经济目标的范围限度。与社会义务相比,社会责任高于这种基本的经济和法律标准。例如,两者都包含对企业经营所在社会的尊重,而在这个社会里,企业都能对所有员工一视同仁,并且尊重当地的环境,支持职业生涯目标计划并能无歧视地满足各种人群的工作需求等。社会责任在内容上也增加了道德上必须做的事情,这些事当然是使社会更好而不是更糟。社会责任要求企业对"什么是正确的"与"什么是错误的"做出判断,并去寻找基本的道德真理。

企业负有社会责任,才能够创造对于所有外部利害相关者以及内部利害相关者——员工而言的共赢局面。对于顾客,企业的责任是提供对他们有价值的产品和服务。对于社会,企业有责任改善生活质量,或者至少不破坏生活环境。大型跨国公司的高层主管都能理解他们负有控制污染的责任。企业必须公平地与对手竞争,应该运用技术开发提高顾客价值和生活质量的新途径。企业一定要以合作的态度对待供应商,必须遵守政府的法律和法规,必须为劳动力提供平等的雇佣机会,要有财务上的贡献,要回报股东合理的利润,必须向员工提供安全的工作条件、充分的报酬和奖励。

直至今日,社会上仍有不少关于社会责任的争论(见表1-2)。暂且把争论放一边,要知道,现在的管理者在作一般决策时必须面对社会责任问题。社会慈善、定价、员工关系、资源和环境保护、产品质量等,均是组织需要考虑的重要经营因素。它们还需要重新评估包装的形状,要考虑产品的可回收性、环保惯例等。有环保、友善或"绿色"内容的创意将对商业的方方面面产生影响——从产品和服务的形成到用户的使用再到随后的处置。在全球化竞争的这个世界，少有企业能够承受被视为无社会责任所带来的负面压力与潜在的经济后果。

表1-2 关于社会责任的争论

赞同"企业社会责任论"的主要观点有：

1. **公众预期** 从20世纪60年代开始，社会对企业的期望值急剧上升。支持企业既要兼顾社会负责又要兼顾经济目标的大众观点，现在已经深入人心了。

2. **长期利润** 有社会责任感的企业一般会有更加稳定的长期利润，这是因为有社会责任感的企业行为常伴有良好的社会关系和商业形象。

3. **道德职责** 一个企业能够而且应当有这样的意识。企业应该有社会责任感，因为就它们本身的目标来讲，负责任的行为总是对的。

4. **公众形象** 企业寻求强化自己的公众形象是为了获得更多的用户、更好的员工、通畅的融资渠道以及寻求其他的一些利益。因为公众认为社会目标十分重要，所以企业可以通过追求社会目标而使自己的公众形象更好。

5. **更好的环境** 由于企业的参与能够解决许多社会难题，因此，创造一个生活质量更好、更令人向往的社会环境将能够吸引与留住那些有熟练技能的员工。

6. **进一步放松政府管制** 政府管制会增加经济费用并限制管理者决策的灵活性。企业如果有社会责任心的话，政府有望放松对其的管制。

7. **责任与权利的平衡** 企业在社会中有很大的权利，这就要求有相应的责任来平衡。当权利远远大于责任时，所产生的非均衡性就会导致不负责任行为的发生，这是与公众利益相悖的。

8. **股东利益** 从长期来讲社会责任会抬高企业的股票价格。股票市场上的人们会认为有社会责任的企业存在的风险更小并且易于接受公众的批评。因此，这类企业会有更高的利润。

9. **占有资源** 企业以其拥有的金融资本、技术专家和管理能力去支持公共事业和慈善事业。

10. **阻止社会问题的优势** 社会问题必须及时解决。企业应该在这些问题变得日趋严重、纠正成本更大，并且需要管理者从产品和服务经营中分出部分管理精力专门处理这些问题之前采取行动。

反对"企业社会责任论"的主要观点有：

1. **违反了利润最大化原则** 这是传统观点的关键所在。企业只有当其严格执行对经济利益目标的追逐，并把其他活动交由其他机构执行时，它才是最有社会责任感的。

2. **目标的解释** 追求社会目标将会淡化企业追逐的最为根本的经济利润目标。这反而会造成既达不到社会目标也达不到经济目标的不利结果。

3. **费用** 许多社会活动是不会"自筹经费"的，必须要有人为其"埋单"。企业只能自行消化这些费用或以更高的产品价格将这些费用转移到消费者头上。

4. **过多的权力** 企业已经算是我们这个社会中的一个具有很大权力的机构了。如果它再去追求社会目标，它将获得更多的权力。社会已经给予企业足够的权力了。

5. **技能的缺失** 企业家的视野与能力主要是经济性的，他们不能完全胜任处理社会问题的有关职责。

6. **责任感的缺乏** 政治家追求社会目标，并对他们的行为负责，但这对企业家来说不合适。在企业和社会公共部门之间没有一条可以直接贯通的社会责任线。

7. **缺少广泛的公众支持** 社会并没有超范围地授权于企业，要其介入到社会事务当中。社会公共事务在此被割裂开来。事实上，这也是一个时常会引起激烈争论的话题。在这种割裂状态下所采取的行动有可能是失败的。

在组织承担社会责任的方式方面,各个组织的立场也是千差万别的。图 1-11 描述了组织所采取的四种立场,从最低的社会责任到最高的社会责任。

图 1-11　组织承担社会责任的方式

(1)阻碍立场。极少数组织采取阻碍立场,它们通常尽可能地对社会或环境问题不闻不问。一旦跨越了可接受行为的界限后,它们通常的反应是否认或避免为自己的行为承担社会责任。例如,当企业被内部员工或公众揭发管理者滥用资产或违法排污时,企业还没有进行调查就声明否认任何行为不当的说法。只有在被相关机构指控和定罪后企业才承认事实。

(2)防卫立场。从阻碍立场向前迈进一步就变成防卫立场,企业的作为只限于法律要求。这一方法最接近于反对强化企业社会责任的意见。这些企业中的管理者认为自己的责任就是赚钱。例如,这样的企业可能会根据法律的要求安装污染控制装置,但是不会安装稍贵些而且品质较好、能够进一步减少污染的设备。烟草公司在营销活动中通常采取的就是这样的立场。在许多发展中国家,烟草的促销很厉害,烟草中焦油和尼古丁含量比发达国家的标准高得多,而警告标识极少甚至没有。采取这一立场的企业通常不会掩盖错误的行为,一般来说它们会承认错误并采取适当的改正措施。

(3)接纳立场。采取这一立场的企业,不仅符合法律和伦理的要求,而且还会有选择地超出这些要求。这类企业自愿参加社会项目,但是寻求支持者必须说服组织项目是值得支持的。例如,一些企业会接受社会项目组织的请求提供捐赠或支持企业员工选择和参与慈善活动。这里的问题在于必须有人上门请求,企业不会主动提供这类捐赠或鼓励员工参与慈善活动。

(4)主动立场。社会责任程度最高的企业采取的是主动立场,采取这一立场的企业将强化社会责任的意见放在心上。它们将自己看成是社会公民,积极寻求贡献的机会。例如,一些企业主动在学校设立奖学金支持有前途的学生或资助贫困学生上学。这类活动比接纳立场更进了一步,它表示了对增进一般社会福利诚恳的、有力的承诺,代表着一种主动承担社会责任的立场。

注意,上述分类并不是分立的,它们所描述的是各种持续过渡的不同态度,组织未必只能落在某一类别中。例如,一家保健品生产企业因主动参与社会公益事业受到好评,而这家企业又因为向消费者夸大其保健品功效而受到指责。

2. 企业家创业精神

对企业家创业精神(Entrepreneurship)的定义多种多样。例如,许多人将其定义为新创一个企业,另有一些人则侧重于从企业家的动机角度进行描述,即企业家是要寻求创造财富的,但新创企业绝不只是一种收入替代方式(也就是说,宁愿为自己做事情也不愿意为其他人打工)。许多人在描述企业家时常用这样一些形容词:勇敢、创新、敢吃螃蟹、创业、敢于冒险。他们也喜欢把企业家与小企业联系在一起。我们将企业家创业精神定义为一个过程，这一过程就是创业家启动一项商业风险计划、组织必要的资源，并且承担风险和收益的过程。不断追求机会，并且通过创新来满足需求与愿望是其最主要的特征。创业企业一般都从小规模做起，这样的企业可以被定义为小企业，其员工数量常常不到500人。

怎样解释个人创办公司越来越受欢迎呢？部分原因在于人们想掌控自己的命运。这些人对选择自主创业的思考由来已久，新的经济形势下自己当老板变得有利可图了。另外，大企业的规模紧缩，解雇了数以百万计的工人与管理者，许多员工被解雇的苦恼转化为自我雇佣的动力，创业资金的大部分来自他们平时的储蓄。另一些人在看到同事或朋友下岗失业的情景时，认为在规模日趋缩小的企业里，他们未来的发展机会也会受到限制。于是，他们自愿地断绝了与企业的联系，选择了自我雇佣。还有一种不断增强的创业动力来自"特许权"可选择机会的增多。向企业买入一个"特许权"，如加盟福奈特洗衣公司、7-Eleven便利店、Super 8连锁旅馆等，特许方式能够使企业家们冒更小的风险来经营他们的企业。这是因为"特许权加盟企业"比一般新创企业的失败率更低，其营销方式、操作程序和管理模式等都是由发放"特许权证"的企业提供的。

不要混淆"企业家创业精神"与"小企业管理"，这是很重要的。并不是所有的小企业管理者都是企业家，他们中的许多人是没有创新的。许多小企业的管理者只不过是管理规模小一些的大企业或公共部门的层级系统。企业家创业也不仅仅是小企业的"专利"。一些大企业也在尝试模仿企业家的创业行为。为什么？一般来讲，企业家比传统层级组织中的经理更能对环境变化做出快速反应。"老板式经理人"每天都参与其经营活动，常常更接近用户，而且"老板式经理人"是主要的决策者，所有的中层均要向其汇报情况，于是出现了层级更少的扁平式组织。

在一个大企业，那些表现出企业家创业特征的人被称作内部创业家。这是不是表明企业家能够存在于那种大型的企业组织之中呢？答案取决于人们对该词汇的解释。例如，著名管理大师彼得·德鲁克认为这是可以的。他将创业型的管理者描述为那些对自己的能力十分自信、对于变革能够度量出机会的大小、总是期望能够获得意外的惊喜并且希望能充分利用这些优势的人。他将这种创业型的管理者与传统管理者做了一番比较，认为传统管理者将变革视为一种威胁，并且常被不确定性困扰，喜欢做具有可预测性的事情，偏爱维持现状等。

创业家和内部创业者之间的一个重要区别是风险承担。创业家通常以个人资产作为他们事业的部分或者全部创业投入，因此有损失他们投资的风险。有些创业家会因此失去他们的生活积蓄、住房、汽车以及其他资产。他们通常为了创业会辞掉现有的工作，但创业失败时却再也回不到原来的工作岗位，为了未来的收益他们放弃了现有的可靠收入来源，这些损失可能需要数年的时间才能弥补甚至永远也挣不回来了。一般而言，内部创业不需要个人投资，财务资源通常来自所在企业，而且如果创业失败，他们通常也能够返回到原来的岗位或类似的工作。内部创业者通常会保持原有的工资水平或略有提高，有时会享受一定比例新业务利润的待遇。然而，像创业家一样，内部创业者通常都工作很长时间。虽然创业家比内部创业者承担的风险大，但是他们所得的回报（和他们的损失一样)通常也更大,因为所有的利润都归他们所有。

3. 信息技术如何影响管理工作

信息技术正在改变当代组织的工作方式。信息技术优势已经为许多企业带来显著的效率提升和经济效果。例如,技术允许某些公司在互联网上提供无需中间人的交易机会;许多行业和企业的装配线由于信息技术进步也在经历重大变革;信息技术使得工作地点不再局限于组织所在的位置,借助笔记本和台式电脑、平板电脑、智能手机、组织内网和其他信息技术工具,组织成员能够在任何地点和任何时间合作开展工作,在地理分布广泛的员工个人和团队之间协同努力……信息技术由此大大提高了组织的效率和效果。

信息技术同时正在改变当代管理者的管理方式。管理者与组织成员以及组织成员之间的沟通和信息交换,整个组织范围的信息共享和工作及决策的整合,随着信息技术的运用而获得明显改进。他们可以在任何时间与任何地方的员工进行互动,与外地员工进行有效沟通并确保其达到工作目标是今天的管理者必须应对的挑战;信息技术为管理者提供了许多决策支持,如两种决策工具——专家系统和神经网络。大数据与决策制定有什么关系吗? 非常多,通过这种在手边的数据,决策者有非常强大的工具去帮助他们制定决策;信息技术支持下的社交媒体(微信、脸书等),员工不仅可以在私人时间利用社交媒体,也可以利用它们来完成工作。越来越多的企业选择了社交媒体,不仅用来与客户保持联系,更把它作为一种人力资源管理、激发创新的工具,这又是社交媒体潜藏的力量……

信息技术对组织运作和管理带来的效率和效益是显著的,但是管理者不能忽视它所潜存的问题。管理者越来越意识到信息技术带来的特殊沟通挑战,两个主要挑战是:① 法律和安全问题;② 人际沟通缺乏和新出现的沟通问题。

例如,法国一家公司由于员工通过公司电子邮件发送了不适当的笑话,公司为由此引起的诉讼案件支付了 220 万美元。英国一家公司的员工在电子邮件中声称他们的竞争对手正处于财务困境中,结果不得不支付 45 万美元庭外和解。电子邮件和社交媒体除了涉及法律问题,管理者还面临着信息的安全问题,随时随地办公最大的问题是安全,公司必须保护重要而又敏感的信息。此外,还要保护企业的电子信息系统免受黑客和网络垃圾邮件的侵袭。

人际沟通方面,即使当两个人面对面的交流时,也不一定就能达成理解。在虚拟环境中进行沟通,要达成理解和进行合作以完成工作就更不是一件容易的事了;新的沟通问题还包括不断有人联络的员工要付出多大的心理代价? 在下班的时间还要网络办公,这是否增大了员工的压力? 社交媒体的危险性隐藏在其使用中,如果社交媒体成为员工互相抱怨、搬弄是非的平台,或者成为自负的员工吹嘘个人成就的地方……都带来了新的管理问题。这就是为什么管理者必须认识到并掌握好信息技术应用的积极作用与挑战。

信息技术使管理变得更容易,还是更困难了? 为员工和管理者带来了哪些好处,产生了什么问题? 管理者如何在计划、组织、领导和控制过程中应用信息技术并应对这些挑战? 当代管理应时刻记住在发挥信息技术积极作用的同时必须加以控制。

❑ 本章小结与提示

什么是管理？管理者的主要工作和技能是什么？这是本章要回答的主要问题。任何组织的活动都是由作业活动和管理活动构成的，离开管理，组织的作业活动无法顺利进行并实现组织目标。20世纪初以来，管理作为一门科学被逐步认可，然而在接受其科学性的同时，管理的艺术性也更为人们所重视。本章从组织的活动出发，阐述了管理的含义、职能、性质以及管理者的类型和技能要求，除此之外，还对组织的管理环境以及管理主要思想的演变和发展进行了描述和分析。在本章的学习过程中，值得注意的问题如下：

1. 组织的定义、作业活动和管理活动在实现组织目标过程中各自的作用以及管理活动对组织的重要性。组织是直接通过作业活动来达成组织目标的，但组织为了确保这一基本过程(对企业来说，该基本过程就表现为生产和服务过程；对公共组织来说，该基本过程就表现为公共事务处理和服务过程)顺利而有效地进行，还需要开展管理活动，管理是促进作业活动顺利实现组织目标的手段和保证。

2. 管理定义的四个构成要素——环境、资源、职能、目标，尤其是管理工作追求的"效率"和"效果"的内涵。

3. 管理工作与作业工作的关系：

(1) 管理不是独立存在的(体现了一个组织同时具有管理与作业两种活动)，但管理工作是独立进行的(体现了组织中管理工作与作业工作是两种不同的工作，不能相互替代)。

(2) 管理工作者可以做些作业工作，但应合理把握做多少作业工作的"度"。

4. 管理的科学性和艺术性：

(1) 对管理的科学性的理解和解释。首先，管理是一门科学；其次，管理是不够精确的科学。

(2) 对管理的艺术性的理解。首先是管理的艺术性源于管理这门科学所具有的不精确性；其次是管理的艺术性强调了管理的实践性，离开了实践的锻炼和积累，仅仅抱着管理学理论的条条框框是搞不好管理的。

(3) 理解管理的科学性和艺术性特征对管理实践有重大意义。

5. 管理的基本职能：

(1) 在管理学的发展历史上，一些管理学家对管理的基本职能做了不同的表述，目前管理学界比较多地采用计划、组织、领导、控制的表述方式。

(2) 计划、组织、领导、控制的含义及它们之间的关系。由于以后各章将对计划、组织、领导、控制理论展开介绍，因此在本节中主要了解其基本定义和基本内容。

(3) 决策、创新和协调在管理职能中的位置和重要性。

6. 管理者在组织中所扮演的角色。主要是明茨伯格对管理者扮演角色的分析。

7. 管理者从不同的角度分类。主要是从管理层次的角度和管理领域宽窄的角度进行分类。

8. 管理者应具备的三种技能的含义及不同层次管理者应用这三种技能的侧重点。

9. 从环境对组织的影响看管理注重环境分析的必要性。

10. 环境不确定性分析和内外环境综合分析的分析模型与思路。

11. 管理思想和理论的发展。重点是"科学管理"理论、管理过程和管理组织理论、人际关系学说和行为科学理论的主要代表人物及其主要观点;现代管理理论的主要学派及各学派的主要观点;霍桑试验的结论及其对管理的贡献。

12. 理解企业的社会责任和企业家创业精神,重点是当代企业管理为什么更加关注企业的社会责任和企业家创业精神。

❑ 重点术语

管理 管理职能 计划 组织 领导 控制 效率 效果 管理者角色类别 管理技能 技术技能 人际技能 概念技能 管理者类型 管理环境 SWOT 分析 科学管理理论 管理组织理论 行为科学理论 企业的社会责任 创业家 企业家创业精神 内部创业者

❑ 思考题

简答题

1. 为什么组织需要管理者?

2. 为什么说管理是"通过他人并同他人一道去实现组织的目标"?

3. 管理者与非管理者的区别是什么?

4. 管理的四项职能有什么相同点? 这些管理职能之间有联系吗?

5. 在今天的环境中,效率和效果哪个对组织更重要? 为什么?

6. 概念技能对于企业高层管理者履行其职责的意义是什么?

7. 描述组织的一般环境要素,为什么对管理者而言理解这些环境要素是重要的?

8. 反映企业竞争实力的主要指标有哪些?

9. 霍桑试验对管理的贡献是什么?

10. 管理思想和理论的发展主要经历了哪几个阶段?

分析题

1. 不论过去、现在还是将来,管理都是一门完成工作的艺术,你同意吗? 为什么?

2. 你们大学的教师是管理者吗? 请分别用管理职能、管理角色、技能观点讨论这个问题。

3. 你能想出管理对于组织不重要的情境吗? 描述一下。

4. 20 世纪最富影响力的管理大师,已故的彼得·德鲁克说过"管理就是管人",你怎样理解。

5. 练习界定不同组织的一般环境和具体环境,注意它们的相同点和不同点。

6. 社会趋势如何影响管理实践? 对于学习管理的人而言,这意味着什么?

7. 今天的管理者如何运用科学管理?

8. 以提高市场占有率为主要经营目标的做法对于企业长期发展的利弊何在?

9. 有人说创业精神只适用于小型的和新创业的企业。你同意这种观点吗? 说明你的理由。

10. 有许多活动和项目可能获得富于社会责任感的企业的资助。你认为企业最应当资助什么类型的活动或项目? 解释你的理由。

11. 结合我国的相关政策和企业社会责任实践,谈谈你对中国特色的企业社会责任的理解。

❑ 案例分析

李彦宏的管理哲学

从一个技术工程师,成长为一名杰出的管理者和企业家,李彦宏仅仅用了9年时间。当然,其背后是近30多年的教育和经验积累。在企业经营管理中,李彦宏形成了一套自己的管理风格和管理理念,而这也是支撑百度成长和发展的重要保障。

李彦宏的经营理念概括起来是12个字:认准了,就去做,不跟风、不动摇。在门户网站等很多互联网业态中,他看准了搜索行业的发展前景,就一直坚守并将继续坚持这一行业。事实上,李彦宏的12字经营理念和他个人成功所坚持的法则有着紧密的联系。他曾把个人成功的核心理念概括为三大法则。

第一法则:做自己喜欢的事情。兴趣是最好的老师,只有做自己喜欢做的事情,才能兴致勃勃,乐此不疲,不管这个过程有多么艰难。李彦宏喜欢搜索引擎,喜欢技术开发,即使做了多年百度掌门人之后的今天,他还将自己的部分时间用在技术研发与产品开发上,他觉得这是自己最喜欢做的工作。第二法则:做自己擅长的事情。只有喜欢是远远不够的,只有做自己最擅长的事情才最容易成功。就他所学专业来说,搜索才是他最擅长的,他在搜索技术上取得过重大突破,对搜索业务的市场有着清晰而准确的判断。事实证明,只有做自己最擅长的,才能做得好,才能超越常人。第三法则:专注到底。只有专注于自己最喜欢做、最擅长做的事情,才能让自己变得足够优秀,才能出类拔萃。这么多年来,李彦宏一直专注做搜索这件事情。搜索技术的原理其实并不复杂,但是,就个人来说,能够连续30年都做这个"简单"技术的人并不多。

在李彦宏看来,管理最重要的几件事是:① 知人善用。百度的三最原则:请最优秀的人才,给最自由的空间,看最终结果。充分放权,不太关注阶段性成果,但他一定关注最终的结果,而且根据最终结果认定绩效。② 从创意产生开始。CEO首要职责是否定提议,集中资源专注于发展与核心竞争力相关的业务,保证公司的资源集中在核心业务上。每年提交的新发展计划有九成都被他否定了,只剩余一成,他这样进行筛选:广泛调研、深思熟虑、敏锐直觉、开始试错。决策形成机制:听多数人的意见,和少数人商量,自己做决定。③ 高效率执行。要有清晰的愿景,科学的流程,以保证高层决策能够准确无误地传导到各个层面,实现预期目标,流程化的实质是制度化、规范化,是摆脱对个人依赖的最终途径。④ 新生儿总是丑的。第一步最重要，新产品出来时总是不完美的，不要期望完美了再推进，可以一点点改进，逐步趋于完美。⑤ 商业模式要不断调整。商业模式没有最好，只有更好，而更好的商业模式是那些基于公司核心优势、适合公司发展、具有巨大发展潜力的赢利方式。⑥ 容忍失败，追求卓越。容忍失败所追求的恰恰是最大的进步，在实践中李彦宏一直奉行"试错理论"，主张要勇于试错，要在摸索、实践中不断调整和提高。⑦ 追求细节完美。用户体验是百度人一切工作的出发点。

　　李彦宏在百度提出了"五级领导力"管理模式——将管理层划分为仅有的五个层级，使得公司在不断壮大的过程中仍然保持扁平化的高效管理模式，并创造性地运用柔性和刚性相结合的公司管理艺术。对于从最低的团队领导到最高管理层，每一层级均有明确的能力素质评价指标，包括业务推动能力、专注专业精神、任务分解能力、沟通和跨部门协作能力、人才培养能力等五个维度。李彦宏表示，第五级领导必须能够做到以下四点：第一，洞察行业趋势，要能看到一到两年后的市场变化，并不断问自己同样的问题，一旦答案相同，说明你已经落后了；第二，果断把握市场机会，一旦得出了推论就要立刻着手解决，而且要比其他所有人都做得好；第三，极强的沟通技巧，善于影响、发展、推动、改变、激励他人，营造良好的工作氛围；第四，在复杂多变的情况下，通过一系列综合思考的决策技巧，应变式地找出或开发新的解决方案。

　　李彦宏的领导风格可以概括为沉静、平和、宽容、长跑心态。经营百度的过程中，他沉着冷静，不急躁，不慌张，一直保持合适的发展速度。百度的发展历程，几乎没有大起大落、特别跌宕起伏的情节。在很多习惯看那些充满着激烈斗争、钩心斗角、惨败或险胜的商业故事的读者来说，百度的发展故事似乎很平淡，没有太多曲折。百度就是这样平稳而持续地发展、上升。

　　在李彦宏看来，经营企业是马拉松长跑，不是百米冲刺，尤其是要打造成一家百年企业，发展节奏一定要稳，不能过于激进。当然，这并非是说，刻意压制发展速度。事实上，在中国这样快速发展的大环境里，以300%、400%的速度发展，都是正常的。这是市场规律作用的结果，但绝不能刻意加快发展速度。

　　在百度，同事之间都是直接称呼其中文名字或者英文名字，没有人以职务相称。对于李彦宏，百度人也不称呼他李总，"Robin"是所有百度人对他的亲切称呼。百度早期的时候，公司自己有个餐厅，中午一般都聚集在那里吃饭，由于人多座位少，晚来的人经常没有座位坐了，要么端着盘子站着吃，要么等别人吃完再过去坐下吃。有一天，李彦宏端着盛好的饭菜过来了，此时，刚好没有一个空位，他就自觉站在一边耐心等待。而餐厅内众多百度人也没有一个主动站起来给他让座位。在李彦宏和其他所有百度人看来，来得晚等待一下是应该的，无论你是公司CEO还是普通员工。这种平等更体现在会议上。百度内部开会的时候，李彦宏在讲话的过程中，任何人都可以随时打断他的话，发表自己的观点，或者对他的观点提出质疑。

　　一次，某位记者写了篇有关百度的报道，内容与事实出入比较大。这位记者将文章发给百度公关部，要求"回应"。公关部将此邮件抄送给相关部门。负责产品部门的副总裁首先回复：这篇报道失实，可以这样回复……李彦宏知道此事后也说，应该回应一下。公关部的相关负责人立即按那位副总裁的意见处理。兼管公关的副总裁看到要求回复的意见,问公关部的那位负责人是否应该回应,他回答说,根据公关经验,不应该回复。"那你为什么要回复呢?""因为负责产品部门的副总裁说了要回复,李彦宏也说了要回复……"这位负责人突然止住了,他知道他应该坚持自己的意见。他立刻开始行动,先将回复撤销,并与记者沟通,终于让对方明白了真实情形。同时,将不回复的理由以邮件形式告诉了负责产品部门的副总裁与李彦宏。在百度,讨论任何问题,即使是李彦宏的意见,也仅仅是"一己之见",而不是领导意见。在百度这样平等、自由的环境里,李彦宏的领导风格是以平和为基调的,几乎没有人见过李彦宏跟谁发过很大的火。这使得李彦宏可敬但不可怕,没有权威的光环,但更受其他高管和员工的尊重。

在平和心态之下,李彦宏的包容性很强,能够容忍一些能力很强,但个性迥异甚至缺点非常明显的高管。很多管理者喜欢与性格类似的人合作,对于与自己性格相反,或者自己不太喜欢的人,一般会产生天然的排斥,很难长期相处,更别说委以重任了。百度的某高管是从其他公司过来的,他在之前的企业与其老总相处不好,因为他的个性很强甚至很固执,说话很直接,不给任何人留情面。但是,这个人对市场的把握能力很强,对产品走向非常敏感。到了百度后,他如鱼得水,逐步获得了晋升,后来进入了高管团队。该高管的个性依旧没有任何改变,但是却能够与李彦宏相处得很好。能够找到最合适的人,又能够以宽容的心态对待这些人,是一个成功的企业家必备的基本素质。

1. 请结合管理职能、管理者角色以及管理技能等知识分析李彦宏的管理。

2. 百度的管理工作对你有何启发?

● 案例分析要点:

1. 从管理的四个基本职能——计划、组织、领导、控制看,案例几乎都有所体现,如李彦宏的管理理念和战略思想、企业的组织架构特点和人力资源管理、领导风格和领导艺术、管理沟通等等;从管理者角色角度和管理技能角度,决策维度、信息维度、人际关系维度的管理角色,李彦宏的概念技能、人际技能、技术技能和政治技能在案例中也都有体现。

2. 学生可以开放式讨论。

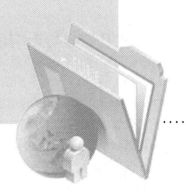

第二章

决策与计划

本章要点

(1) 决策的概念与类型。

(2) 决策的特点,尤其是对决策满意性的理解。

(3) 决策过程所包括的各阶段的工作内容。

(4) 组织决策的影响因素。

(5) 关于组织活动方向和内容的经营单位组合分析法和政策指导矩阵的决策方法。

(6) 选择活动方案的确定型、风险型和非确定型评价方法。

(7) 计划的概念以及决策概念的辨析。

(8) 按不同标准划分的不同类型的计划及计划的作用。

(9) 计划工作的程序及编制过程各阶段的具体内容。

第一节　决策过程与影响因素

决策是管理的核心。可以认为，整个管理过程都是围绕着决策的制定和组织实施而展开的。对于企业的主管人员来说，决策是最重要、最困难、最花费精力和最冒风险的事情。在组织的不同层次和领域中，管理者要做出大量常规或非常规的、或大或小的决策。这些决策的总体质量事关组织的成败。因此，近年来决策活动引起了管理学家、心理学家、社会学家以至数学家和计算机科学家们的极大关注，形成一个独立的研究领域，称为决策科学。

从管理学的观点看，决策最古老和最直接的含义就是，在若干可供选择的行动方案中做出抉择。在管理的五项职能中，几乎都会遇到决策问题，也就是说，虽然决策并不只限于计划工作，但决策在管理中的重要地位在计划职能中得到了最好的体现。

一、决策的概念与决策的理论

（一）决策的基本概念

许多管理学家都对决策的概念进行过探讨，尽管众说纷纭，但基本内涵大致相同，区别主要在于对决策概念作狭义的理解还是广义的理解。狭义地说，决策是在几种行动方案中进行选择。广义地说，决策还包括在做出最后选择之前必须进行的一切活动。所以，决策就是指组织或个人为了实现某种目标而对未来一定时期内有关活动的方向、内容及方式的选择和调整过程。这个概念表明，决策的主体既可以是组织，也可以是组织中的个人；决策要解决的问题，既可以是组织或个人活动的选择，也可以是对这种活动的调整；决策选择或调整的对象，既可以是活动的方向和内容，也可以是在特定方向下从事某种活动的方式；决策涉及的时限，既可以是未来较长的时期，也可仅仅是某个较短的时段。在管理学研究中，决策是作为"决策制定过程"来理解的，而不仅仅指选择方案，即做出决定、抉择的那一片刻的行为。

诺贝尔经济学奖得主西蒙认为："为了解决决策的含义，就是将决策一词从广义上予以理解，这样，它和管理一词几乎同义。"由此可见，决策在管理中的地位非常重要。但是，也应当注意，过分地扩展决策的定义，甚至认为管理就是决策，也是不恰当的。如果把管理看作只是作决策，无疑将会使管理的定义失之偏颇，既不便于对管理学的理论体系进行科学的分类，也无法将许多实际上属于管理的重要内容包括进去。例如，领导者利用他的个人专长权和个人影响权对下级施加影响使之为组织目标做出积极贡献，就不是一个决策过程；反之，将决策都看作管理，又会使管理的含义过于宽泛。因为任何活动，无论是组织的还是个人的，都有选择和决策的问题。例如，家庭主妇到超市去选购商品的选择，是无论如何不能与企业管理者决定公司的投资方向的选择相提并论的。正确理解决策的含义，对于改进现实中的决策工作有很大意义。

（二）决策的构成要素

虽然决策活动形形色色，但不论哪种决策，都有几项共同的构成要素。

（1）决策者：可以是单独的个人，也可以是组织群体的机构（如委员会）。

（2）决策目标：决策行动所期望达到的成果和价值。

（3）自然状态：不以决策者主观意志为转移的情况和条件。

（4）备选方案：可供选择的各种可行方案。

（5）决策后果：决策行动所引起的变化或结果。

（6）决策准则：选择方案所依据的原则和对待风险的态度。

决策的上述六个构成要素之间是密切关联的。例如，决策准则会影响到决策者对决策后果的评价，而决策后果又与自然状态和备选方案之间是对应的关系。

（三）决策的有效性标准

一项决策是好是坏，效果如何，必须得到及时准确的评价，以便于改进决策工作。评价决策工作有效性的主要标准有：

（1）决策的质量或合理性，即所做出的决策在何种程度上有益于实现组织的目标；

（2）决策的可接受性，即所做出的决策在何种程度上是下属乐于接受并付诸实施的；

（3）决策的时效性，即做出与执行决策所需要的时间和周期长短；

（4）决策的经济性，即做出与执行决策所需要的投入是否在经济上是合理的。

以上四个方面的要求必须在决策效果评价中得到综合考虑。有时，一项决策的质量确实很高，但花费了很长时间才制定出来，而且不易得到实施；或者实施的成本过高，这样的决策并不会给组织带来好的效果。

（四）决策的理论

如何做出好的决策，通常有三种主要的理论。

（1）完全理性决策理论：即在信息完备情况下的决策，就是研究"最优决策"。通常，可以运用规划论、网络分析、排除论、存储论和投入产出分析等运筹学工具进行数学运算来求得最优决策。

（2）有限理性决策理论：事实上，在大多数情况下，信息不是完备的，人是有限理性的。西蒙认为，有限理性的最优决策，在现实世界中很少存在。他指出，当我们无法获得决策所需的所有信息时，不要追求"最优决策"，而是追求"满意决策"。

（3）博弈论。即探求人们如何在交互作用中巧妙地做出决策，优化自身利益并与对手形成均衡状态的学问。

二、决策的类型

（一）群体决策与个体决策

从决策主体来看，可将决策分成群体决策和个体决策。

群体决策是组织整体或组织的某个部分对未来一定时期的活动所作的选择或调整。群体决策是为充分发挥集体的智慧，由多人共同参与决策分析并制定决策的整体过程。群体决策是在环境研究的基础上制定的，通过环境研究，认识了外界在变化过程中对组织的存在造成了某种威胁或提供了某种机会，了解了自己在资源拥有和应用能力上有何优势或劣势,便可据此调整活动的方向、内容或方式。群体决策的决策者是相互制约、相互补充的人群或人们的共同体。群体决策时,决策主体的决策能力不仅取决于诸如学识、胆略、经验等个人素质,而且取决于组织中由上述个人素质的组合所形成的整体智能结构和决策方式。最常用的群体决策的形式有四种,即头脑风暴法、德尔菲法、名义群体法和电子会议。

1. 头脑风暴法

头脑风暴法是由美国创造学家 A. F. 奥斯本于 1939 年首次提出、1953 年正式发表的一种激发性思维的方法。在群体决策中,由于群体成员心理相互作用影响,易屈从于权威或大多数人意见,形成所谓的"群体思维"。群体思维削弱了群体的批判精神和创造力,损害了决策的质量。为了保证群体决策的创造性,提高决策质量,管理上发展了一系列改善群体决策的方法,头脑风暴法是较为典型的一个。头脑风暴法应遵守如下原则:

(1)禁止批评和评论,也不要自谦。对别人提出的任何想法都不能批判、不得阻拦。即使自己认为是幼稚的、错误的,甚至是荒诞离奇的设想,也不得予以驳斥,同时也不允许自我批判。

(2)目标集中,追求设想数量越多越好。在智力激励法实施会上,只强制大家提设想,越多越好。

(3)鼓励巧妙地利用和改善他人的设想。

(4)与会人员一律平等,各种设想全部记录下来。

(5)主张独立思考,不允许私下交谈,以免干扰别人思维。

(6)提倡自由发言,畅所欲言,任意思考。

2. 德尔菲法

德尔菲法是由美国兰德公司提出的一种复杂、耗时的适合高层管理者在作特定决策时常采用的方法。德尔菲法从不允许群体成员面对面一起开会。它的规范做法如下:

(1)通常在组织内部和外部挑选研究某一特殊领域的专家成立一个小组。

(2)确定问题。通过一系列仔细设计的问卷,要求专家小组成员提供可能的解决方案。

(3)要求专家在规定的时间匿名、独立地完成第一组问卷。

(4)组织者把回答内容汇集起来,然后将这些综合结果反馈给小组成员。

(5)小组成员看过结果后,再次提出他们的方案。

(6)上面两个步骤可重复数次直到取得大体上一致的意见。

德尔菲法隔绝了群体成员间过度的相互影响,避免了组织的过度花费。但德尔菲法的缺点是太耗费时间了。对时间敏感性的决策通常行不通,另外,要物色到合适的专家也有难度。由于在时间方面的限制,这种方法一般不用于日常事务的决策,但在许多重大问题的预测和决策中被认为具有显著的效果。

3. 名义群体法

名义群体法也是一种常用的群体决策方法。与德尔菲法有所不同,名义群体法的成员要求集中在一起工作。但它也不同于互动小组,小组成员之间不允许自由讨论,因而被称为名义小组。这种方法主要用于提出新颖并富于创造性的方案和主意。运用这种方法的步骤是：

（1）由组织者挑选适当的成员组成小组，再告之大致的问题轮廓，然后请小组成员独立地写出尽可能多的方案。

（2）每个成员将自己的想法提交给群体，然后一个接一个地向大家说明自己的想法，直到每个人的想法都表述完并记录下来为止（通常记在一张活动挂图或黑板上）。在所有的想法都记录下来之前不进行讨论。

（3）然后群体开始讨论，以便把每个想法搞清楚，并做出评价。

（4）由全体成员对各种方案进行打分表决，得分最高的方案便成为小组决策的结果。

这种方法的主要优点在于，使群体成员正式开会但不限制每个人的独立思考，而传统的会议方式往往做不到这一点。

4. 电子会议

最新的群体决策方法是将名义群体法与尖端的计算机技术相结合的电子会议。多达50人的群体围坐在一张 U 形的桌子旁。这张桌子上除了一系列的计算机终端外别无他物。将问题显示给决策参与者，他们把自己的回答打在计算机屏幕上。个人评论和票数统计都投影在会议室内的屏幕上。电子会议的一种延伸形式是多媒体远程网络会议。这种会议将处于不同地方的人员连接起来，同时在线上视频连接。这种方式大大提高了成员的反馈效率，节约了大量商务旅行的时间，也提高了决策的效率。

电子会议的主要优点是匿名、诚实和快速。它使决策参与者能不透露姓名地表达出自己所要表达的任何信息，一敲键盘即刻显示在屏幕上，使所有的人都能看到。它消除了闲聊和讨论跑题，且不必担心打断别人的"讲话"。但电子会议也有缺点，那些打字快的人使得那些口才虽好但打字慢的人相形见绌；再有，这一过程缺乏面对面的口头交流所传递的丰富信息。但可以预计，随着此项技术的发展，未来的组织决策很可能会广泛地使用电子会议技术。

个体决策是指个人在参与组织活动中的各种决策。也可以说，决策者只有一个人的决策活动称作个体决策，所以也称个人决策。因此，个体决策受决策者个人的经验、知识水平、决策能力、思想观点、欲望、意志等因素的影响，使决策具有强烈的个人色彩。有的人机敏，对事物的感知迅速，善于从不完全的情报中获取重要的变化信息；有的人深邃，善于透过事物的表面现象抓住事物的本质；有的人果敢，能够面对复杂的形势"快刀斩乱麻"，大胆做出抉择。因此，在处理同一问题时，不同决策者做出的方案选择可能会有很大的不同。

个体决策和群体决策都各具优缺点，但两者都不能适用于所有情况。群体决策相对于个体决策的优点是：

（1）提供完整的信息，提高决策的科学性。"三个臭皮匠胜过一个诸葛亮"是一句常用的格言。一个组织将带来个人单独行动所不具备的多种经验和不同的决策观点。具有不同背景、经验的不同成员在收集信息、要解决问题的类型和解决问题的思路上往往都有很大差异，他们的广泛参与有利于提高决策的全面性，提高决策的科学性。

（2）产生更多的方案。因为组织拥有更多数量和种类的信息，能比个人制订出更多的方案。当组织成员来自不同专业领域时，这一点就更为明显。由于决策群体的成员来自不同部门,从事不同的工作,熟悉不同的知识,掌握不同的信息,因此容易形成互补性,进而挖掘出更多令人满意的行动方案。例如,一个由工程、会计、生产、营销和人事代表组成的组织,会制订出反映他们不同背景的方案。

（3）容易得到普遍的认同,有助于决策的顺利实施。许多决策在做出最终选择后却以失败告终,这是因为人们没有接受方案。但是如果让将受到决策影响和实施决策的人们参与了决策的制定,他们更可能接受决策,并鼓励他人也接受它。这是因为组织成员不愿违背他们自己参与制定的决策。

（4）提高合法性。群体决策制定过程是与民主思想相一致的,因此人们觉得组织制定的决策比个人制定的决策更合法。拥有全权的个人决策者不与他人磋商,这会使人感到决策是出于独裁和武断。

群体决策的主要缺点是：

（1）消耗时间,速度、效率可能低下。组成一个由各个领域的专家、员工组成的组织,并力争以民主方式拟订最满意的行动方案显然要花时间。因为其成员之间的相互影响有可能导致陷入盲目讨论的误区,既浪费了时间,又降低了速度和决策效率。

（2）少数人统治。一个组织的成员永远不会是完全平等的。他们可能会因组织职位、经验、对有关问题的知识、易受他人影响的程度、语言技巧、自信心等因素而不同。这就为单个或少数成员创造了发挥其优势、驾驭组织中其他人的机会。因此,很可能出现以个人或小群体为主发表意见、进行决策的情况。

（3）屈从压力。在组织中要屈从社会压力,从而导致所谓的群体思维,即要求在组织成员中取得一致的欲望会战胜取得最好结果的欲望。这是一种屈从的形式,它抑制不同观点、少数派和标新立异以取得一致。群体思维削弱了组织中的批判精神,损害了最后决策的质量。

（4）责任不清。组织成员分担责任,但实际上谁对最后的结果负责却不清楚。在个人决策中,谁负责任是明确具体的。而在组织决策中,任何一个成员的责任都被冲淡了。

那么,群体决策和个体决策哪个更有效呢？这取决于如何定义效果。如果以速度来定义,那么个体决策更为优越。因为以反复交换意见为特点的群体决策的过程,也是耗费时间的过程。如果以一种方案所表明的创造性的程度来定义,那么群体决策比个体决策更为有效。但是,群体不宜过大,小到5人,大到15人即可。有证据表明,5人或7人的组织在一定程度上是最有效的。因为5和7都是奇数,可避免不愉快的僵局。离开了效率的评价,效果就无从谈起,群体决策的效率总是低于个体决策。在决定是否采用群体决策时,主要的考虑是效果的提高是否足以抵消效率的损失。

为了有效地利用群体决策的优点,可以采取以下办法：

（1）用设定最后期限的办法来控制时间和费用。

（2）对于个性特别强的成员,或者从名单中排除,或者可以将几位同样性格的成员放在一起,以避免决策被某一个人所主导。

（3）为避免产生"群体思维",每一个成员都应该以一种批评的态度评价所提出的方案。

（4）组织的领导者应当避免过早暴露自己的观点,在达成最终决策之前给每一个成员提出不同意见的机会。

组织决策中的群体决策与个体决策从决策行为的目的来看都是"为了组织的决策"，即使这种决策只是由组织中的某一人或某些人来做出的。因为，同组织中的其他活动一样，组织决策也需要进行工作分工，并将决策权限落实到有关的个体或群体，但是为了保证这些个体或群体能真正从组织目标角度做出决策，就必须采取相应的影响和控制措施。比如，在公司制企业中，企业所有者将法人财产支配权授予公司董事会或高层管理者来行使。在所有权与经营权分离的情况下，所有者还必须对经营者的行为进行监督、制衡和约束，使其决策不至于背离企业长期生存和发展的目标。同样，企业基层人员做出的决策也需要受到一定的影响和控制，以使这些个人从自我变成组织的成员。

◂ 概念应用2-1 ▸

群体决策方法

在下面五种情况下确定生成方案最合适的团队技术：

A. 头脑风暴法　　　B. 共同研究法　　　C. 名义群体法

D. 专家意见法　　　E. 德尔菲法

_____1. 公司高层想要开发一些新型玩具。他们找了一名顾问，顾问带领一批职员和小孩，让他们一起出点子。

_____2. 部门面临着士气问题，经理不知如何是好。

_____3. 经理要为办公室的10名职员挑选配套的桌椅。

_____4. 经理想要减少生产部门的浪费从而降低成本并提高生产率。

_____5. 高层管理者想要预计银行产业未来的趋势，以此作为他们长期计划的一部分。

（二）初始决策与追踪决策

从决策需要解决的问题看，可将组织决策分成初始决策和追踪决策。

初始决策是指组织对从事某种活动或从事该种活动的方案所进行的初次选择；追踪决策则是在初始决策的基础上对组织活动方向、内容或方式进行的重新调整。初始决策是在对组织内外环境的某种认识的基础上做出的，而追踪决策则是由于这种环境发生了变化，或者是由于组织对环境特点的认识发生了变化而引起的。组织中的大部分决策都属追踪决策。与初始决策相比，追踪决策具有以下的特征：

（1）回溯分析。回溯分析就是对初始决策的形成机制与环境进行客观分析，列出须改变决策的原因，以便有针对性地采取调整措施。当然，追踪决策是一个扬弃的过程，对初始决策的"合理内核"还应保留。因此，回溯分析还应挖掘初始决策中的合理因素，以其作为调整或改变的基础。

（2）非零起点。初始决策是在有关活动尚未进行、对环境尚未产生任何影响的前提下进行的。追踪决策则不然，它所面临的条件与对象，已经不是处于初始状态，而是初始决策已经实施，因而受到了某种程度的改造、干扰与影响。也就是说，随着初始决策的实施，组织已经消耗了一定的人、财、物资源，环境状况因此也发生了变化。

（3）双重优化。初始决策是在已知的备选方案中择优，而追踪决策则需双重优化，也就是说，追踪决策所选的方案，不仅要优于初始决策——因为只有在原有的基础上有所改善，追踪决策才有意义，而且要在能够改善初始决策实施效果的各种可行方案中，选择最优或最满意者。前一重优化是追踪决策的最低要求，后一重优化是追踪决策力求实现的根本目标。

（三）战略决策与战术决策

从决策调整的对象和涉及的时限来看，组织的决策可分为战略决策和战术决策。

战略决策是事关企业未来生存与发展的大政方针方面的决策。它多是复杂的、不确定性的决策，涉及组织与外部环境的关系，常常依赖于决策者的直觉、经验和判断能力。比如，企业使命目标的确定，企业发展战略与竞争战略，收购与兼并，产品转向，技术引进和技术改造，厂长、经理人选确定，组织结构改革等。战略决策要求抓住问题的关键，而不是注重细枝末节的面面俱到。

与战略决策相对应的战术决策，通常包括管理决策和业务决策，均属于执行战略决策过程的具体决策。其中，管理决策是对企业人、财、物等有限资源进行调动或改变其结构的决策，涉及信息流、组织结构、设施等，例如营销计划与营销策略组合、产品开发方案、职工招收与工资水平、机器设备的更新等。业务决策则主要是解决企业日常生产作业或业务活动问题的一种决策，与改善内部状况及效率有关，如生产进度安排、库存控制、广告设计等。

战略决策与战术决策的区别可概括为以下三点：

（1）从调整对象看，战略决策调整组织的活动方向和内容，战术决策调整在既定方向和内容下的活动方式。战略决策解决的是"做什么"的问题，战术决策解决的是"如何做"的问题。前者是根本性决策，后者是执行性决策。

（2）从涉及的时间范围来看，战略决策面对的是组织整体在未来较长一段时间内的活动，战术决策需要解决的是组织的某个或某些具体部门在未来各个较短时间内的行动方案。组织整体的长期活动目标需要靠具体部门在作业的各阶段中通过实施战术决策而实现。因此，战略决策是战术决策的依据，战术决策是在战略决策的指导下制定的，是战略决策的落实。

（3）从作用和影响上看，战略决策的实施是组织活动能力的形成与创造过程，战术决策的实施则是对已形成能力的应用。因此，战略决策的实施效果影响组织的效益与发展，战术决策的实施效果则主要影响组织的效率与生存。

战略决策和战术决策是相互依存和相互补充的，战术决策是实现战略决策的必需的步骤和环节，没有战术决策，再好的战略决策也只是空想；反之，战略决策是战术决策的前提，没有战略决策，战术决策也就失去了意义，因而对组织的存在与发展也是无益的。

（四）程序化决策与非程序化决策

按问题的重复程度和有无先例可循，决策可以分为程序化决策和非程序化决策。

　　程序化决策是指那些例行的、按照一定的频率或间隔重复进行的决策。程序化决策处理的主要是常规性、重复性的问题。处理这些问题的特点，就是要预先建立相应的制度、规则、程序等，当问题再次发生时，只需根据已有的规定加以处理即可。现实中有许多问题都是经常重复出现的，如职工请假、日常任务安排、常用物资的采购、"三包"产品质量问题的处理等。因为这些问题反复多次出现，人们可以制定出一套例行程序来，所以，每当这些问题出现时就可以依例处理。

　　程序化决策虽然在一定程度上限制了决策者的自由，使得个人对于"做什么和如何做"有较少的决策权，但却可以为决策者节省时间和精力，使他们可以把更多的时间和精力投入到其他更重要的活动中去。值得注意的是，为了提高程序化决策的效率和效果，必须对赖以处理问题的政策、程序或规则进行详细的规定。否则，即使是面对程序化的问题或机会，决策者也难以快速地做出决策。例如，一个一个处理顾客抱怨的决策，不但会消耗大量的时间，而且成本较高；但一项"购后15天内保证退换货"的政策却可以极大程度地简化问题，从而使决策者能够有更多的时间处理一些更棘手的问题。一般组织中，约有80%的决策可以成为程序化决策。

　　非程序化决策是指那些非例行的、很少重复出现的决策。这类决策主要处理的是那些非常规性的问题。例如，重大的投资问题、组织变革问题、开发新产品或打入新市场的问题等。决策时往往缺乏信息资料，无先例可循，无固定模式，常常需要管理人员倾注全部精力，进行创造性思维。一般说来，由组织的最高层所作的决策大都是非程序性的。这类决策问题无先例可循，只能依靠决策者的经验、直觉、判断以及将问题分解为若干具体小问题逐一解决。随着管理者地位的提高，所面临的非程序化决策的数量和重要性都逐步提高，面临的不确定性增大，决策难度加大，进行非程序化决策的能力变得越来越重要，进行决策所需的时间也会相对延长。因此，许多组织都一方面设法提高决策者的非程序化决策能力，另一方面尽量使非程序化决策向程序化决策方向转化。

　　程序化决策与非程序化决策的划分不是绝对的，二者之间并没有严格的界限，在特定的条件下，二者还可以相互转化。例如，一项关于定价的程序化决策，可能会因为原料与产品供应情况、生产需求情况、竞争对手定价策略等方面的变化而转化为非程序化决策。同样，有关某项资源分配的非程序化决策也可能会因为信息的充分性而向程序化决策转化。完全的程序化决策与完全的非程序化决策仅仅代表着事情存在的两个极端状态，在它们之间还存在着许多其他类型的决策状态。正如西蒙曾经论述的："它们并非真是截然不同的两类决策，而是一个像光谱一样的连续统一体，其一端为高度程序化的决策，另一端为高度非程序化的决策。我们沿着这个光谱式的统一体可以找到不同灰色梯度的各种决策，而我采用程序化和非程序化两个词也只是用来作为光谱的黑色频段和白色频段的标志而已。"

　　随着现代决策技术的发展，很多以前被认为是完全的非程序化决策问题已经具有了程序化决策的因素，程序化决策的领域日益扩大。一方面，运筹学等数学工具被广泛地运用到以前被认为依靠判断力的决策中来；另一方面，计算机的广泛应用，又进一步扩展了程序化决策的范围。

（五）经验决策与科学决策

根据决策者是基于经验还是基于科学分析做出决策，可以将决策方法区分为经验决策和科学决策。所谓经验决策，是指决策者主要根据其个人或群体的阅历、知识、智慧、洞察力和直觉判断等人的素质因素而做出决策。古往今来，纵然有许多的成功事例是借助于一般经验决策取得的，但这种决策方法的主要缺陷表现为：决策优劣过于依赖决策者的个人因素，组织兴衰成败都与少数决策者紧密相连。"其人存，则其政举；其人亡，则其政息。"在决策问题愈来愈复杂、愈来愈不确定，决策影响愈来愈深远和广大的今天，单凭个人经验办事已经很不适用，于是科学决策法便应运而生。

所谓科学决策，是指以科学预测、科学思考和科学计算为根据来做出决策。科学决策离不开定量分析方法的开发和应用，但过分地追求决策问题的数字化、模型化和计算机化这些"硬"的决策技术，将使科学决策走向"死胡同"。在决策问题存在不确定性因素的条件下，依靠"软"专家的直觉判断和定性分析，可能比定量方法更有助于形成正确的决策。前面我们介绍过的德尔菲法就被广泛地应用于复杂问题的决策过程中。注意到现代科学决策中"软"技术上的智囊化倾向，西方国家近年来正致力于将电子计算机技术应用于建立"专家系统"，以提高直觉判断的准确程度。现代意义上的定性决策方法已不再是传统的一般经验决策。

直觉决策是基于经验、感受和积累的判断做出的决策。国外的调查发现，管理者常常使用他们的直觉帮助决策，直觉决策可以补充理性决策，帮助管理者在有限的信息情况下做出快速的反应。

（六）确定型决策、风险型决策和不确定型决策

按决策的问题的条件分为确定型决策、风险型决策和不确定型决策。

确定型决策是指决策过程的结果完全由决策者所采取的行动决定的一类问题，它可采用最优化、动态规划等方法解决。确定型决策应具备的条件：

（1）存在着决策人希望达到的一个明确目标；

（2）只存在一个确定的自然状态；

（3）存在着可供选择的两个或两个以上的行动方案；

（4）不同的行动方案在确定状态下的损失或利益值可以计算出来。

风险型决策是指决策者对决策对象的自然状态和客观条件比较清楚，也有比较明确的决策目标，但是实现决策目标必须冒一定风险。由于每个备选方案都会遇到几种不同的可能情况，而且已知出现每一种情况的可能性有多大，即发生的概率有多大，因此在依据不同概率所拟订的多个决策方案中，不论选择哪一种方案，都要承担一定的风险。常用的方法有以期望值为标准的决策方法、以等概率（合理性）为标准的决策方法、以最大可能性为标准的决策方法等。

不确定型决策是指决策人无法确定未来各种自然状态发生概率的决策。不确定型决策的主要方法有等可能性法、保守法、冒险法、乐观系数法和最小最大后悔值法。

◄ 概念应用2-2 ►

决策问题分类

根据决策的结构和条件对下列五个问题进行分类。

A. 程序型,确定性　　　　　B. 程序型,不确定性

C. 程序型,风险型　　　　　D. 非程序型,确定性

E. 非程序型,不确定性　　　F. 非程序型,风险型

_____1. 王超是一家小企业的老板,公司的经营状况有了好转,目前是盈利的。她想把多余的现金留在手上,这样可以在需要的时候使用。她应该如何投资这笔钱呢?

_____2. 一名采购人员必须为公司选购新车。这是六年来第六次做这样的决策。

_____3. 在20世纪70年代初期,投资者决定是否成立世界足球协会。

_____4. 一个营业额很高的部门经理必须要雇用一名新职员。

三、决策的特点

选择或调整组织在未来一定时间内活动的方向、内容或方式的组织决策具有以下主要特点:

1. 目标性

任何组织决策都必须首先确定组织的活动目标。目标是组织在未来特定时限内完成任务程度的标志。决策是为了实现特定目标的活动,没有目标就无从决策。目标已经实现,也就无须决策。

2. 可行性

决策的目的是指导组织未来的活动。组织的任何活动都需要利用一定的资源。缺少必要的人力、物力和技术条件,理论上非常完善的方案也只能是空中楼阁。因此,决策方案的拟订和选择,不仅要考察采取某种行动的必要性,而且要注意实施条件的限制。例如,一家旅游公司经过市场调查,发现月球旅游是一个潜在的目标市场,但旅游公司就其实力难以实现该项目,因而在现阶段,这样的决策既无必要也无意义。

3. 选择性

决策的基本含义是抉择。如果只有一种方案,无选择余地,也就无所谓决策。没有比较就没有鉴别,更谈不到所谓"最佳"。国外有一条管理人员熟悉的格言:"如果看来只有一种行事方法,那么这种方法很可能是错的。"在制订可行方案时,应满足整体详尽性和相互排斥性要求。所谓整体详尽性,是指将各种可能实现的方案尽量都考虑到,以免漏掉那些可能是最好的方案。例如,20世纪60年代末美国顺利实施的"阿波罗计划",就是在三种可能的方案中进行正确选择的结果。这三种方案是:① 直接发射飞船;② 在地

球轨道上交会后向月球发射飞船;③ 在月球轨道上交会后向月球表面发射登月舱。前两个方案的研制难度、研制时间都不能保证实现 60 年代末把人送上月球的目标;第三个方案需要的助推火箭推力最小,实现的技术难度较低,最有可能保证实施上述目标。事实证明,这一决策是正确的。所谓相互排斥性,就是说可行方案本身要尽量相互独立,不要互相包含,当然更不应当为了选择硬凑出某个方案来。

4. 满意性

选择活动方案的原则是满意原则,而非最优原则。最优原则往往只是理论上的幻想,因为它要求:① 决策者了解与组织活动有关的全部信息;② 决策者能正确地辨识全部信息的有用性,了解其价值,并能据此制订出没有疏漏的行动方案;③ 决策者能够准确地计算每个方案在未来的执行结果。然而,在管理过程中,这些条件是难以具备的。首先,由于没有人为过去进行决策,决策是为了未来而进行的,而未来不可避免地包含着不确定性。其次,人们也很难识别出所有可能实现目标的备选方案,尤其是当决策涉及做某件事情的机会,而这件事情以前从未做过。再者,多数情形下,尽管可以借助最新的分析方法和电子计算机,也不能对所有的备选方案都进行分析。也就是说,尽管管理者热切希望做到最佳,但是信息、时间和确定性的局限限制了最佳,因此,他们通常采纳一个令人满意的,即在目前环境中是足够好的行动方案。

5. 过程性

决策是一个过程,而非瞬间行动。决策是为达到一定的目标,从两个或多个可行方案中选择一个合理方案的分析判断和抉择的过程。一般认为,决策过程可以划分为四个主要阶段:① 找出制定决策的理由;② 找到可能的行动方案;③ 对诸行动方案进行评价和抉择;④ 对于付诸实施的抉择进行评价。因此,决策实际上是一个"决策—实施—再决策—再实施"的连续不断的循环过程。

6. 动态性

决策具有显著的动态性。决策目标的制定以过去的经验和组织当前的状况为基础,决策的实施将使组织步入不断发展变化的未来。在此过程中,任何可能对决策条件产生影响的因素的变化都要求在一定程度上修正决策,甚至重新决策以适应变化了的决策条件。此外,决策活动的相互关联性也要求决策者必须根据对其决策结果产生重大影响的其他人的决策,灵活调整自己的决策方案。

7. 决策类型与组织层次的关系

表 2-1 反映了决策的类型和决策者所在组织层次之间的关系。

表 2-1　决策类型与组织层次的关系

组织的层次	范围与影响程度	重复与有无先例	决策特点
高层决策	战略决策为主	非程序性决策为主	满意化决策为主
中层决策	管理决策为主		
基层决策	业务决策为主	程序性决策为主	最优化决策为主

四、决策过程

决策是解决问题的过程。管理人员每天要解决的问题很多,问题的难度和特点也会不一样,如果能够找到解决问题的共同思路,不仅有助于问题的解决,还有助于提高管理工作效率。决策过程的研究就是为了达到这种目的。典型的决策过程包括以下六个阶段:

延伸阅读

（一）研究现状,发现问题

决策是为了解决一定的问题而制定的。没有发现组织运行中存在的问题,就没有必要制定新的决策来使组织活动做出调整和改变。因此,决策者首先要研究组织的现状,发现存在的问题。

所谓问题,是现实与理想状态之间的差距。有差距就表明组织存在某种问题,需要做出决策来予以解决。这里,差距或问题可以是消极的,也即组织被迫要去应对的,如来自外界不可预料事件的一次威胁,或者组织内部出现的一个故障或麻烦;但更重要的是,需要组织通过新的决策去处理的"问题"还常常应该从积极的意义上去理解,如组织内部条件改善后要力求把握的发展机会,或者外部环境中出现的有利于组织的变化。面对这些积极的或消极的问题,决策者不能不闻不问,而是应该能够及时地发现问题,采取对策。

就初始决策而言,需要决策的问题来自对组织未来行动做出计划安排的需要。而对于非初始性质的追踪决策来说,组织中需要决策的问题可能来自两个方面:一是前一次决策的执行过程,无论是执行得不力或执行得过好,都可能需要对以前决策的行动做出调整,从而提出重新制定决策的必要性;二是环境条件变化使组织内部活动与其目标和环境间的平衡被打破,由此产生了改变组织活动的必要性。比如,执政者的更迭、政府政策的调整、技术的变革、经济增长速度的加快或放慢,这些都有可能逐步或突然打破组织与外部环境的原有平衡,提出变更组织内部活动方向和内容的需要。如果组织不适时采取措施,而等到外界环境的变化已经对组织的生存造成危机时再去研讨对策,那么为求得组织内部活动与外部环境之间的新平衡,组织往往要付出高昂的代价。避免出现此种状况的关键,是在危机开始之前就已经认识到改变活动的必要性。

研究组织活动存在的不平衡,要着重思考以下方面的问题:

（1）组织在何时何地已经或将要发生何种不平衡? 这种不平衡会对组织产生何种影响?

（2）不平衡的原因是什么? 其主要的根源是什么?

（3）针对不平衡的性质,组织是否有必要改变或调整其活动的方向和内容?

分析组织活动中的问题,确定不平衡的性质,把不平衡作为决策的起点,是组织各层次管理者的共同职责。这不仅是由于管理者要对其所管理的组织或单位的活动效果负责,还由于他们的素质训练和概念技能促使他们能比较敏感地发现组织中的问题或不平衡的关键所在。

（二）确定目标

分析了改变组织活动的必要性以后,还要针对所存在的问题研究将要采取的措施需要符合哪些要求,必须达到何种效果。也就是说,决策者要明确决策的目标。

明确决策的目标不仅为方案的制订和选择提供了依据,而且为决策的实施和控制、为组织资源的分配和各种力量的协调提供了标准。

明确决策目标,要注意以下几个方面的要求:

(1) 提出目标的最低和理想水平。即明确组织改变活动方向和内容至少应该达到的状况和水平,以及希望实现的理想目标水平。决策不仅要保证实现最低限度的要求,还要力争达到既定约束条件下所能达到的最好状态。

(2) 明确多元目标之间的关系。任何组织在任何时候都不可能只有一种目标,而更多的是具有多元或多重的目标。多目标之间本身就存在既相互关联又相互排斥的关系,而且在不同时期,随着组织活动重点的转移,这些目标的相对重要性也不一样。诚然,在特定时期,决策只能选择其中一项为主要目标,可是,考虑到多元目标之间的关系,决策者在选择了主要目标后,还必须在决策中尽可能地兼顾其他目标,并明确主要目标与非主要目标的关系,以避免在决策实施中将组织的主要资源和精力投放到非主要目标的活动上。

(3) 限定目标的正负面效果。既定目标的执行既可能给组织带来有利的贡献,也可能产生不利的影响。限定目标的正负面效果就是要把目标执行的有利结果和不利结果加以界定和权衡,规定不利结果在何种水平范围内是允许的。一旦超过这个水平,组织就应当停止原目标活动的执行,以控制决策的不利影响。

(4) 保持目标的可操作性。不论是明确组织必须达到的最低目标还是希望实现的理想目标,也不论是确定组织的总体目标还是确定各职能部门的分目标,都必须符合三个特征:① 可以计量或衡量;② 规定时间期限;③ 可确定责任者。只有符合这些基本特征,所制定的目标才有可能成为决策和行动的依据。

(三) 形成各种备选方案

在研究了现状,取得了相关信息资料和确定了决策目标之后,接下来的步骤是寻找解决问题的可供选择的方案。决策者应该尽可能多地考察可供选择的方案,因为可供选择的方案越多,解决办法越完善。过去的经验、创造性和管理方面的最新实践都有助于拟订备选方案。

寻求解决问题的备选方案的过程是一个具有创造性的过程。在这一阶段,决策者必须开拓思维,充分发挥自由想象力。寻求更多备选方案的方法之一是头脑风暴法。在头脑风暴法中,一群具有解决问题所需知识和专长的人聚集在一起,讨论出尽可能多的潜在解决方案。由这种方法激起的热情常常创造出新的具有价值的想法。产生备选方案的另一种方法是集思广益法。这种方法是使几个具有不同背景和受过不同训练的人聚集在一起,直到他们得出一个新的备选方案。

多个可行方案的拟订,奠定了选择或抉择的基础,所以,它们常被称为备选方案。为了使基于拟订方案而进行的选择具有实质意义,这些备选的不同方案必须是能够相互替代、相互排斥的,而不能是相互包容的。如果某个方案需要采取的行动包容在另一个方案中,那么这种交叉就导致方案之间的比较和选择难以公正地进行。

备选方案产生的过程大致可分为以下步骤:首先,在研究环境和发现不平衡的基础上,根据组织的宗旨、使命、任务和消除不平衡的目标,提出改变的初步设想;其次,对提出的各种改进设想加以集中、整理和归类,形成内容比较具体的若干个可以考虑的初步方案;最后,在对这些初步方案进行筛选、修改和补充以后,对留下的可行方案做进一步完善处理,并预计其执行的各种结果,如此便形成了有一定数量的可替代的决策方案。

可供选择的替代方案数量越多,备选方案的相对满意程度就越高,决策质量就越有保障。为此,在拟订备选方案阶段,组织要广泛发动群众,充分利用组织内外的专家,发动他们献计献策,以产生尽可能多的设想和形成尽可能多的可行方案。

（四）备选方案的比较与选择

备选方案拟订以后,决策者应从自己内心对每一个方案的可应用性和有效性进行检验。决策者必须想象如果这些方案正在实施的话,结果将会怎样。决策者必须对每一个备选方案所希望的结果和不希望的结果出现的可能性进行检验。可运用一些标准对方案进行比较,在这些标准中可用的一些因素有每个备选方案涉及的风险、可以利用的时间、需要的时间、可利用的设施和资源、费用效益分析等;经常用的具体标准有预期收益最大化或损失最小化、后悔值最小化、目标市场占有率扩大化、经营风险或投资风险最小化、成本费用最小化等。评价备选方案时可以采用如表2-2所示的形式来进行比较。

表2-2　备选方案比较

比较因素	备选方案1	备选方案2	备选方案3	备选方案4
需要的时间				
总成本				
涉及的风险				
收益或优点				
局限性				

如果所有的备选方案都不令人满意,决策者还必须进一步寻找新的备选方案。决策者必须根据决策的目标来评价每一个备选方案。

备选方案比较表将清楚地表明其中哪一个备选方案更优。此外,决策者不能只考虑备选方案的优越性,还必须在选择最佳方案时考虑到企业可利用的资源。选择最佳方案时有用的规则是:使执行该方案过程中可能出现的问题的数量减少到最小,而执行该方案对实现组织目标的贡献达到最大。在选择方案时可以考虑以下因素:

（1）经验。在选择最佳方案时,将过去的经验作为一个指南。这是因为在许多情况下,各种备选方案利弊兼具,各有长短,很难简单地区分优劣。

（2）直觉。韦氏辞典将直觉定义为"一种知觉的力量……一种快速或胸有成竹的领悟"。著名的心理学家卡尔·荣格发现,善于利用直觉的管理者通常也拥有一般人缺乏的处理特殊决策的能力,即拥有高不确定性环境下的决策方法。

（3）他人的建议。决策者必须从同事、上级和下级那里寻求帮助和指导。

（4）试验。如果可能的话,采用这种方法来检验备选方案。这类试验不应过多地耗费成本和时间。

在选择最佳方案时,考虑上面的一个或多个因素将会提高决策的效果。这些因素的相对重要程度取决于所要解决的问题的性质、受问题影响的人员、为解决问题需要的时间等。此外，在方案的比选过程中，决策者要注意：① 统筹兼顾，尽可能保持组织与外部结合方式的连续性，充分利用组织现有的结构和人员条件。② 注意反对意见，因为反对意见不仅可以帮助决策者从多种角度去考虑问题，促进方案的进一步完善，而且可以提醒决策者防范一些可能会出现的弊病。一种观点或一种方案要想取得完全一致的意见几乎是不可能的，再好的方案也可能有反对意见。决策过程中只有一种声音往往是非常可怕的。③ 要有决断的魄力，在众说纷纭的情况下，决策者要在充分听取各种意见的基础上，根据自己对组织任务的理解和对形势的判断，权衡各方利弊，做出决断。这是因为剧烈的、无休止的争论会错过行动的最好时机，且完全的思想统一也是不现实的。所以，决策者要能妥善地掌握"议"与"断"的度，该"议"时不要独裁专断，该"断"时切忌迟疑不决、优柔寡断。

（五）执行方案

选择出最佳方案，决策过程还没有结束。决策者还必须使方案付诸实施。决策者必须设计所选方案的实施方法。一些决策者擅长发现、确定备选方案和选择最佳方案，但却不善于将他们的想法付诸实施。一个优秀的决策者必须具备这两种能力：既要能做出决策，又要有能力化决策为有效的行动。

有些方案能很快被付诸实施，例如关于纪律的执行。公司政策的启用需要花费一些时间。在执行阶段，决策者必须对存在的一些抵制情绪有所预见，尤其是来自受决策影响的员工的抵制。决策者必须准备辅助计划来应付和处理这类意外情形。一个可能成功地实施决策的有效方法是参与，此外，决策者在实施方案时必须行使领导权力。具体应从以下几方面做好组织实施工作：

（1）制订切合实际的实施计划。包括认真拟订实施决策方案的具体步骤；制定相应的实施措施与方法，比如政治思想工作，经济、行政、法律及心理方法等；编制实施行动的程序或日程表；结合有关资源编造实施方案的资金预算等。

（2）向决策方案执行人员传达实施要求，落实各项行动。包括有计划地组织调配人力、物力、财力等经济资源；建立和调整有关组织机构并分配任务项目；将决策目标及行动方案细分化并下达任务指标和工作规范等。这将有利于全体执行人员相互理解，相互支持，共同努力，充分调动全体员工的积极性。

（3）建立重要工作的报告制度，以便随时了解方案进展情况，及时调整行动。

（六）评估决策的效果

决策制定过程的最后一个步骤是评估该项决策的后果或结果，以检查问题是否得到解决。决策者应按照决策目标以及实施计划的要求和标准，对决策方案的执行进展情况进行检查，以便于及时发现新问题、新情况，发现执行情况与预计情况之间是否存在偏差，并找出原因，保证和促进决策方案的顺利实施。

决策是一种技术，而且和所有的技术一样，它也是可以提高的。决策者可以通过实践以及反复的决策实践来提高决策水平。为了提高决策质量，一些信息的反馈是必要的。比如对以前决策的效果的检查，就可以提供所需要的一些反馈。通过检查，决策者可以从中知道决策的错误是什么,出在什么地方以及如何改善。

我们将上述决策过程的步骤加以总结(见图 2-1)。

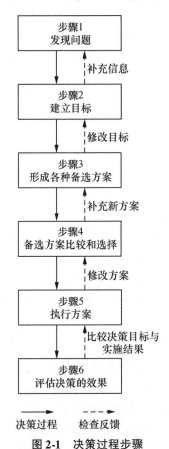

图 2-1　决策过程步骤

总之,组织决策不是一项决策,而是一系列决策的总和,只有这一系列的具体决策已经确定、相互协调,并与组织目标相一致时,才能认为组织的决策已经形成。同时,这一系列决策中的每一项决策,本身就是一个包含了许多工作、由众多人员参与的过程,从决策目标的确定,到决策方案的拟订、评价和选择,再到决策方案执行结果的评价,这些诸多的步骤才构成了一项完整的决策,这是一个"全过程"的概念。此外,虽然为了研究和介绍的方便,我们在理论上常把决策过程划分成不同的阶段,但实际工作中应该注意,决策过程的各步骤往往是相互联系、交错重叠的,不能将决策的各个工作步骤截然分割。

◄ 概念应用 2-3 ►

决 策 步 骤

确定每一条叙述所表示的决策步骤:

A. 步骤 1　　　　B. 步骤 2　　　　C. 步骤 3

D. 步骤 4　　　　E. 步骤 5　　　　F. 步骤 6

_____ 1. "我们用头脑风暴法解决问题。"

_____ 2. "小张,是让这台机器继续无序运转还是让它停下来?"

_____ 3. "我不明白我们正试图达到什么目标。"

_____ 4. "你所观察到的什么症状说明还存在什么问题?"

_____ 5. "在这种情况下我们需要借助于线性规划。"

五、决策的影响因素

（一）环境

环境对组织决策的影响是双重的。

首先,环境的特点影响着组织的活动选择。组织决策要面临的环境包括企业经营的微观环境和宏观环境。微观环境是指与企业产、供、销、人、财、物、信息等直接发生关系的客观环境,这是决定企业生存和发展的基本环境,包括企业与供应商、营销中介、顾客、竞争者、同盟者和公众的关系。宏观环境是指对企业的生存发展创造机会和产生威胁的各种社会力量,包括人口环境、经济环境、自然环境、技术环境、政治和法律环境以及社会和文化环境。21 世纪的今天,大数据时代的到来对决策的贡献巨大,大数据支持的人工智能成为管理者决策的强大的辅助工具。

其次,对环境的习惯反应模式也影响着组织的活动选择。即使在相同的环境背景下,不同的组织也可能做出不同的反应。而这种调整组织与环境之间关系的模式一旦形成,就会趋于固定,限制着人们对行动方案的选择。

每个企业都和总体环境的某个部分相互影响、相互作用,我们将这部分环境称为相关环境。企业的相关环境总是处于不断变化的状态之中。企业得以生存的关键在于它在环境变化时所拥有的自我调节能力。

环境发展趋势基本上分为两大类:一类是环境威胁,另一类是市场机会。所谓环境威胁,是指环境中一种不利的发展趋势所形成的挑战,如果不采取果断的决策,这种不利趋势将伤害到企业的市场地位。所谓市场机会,是指对企业有吸引力或企业拥有竞争优势的领域。任何企业都面临着若干环境威胁和市场机会。然而,并不是所有的环境威胁都一样大,也不是所有的市场机会都有同样的吸引力。企业的管理者可以利用"环境威胁矩阵图"和"市场机会矩阵图"来加以分析、评价。

图 2-2 中机会矩阵存在四种情况:1 的机会最好,实现的概率大,对企业具有吸引力;2 的机会也好,但发生的概率小,需要创造条件来实现;3、4 的机会影响弱,但发生的概率大,企业应注意加以利用;5、6 的机会影响弱,发生的概率也小,企业可以不予考虑。同样,威胁矩阵也存在四种情况:在 7、8 位置处,威胁程度强,发生概率大,企业应特别重视;9 的威胁虽强,但发生的概率小;10 的影响小,但极有可能发生,企业要加以关注;11、12、13 的威胁程度与概率都小,企业可以不予考虑。

许多行业中,环境变化速度之快令人难以置信。通常,管理界将这种情形称为处于

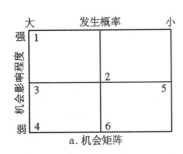 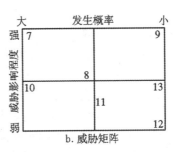

图 2-2　机会与威胁矩阵

混沌状态。当今的管理者需要有冲破这种混沌的能力。此外,随着企业的成长,它的内外环境的复杂性不断增大,因此,管理者要具有创造未来并控制它们对自己的影响的能力,对待威胁,要学会积极预防而不仅仅是准备;对待机会,则要努力创造而不仅仅是利用。

(二) 过去决策

今天是昨天的继续,明天是今天的延伸。历史总是要以这种或那种方式影响着未来。在大多数情况下,组织决策不是在一张白纸上进行初始决策,而是对初始决策的完善、调整或改革。组织过去的决策是目前决策过程的起点;过去选择的方案的实施,不仅伴随着人力、物力、财力等资源的消耗,而且伴随着内部状况的改变,带来了对外部环境的影响。"非零起点"的目前决策不能不受到过去决策的影响。

过去的决策对目前决策的制约程度,主要受它们与现任决策者的关系的影响。如果过去的决策是由现在的决策者制定的,而决策者通常要对自己的选择及其后果负管理上的责任,因此决策者一般不愿对组织活动进行重大调整,而倾向于仍把大部分资源投入到过去方案的执行中,以证明自己的一贯正确;相反,如果现在的主要决策者与组织过去的主要决策者没有很深的渊源关系,则会易于接受重大改变。

(三) 决策者对风险的态度

未来条件并不总能事先预料。现实生活中,许多管理决策是在风险条件下做出的。所谓风险是指那些决策者可以估计某一结果或概率的情形。如何对各种各样的行动方案进行概率估计呢? 如果情形相似的话,决策者可以依靠过去的经验或是对二手资料的分析。但是在企业经验运作中,没有两种情形是完全相同的。如果只根据过去的经验对预期结果进行概率估计,那么这种概率被称为客观概率;如果根据主观感觉对预期结果进行概率估计,则被称为主观概率。在这里主观感觉指一个人对问题及解决问题的行动方案的主观直觉,并不完全依赖过去的经验。

对不同的行动方案估计概率并没有什么经验法则可以遵循。一些人可能完全运用定量方法,如期望值分析,这种方法是采用数学手段来对预期结果加以确定。无论用哪一种方法,在风险条件下进行决策时,决策者所持的态度是一个关键因素。一些决策者是勇于冒风险者,而另外一些决策者却是风险回避者。具有一定承担风险的能力是成功的管理必不可少的,因为人们不是对过去的事作决策,决策必然是为将来而作,而将来总是包含着不肯定因素,所以,那种有百分之百把握、不冒任何风险的决策,不但因为它过于保守不符合管理的需要，而且客观上也是很少有的。一般来说，那些看上去越是可能获得高收益的方案，包含的风险因素也往往越大，这已成为一种常识。因此，对于决策者来说，一方面，基本的要求是要敢于冒风险，敢于承担责任，也就是说，要求决策者有胆识，有勇气；另一方面，管理决策不是赌博，敢于冒风险不等于蛮干。决策者必须清醒地估计到各项决策方案的风险承担；估计到最坏的可能性并拟订相应的对策，使风险损失不至于引起灾难性的不可挽回的后果；必须尽量收集与决策的未来环境有关的必要信息，以便做出正确的判断；同时还应考虑到是不是到了非冒更大风险不可的地步。最后，决策者还应当对决策的时机是否成熟有准确的判断。这些都有助于决策者将决策方案的风险减至最小。正如俗话所说的"情况明，决心大"。

（四）组织文化

文化通常指人民群众在社会历史实践过程中所创造的物质和精神财富的总和。它是一种历史现象，每一个社会都有与其相适应的文化，并随着社会物质生产的发展而发展。在英文中，"文化"一词的来源与农业耕作的观念密切相关，说明农业分工促进了人类的文明，产生了文化。在管理领域，组织文化主要指组织的指导思想、经营理念和工作作风，包括价值观念、行业标准、道德规范、文化传统、风俗习惯、典礼仪式、管理制度及企业形象。它不单包括思想和精神方面的内容，也包括社会心理、技能、方法和组织自我成长的特殊方式等各种因素。组织文化是理解组织运行的途径，管理者的决策受到组织文化的影响。

一个组织的文化由若干要素构成，并在不同程度上受到每个要素的影响。其中，对组织文化影响较大的要素有共同的价值观、行为规范、形象与形象性活动。共同价值观是指组织成员分享着同一价值观念。有的学者在阐述组织特性时指出，当组织观念灌输到组织中时，组织就会存在独特的同一性。行为规范是指组织所确立的行为标准。它们可以由组织正式规定，也可以是非正式形成的。组织为了做到独具特色，需要规范自己的行为，影响组织的决策与行动。为此，有的人认为组织文化是"一种非正式规则的体系，指示人们在大部分时间内应如何行动"。还有人认为组织文化是"组织成员共享的信念与期望的模式……从而有力地形成了组织中个人与群体行为的规范"。由此可以看出行为规范的重要性。组织的高层管理就是要开发与培育组织的文化，按照所期望的方式影响组织成员的行为。形象是指可以表达某种含义的媒介物的客体或事件。在企业组织中，形象也用来表示组织的共同信念、价值与理想。

企业组织的管理人员在把握这些特征的同时，还应思考从组织决策的角度研究组织文化与决策的关系。这是因为，一个新的决策要求原有的组织文化的配合与协调，而企业组织中原有的文化有它的滞后性，很难马上对新的决策做出反应，所以，组织文化既可以成为实施组织决策的动力，也可能成为阻力。特别是在实施一个新决策、在进行管理决策时，组织内部的新旧文化必须相互适应、相互协调，这样才能为组织决策获得成功提供保证。虽然，决策时要考虑所作决策尽量与组织文化相适应，不要破坏企业已有的组织文化，但是，在企业环境发生重大变化、企业的组织文化也需要相应做出重大变化的情况下，企业应考虑到自身长远利益，不能为了迎合企业现有的组织文化而将组织新的决策修订得与现行组织文化标准相一致。这是不符合企业目标的。

（五）时间

决策具有即时性,要受时间的制约。决策是在特定的情况下,把组织的当前情况与使组织步入未来的行动联系起来,并旨在解决问题或把握机会的管理活动。这就决定了决策必然受时间的制约,一旦超出了时间的限制,情况发生了变化,再好的决策也不可能达到预期目标。

美国学者威廉·金和大卫·克里兰把决策分为时间敏感型决策和知识敏感型决策。时间敏感型决策是指那些必须迅速而准确做出的决策。战争中军事指挥官的决策多属于此类。这种决策对速度的要求更甚于决策质量。当一个人站在马路中间看到一辆疾驶的汽车向他冲来时,关键就是要迅速地跑开,至于跑向马路的左边,还是右边,相对于即时行动来说则显得次要。相比较而言,知识敏感型决策对时间的要求则不是非常严格。这类决策的效果主要取决于决策质量,而非决策的速度。因此,制定这类知识敏感型决策,就要求人们充分利用知识,做出尽可能正确的选择。

组织关于活动方向与内容的决策基本上是属于知识敏感型的决策。这类决策的重点在于抓住可利用的机会,制定长期决策,所以在制订和选择方案时,时间上相对宽裕,并不一定要求非得在某一日期以前完成。但是,也可能出现这样的情况,外部环境突然发生了难以预料、难以控制的重大变化,这种变化会对组织造成重大的威胁。这时,组织如果不迅速做出反应,改变原来的战略决策方案,则可能出现生存危机。这种时间压力可能限制人们能够考虑的备选方案数量,也使人们在得不到足够的评价方案所需信息的情况下仓促做出决策。面对这种难以预料与控制的变化,启用备用方案是一种更有效的对策,因为它能将对方案的从容考虑和准备与快速的应变有机地结合起来。

（六）伦理

个人伦理是就某一行为、行动或决定做出是非判断的个人信念。伦理行为通常指符合一般可接受的社会规范的行为,不合伦理的行为是不符合一般可接受的社会规范的行为。管理伦理是组织中的伦理,包括组织如何对待员工、员工如何对待组织以及员工和组织如何对待其他组织。因此,管理伦理必然会影响组织的决策。

第二节　决　策　方　法

为了保证组织制定出来的决策尽可能正确、有效,必须运用科学的决策方法。决策方法可以分为两类:一类是关于组织活动方向和内容的决策方法,另一类是在既定方向下从事一定活动的不同方案的选择方法。

一、确定活动方向的分析方法

这类方法可以帮助企业根据自己和企业的特点,选择企业或某个部门的活动方向,主要有 SWOT 分析法、经营业务组合分析法、政策指导矩阵等。

（一）SWOT 分析法

在第一章中,我们介绍了 SWOT 分析法是一种用于环境分析的方法。事实上,SWOT

分析法也是帮助决策者在区域内部的优势和劣势以及外部环境的机会和威胁的动态的结合分析中，确定相应的生存和发展战略的一种有用的决策分析方法。因为，无论是对企业还是对特定的经营业务单位来说，决策者要成功地制定出指导其生存和发展的战略，必须在组织目标、外部环境和内部条件三者之间取得动态平衡。

在过去相当长的一段时间里，企业战略决策主要集中在分析行业的特征方面，通过评价行业内的五种竞争力量确定本企业相对于竞争对手的地位。然而，过度地强调外部环境因素可能会使企业制定出来的战略缺乏内部实力的支持。哪里有机会、有钱赚，企业就将经营领域扩展到哪里，也不管企业在这些领域是否拥有持久的竞争优势，结果就出现了盲目追求领域扩张、规模扩大的无关多元化经营行为。国内外不少企业因乱铺摊子而导致衰败的教训，使人们深刻地认识到外部环境与内部条件相结合研究的重要性。如果说外部环境状况决定了企业"可以"做什么，那么内部条件则决定企业真正"能够"做好什么，两者共同影响企业对经营活动范围和领域的战略性选择。

在第一章中，我们已经对外部环境进行了详细的介绍。下面，我们将就企业内部条件研究的三个重点，即识别企业所拥有的资源、能力和核心竞争力进行介绍。

所谓资源，是指企业生产经营过程的投入。其中，一些是有形的，如企业中以现金、有价证券等反映的财务资源，以土地的位置、厂房设备的先进性及原材料的紧缺程度等反映的实物资源，以专利、商标和专有技术所有权体现的技术资源，以及从数量和成本上反映的劳动力状况等；另一些则是无形的，如员工的知识和智慧，相互间的信任和协同工作的方法，企业在社会上的声誉及对外联系的特有方式等。虽然资源本身并不能直接构成企业的竞争优势，但资源是企业独特能力的来源。

所谓能力，是一组资源的有机组合，就像胶水把东西黏合在一起形成特定的图案一样，企业通过各种有形资源和无形资源的不断融合形成了与众不同的能力。而能为企业带来相对于竞争对手的持久优势的资源和能力，就被称为核心竞争力，又称核心能力。企业一旦建立了自己的核心竞争力，不仅会使已有的业务产生超额的利润，同时还能使相关的或新创的业务取得该种能力延伸运用后的溢出效益。因此，企业在进行战略决策时，一个根本的出发点就是要最大限度地培育、发展和运用其核心竞争力。有了特定的核心竞争力作为支撑点，企业就可以从已有业务领域中衍生出许多以其为中心的技术、产品和行业，从而为企业成功进入多个经营领域参与竞争并获得有利的竞争地位提供坚实的基础。例如，佳能公司在光学透镜、微处理器和超微摄影术经营中形成的核心能力，使其在照相机、显微摄影装置、复印机和印刷设备等领域也大获其利。

拥有核心竞争力的益处显而易见，然而，并不是任何一种资源和能力都可以成为核心竞争力。判断某种资源和能力是否能成为核心竞争力的基本标准是：从顾客的角度看，它是有价值和不可替代的；从竞争者的角度看，它是稀有、独特且不可模仿的。拥有能满足"有价值性""稀缺性""不可模仿性"和"不可替代性"四个标准要求的能力，即核心竞争力，这就意味着这一企业具有了持久的竞争优势。

如图2-3所示，通过SWOT分析法，就可以在对组织所处的外部环境研究和对内部条件分析后制订出指导组织生存和发展方向的战略方案。

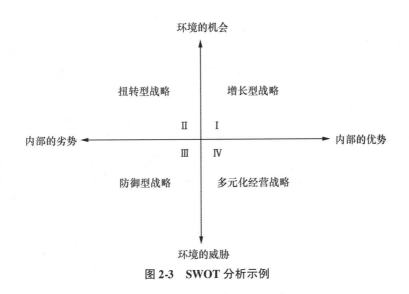

图 2-3　SWOT 分析示例

（二）经营业务组合分析法

在一个纷繁复杂、迅速变化的市场中，每一个企业都会面临这样的问题：我们是做什么的？我们将来应该做什么？我们怎样做才能做到最好？企业确定自己的经营领域，从而进一步决定自己的市场行为，这就是领域界定。领域界定对于任何企业都是十分必要的，它是企业制定战略决策目标的主要内容之一，也是企业市场定位的前提。只有先弄清楚企业是做什么的，接下来才能进一步细分市场，采用创造性的经营策略，力求在这一细分市场中尽量争得最大的一块市场，取得最大的经济绩效。领域界定的主要目的是给企业领导层做出哪些业务领域应该建立、哪些应该保留、哪些应该收缩、哪些应该放弃等决策提供依据。高层管理部门要知道哪些领域是"明日之星"，哪些领域是"明日黄花"，不能仅仅只凭主观印象，还应根据其潜在利润进行科学的分析判断。这方面的方法尤以美国波士顿咨询公司的"市场增长率—相对市场份额矩阵法"最为流行（见图 2-4）。

经营业务组合分析法运用的前提假设是，大部分区域都经营两项以上的业务，这些业务扩展、维持还是收缩，应该立足于企业全局的角度来加以确定，以便使各项经营业务能在现金需要和来源方面形成相互补充、相互促进的良性循环局面。

这种决策方法主张在确定各经营业务发展方向的时候，企业应综合考虑到该项经营业务的市场增长情况以及企业在该市场上的相对竞争地位。相对竞争地位是通过企业在该项业务经营中所拥有的市场占有率与该市场上最大的竞争对手的市场占有率的比值（即相对市场份额）来表示的，它决定了企业在该项业务经营中获得现金回笼的能力及速度。较高的市场占有率带来较大的销售量和销售利润额，从而使企业得到较多的现金流量。而该项业务的市场增长情况则反映该项业务所属市场的吸引力，它主要用该市场领域最近两年平均的销售增长率来表示，并且将平均市场占有率在 10% 以上的划定为高增长业务，在 10% 以下的则划定为低增长业务。

图 2-4 中，8 个圆圈代表某个公司 8 项业务领域的目前规模和市场定位，各个领域的规模与圆圈的面积成正比。因此，5 和 6 是两项最大的业务领域。横坐标代表该公司相

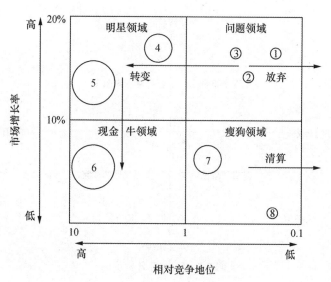

图 2-4　企业经营业务组合分析

对于最大竞争者的市场份额,10 意味着公司销售额是第二位的 10 倍,0.1 意味着公司销售额是最大竞争者的 10%;纵坐标代表市场年增长率,超过 10% 则属于高速增长。该矩阵分为四个方格,每个方格代表不同类型的业务领域:

(1) 问题领域。这一领域位于高的市场增长率和低的市场份额区域,说明公司力图进入一个已有领先者占据的高速增长的市场。这一领域需要大量的资金来开发,以提高它们的市场占有率,成为公司的"明星"。但该领域有较大风险性,需慎重选择。

(2) 明星领域。这一领域的市场份额和市场增长率都很高,具有一定的竞争优势。但由于该领域市场增长率很高,公司若一松懈,则容易让后来者居上。为了保持优势地位,也需要投入很多资金,因而这一领域并不能给公司带来丰厚的利润。但当市场增长率下降以后,它就转变成"现金牛",源源不断地为公司创造利润。所以,一家公司若没有明星领域,则缺乏上升的后劲,需密切留意。

(3) 现金牛领域。这一领域处于低的市场增长率和高的市场份额区域。由于市场增长率下降,公司不必大量投资扩展规模,同时也因为公司在该领域是市场领先者,它还享有规模经济和边际利润的优势,因而现金牛领域是公司名副其实的"摇钱树"。公司从这里获得利润来支持明星类、问题类领域及新项目的研究与开发。

(4) 瘦狗领域。这是处于低市场增长率和低市场份额区域的业务领域,在竞争中处于劣势,没有太大发展前途,公司必须考虑其存在的必要性。如果公司拥有瘦狗领域较多,应进一步收缩或淘汰。

利用经营业务组合分析法进行决策,是以"企业的目标是追求增长和利润"这一基本假设为前提的。拥有多个经营业务的企业具有这样的优势:它可以将获利较高而潜在增长率不高的经营业务所创造的利润投向那些增长率和潜在利润都很高的经营业务,从而使资金在企业内部得到最有效地利用。表 2-3 列出了不同经营业务的决策选择及相应要求。

表 2-3　不同经营业务的决策选择

业务类型	对策选择	利润率	需要投资	现金流
明　星	维持或提高市场占有率	高	高	零或略小于零
现金牛	增加市场份额	高	高	为正且大
问　题	提高市场占有率、收获或放弃	零或负 低或负	非常高 不需投资	为负且大 正数
瘦　狗	收获、放弃、清算	低或负	不需投资	正数

（三）政策指导矩阵

这种方法由荷兰皇家壳牌公司创立。这种方法用矩阵形式,根据市场前景和相对竞争地位来确定企业不同经营业务的现状和特征。市场前景由盈利能力、市场增长率、市场质量和法规限制等因素决定,分为吸引力强、吸引力中等和吸引力弱三种;相对竞争能力受到企业在市场上的地位、生产能力、产品研究和开发等因素的影响,分为强、中、弱三类。这两种标准、三个等级的组合,可把企业经营业务分成九种不同类型(见图 2-5)。

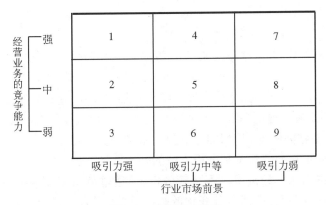

图 2-5　政策指导矩阵

根据经营业务所处的不同位置,应选择不同的活动方向。

处于区域 1 和 4 的经营业务竞争能力较强,也有足够理想的市场前景,应优先发展,保证这些经营业务所需的一切资源,以维持它们有利的市场地位。

处于区域 2 的经营业务,虽然市场前景很好,但企业未能充分利用;竞争实力已有一定基础,但还不够充分。因此,应不断强化,努力通过分配更多的资源来加强其竞争能力。

处于区域 3 的经营业务可以采取两种不同的决策。由于企业在一定时期内的资金能力有限,只能选择少数最有前途的产品加速发展,而对其余产品则逐步放弃。

位于区域 5 的经营业务一般在市场上有 2—4 个强有力的竞争对手,因此没有一个公司处于领先地位,可行的决策是分配足够的资源,使之能随着市场的发展而发展。

区域 6 和 8 的经营业务,由于市场吸引力不大,且竞争能力较弱,或虽有一定的竞争实力(标志着已为此投资并形成了一定的生产能力),但市场吸引力很小,因此应缓慢地从这些经营领域退出,收回尽可能多的资金,投入到盈利更大的经营部门。

区域7的经营业务可利用自己较强的竞争实力，去充分开发有限的市场，为其他快速发展的部门提供资金来源，但该部门本身不能继续发展。

区域9的经营业务因市场前景暗淡，企业本身实力又很小，所以应尽快放弃，抽出资金转移到更有利的经营部门。

二、有关行动方案选择的分析评价方法

确定了企业经营活动的方向和内容后，决策者还必须对组织在既定方向下从事一定活动的不同行动方案做出选择。选择无疑是在比较中产生的。比较不同方案的一个重要标准就是其执行所能带来的经济效果。由于任何方案都需要在未来的时间里实施，因此必须在制定决策的时候就事先做出尽可能准确的评价，这样才能选定未来要付诸实施的方案。现实中，不同方案取得某一水平经济效果的确定性程度是不一样的。根据这种确定性程度的差异，人们开发出了评价具有不同确定性程度的行动方案的具体决策方法。一般来讲，分析、评价和选择决策方案的方法主要有确定型、风险型和非确定型三类，这和前面我们根据决策问题的条件将决策分为确定型决策、风险型决策和不确定型决策是一致的。

（一）确定型决策的方案选择法

决策的理想状态是，无论这一决策下的备选方案有多少，每一方案都只有一种确定无疑的结果，这种具有确定性结果的决策就是确定型决策。这类决策从做出决定的角度来说并不困难，因为只要推算出各个方案的结果并加以比较，就可判断方案的优劣。

对确定型决策问题，制定决策的关键环节是计算出什么样的行动方案能产生最优的经济效果。确定型决策中经常使用的方法包括量本利分析法、投资回报率评价法和现金流量分析法等。这里只介绍量本利分析方法的基本原理。

量本利分析也叫保本分析或盈亏平衡分析，是通过分析产品成本、销售量和销售利润这三个变量之间的关系，掌握盈亏变化的临界点（保本点），从而制订出能产生最大利润的经营方案。

企业利润是销售收入扣除成本以后的剩余额。其中，销售收入是产品销售数量与销售单价的乘积，产品成本（指包括工厂成本和销售费用在内的总生产成本）包括固定成本和变动成本两部分。所谓变动成本，是指随着产量的增加或减少而相应提高或降低的费用；固定成本则是指在一定时期、一定范围内不随产量增减而变化的费用。当然，"固定"与"变动"只是相对的概念。从长期来说，由于企业的生产经营能力和规模是不断变化的，一切费用都是变动的。因此，这里应该说明的是，量本利分析法中所指的固定成本都只是从短期和费用总额的角度来理解。而如果从单位产品成本角度来看，单位变动成本则是相对固定的，在一段时间内不会因产量大小而变化；相反，单位固定成本则会随着产品数量的增加而呈递减趋势。图2-6描述了特定时期企业利润、销售收入、生产成本和产品销售数量间的线性变化关系。

任何企业要能生存发展下去，基本的前提是生产经营过程中的各种消耗均能从销售收入中得到补偿，即销售收入至少要等于生产成本。为达到"保本"，企业的生产经营必须达到足够大的规模。为此，需要确定企业的保本产量和保本收入水平，也即在价格、固

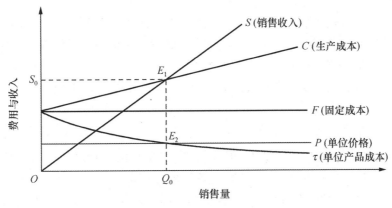

图 2-6　量本利关系

定成本和变动成本已定的条件下,企业至少应生产多少数量的产品才能使总收入与总成本持平;或者在产量、价格和费用已定的情况下,企业至少应取得多少销售收入才足以补偿生产经营中的费用。

有两种方法可以帮助管理者确定企业的保本收入和保本产量水平:

1. 图上作业法

图上作业法就是根据已知的成本和价格资料,绘制如图 2-6 所示的量本利关系图,图中总收入曲线 S 和总成本曲线 C 的相交点 E_1,或单位成本曲线 τ 与单位价格曲线 P 的交点 E_2,即表示企业经营的盈亏平衡点,与 E_1、E_2 相对应的产量 Q_0 就是保本产量,与 E_1 相对应的销售收入 S_0 则为保本收入。

2. 公式计算法

公式计算法就是利用数学公式来计算保本产量和保本收入,也即根据前面分析的量、本、利变量间的关系,有以下公式:

　　　　销售收入 = 产量 × 单价

　　　　生产成本 = 固定成本 + 变动成本 = 固定成本 + 产量 × 单位变动成本

据此,可以求出用相应的符号表示的盈亏平衡点,计算公式为:

$$Q_0 \times P = F + Q_0 \times C_V \tag{2-1}$$

式(2-1)中,C_V 是单位变动成本,整理式(2-1),可得出:

$$Q_0 = \frac{F}{P - C_V} \tag{2-2}$$

式(2-2)即为计算保本产量的基本公式。由于保本收入等于保本产量与销售价格的乘积,因此,式(2-2)的两边同时乘以 P,即可得到计算保本收入的基本公式为:

$$Q_0 \times P = \frac{F}{P - C_V} \times P \tag{2-3}$$

整理式(2-3),可得:

$$S_0 = \frac{F}{1 - \dfrac{C_V}{P}} \tag{2-4}$$

式(2-2)中的$(P - C_v)$表示企业生产每单位产品所得到的销售收入扣除变动成本后的剩余，叫作边际贡献；式(2-4)中的$(1 - C_v/P)$表示单位销售收入可以帮助企业吸收固定成本和/或实现企业利润的系数，称为边际贡献率。如果边际贡献或边际贡献率大于零，则表示企业生产这种产品除了可以收回变动成本，还有一部分收入可以补偿已支付的固定成本。因此，产品单价即使可能低于成本，但只要大于变动成本，企业生产该产品仍是有好处的。

（二）风险型决策的方案选择法

风险型决策是指方案实施可能会出现几种不同的情况（自然状态），每种情况下的后果（即效益）是可以确定的，但是不可确定的是最终将出现哪一种情况，犹如天气有晴、雨、阴等几种状态，哪种状态将最终出现，谁也无法事先做出肯定的判断，所以就面临决策的不确定性。不过，如果人们基于历史的数据或以前的经验可以推断出各种自然状态出现的可能性（即概率），那么这种决策就成为风险型决策。在风险型决策下，人们计算出的各种方案在未来的经济效果只能是考虑到各种自然状态出现的概率的期望收益，该数值与这一方案在未来的实际收益值并不会相等。因此，据此选定决策方案就会有风险。

风险型决策的方案评价方法有很多，我们这里主要介绍决策树法和决策表法两种计算法。

1. 决策树法

决策树法是一种以树形图来辅助进行各方案期望收益的计算和比较的决策方法。决策树的基本形状如图2-7所示。

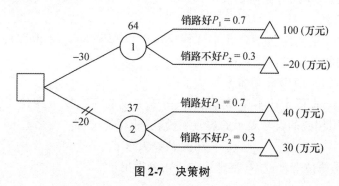

图2-7　决策树

举个简单的例子（这里不考虑货币的时间价值）。某公司为满足市场对某种新产品的需求，拟规划建设新厂。预计市场对这种新产品的需求量比较大，但也存在销路差的可能性。公司有两种可行的扩大生产规模的方案：一个是新建一个大厂，预计需投资30万元，销路好时可获利100万元，销路不好时亏损20万元；另一个是新建一个小厂，需投资20万元，销路好时可获利40万元，销路不好时仍可获利30万元。假设市场预测结果显示，此种新产品销路好的概率为0.7，销路不好的概率是0.3。根据这些情况，下面用决策树法说明如何选择最佳方案。

在图2-7中，方框表示决策点，由决策点引出的若干条一级树枝叫作方案枝，它表示该项决策中可供选择的几种备选方案，分别以带有编号的圆形结点①、②等来表示；由各圆形节点进一步向右边引出的枝条称为方案的状态枝,每一状态出现的概率可标在每条直线的上方,直线的右端可标出该状态下方案执行所带来的损益值。

用决策树法比较和评价不同方案的经济效果,需要进行以下几个步骤的工作:

(1) 根据决策备选方案的数目和对未来环境状态的了解,绘出决策树图形。

(2) 计算出各个方案的期望收益值,首先是计算方案各状态枝的期望值,即使用方案在各种自然状态下的损益值去分别乘以各种自然状态出现的概率(P_1, P_2);然后将各种状态枝的期望收益值累加,求出每个方案的期望收益值(可将该数值标记在相应方案的圆形节点上方)。在上例中:

第一方案的期望收益值 = $100 \times 0.7 + (-20) \times 0.3 = 64$(万元)

第二方案的期望收益值 = $40 \times 0.7 + 30 \times 0.3 = 37$(万元)

(3) 用每个方案的期望收益值减去该方案实施所需要的投资额(该数额标记在相应的方案枝下方),比较余值后就可以选出经济效果最佳的方案。在上例中,第一方案预期的净收益 = $64 - 30 = 34$(万元);第二方案预期的净收益 = $37 - 20 = 17$(万元)。比较两者,可以看出应选择第一方案(在决策树图中,未被选中的方案是以被"剪断"($/\!/$)的符号表示)。

2. 决策表法

决策表法实际上与决策树法原理相似,只是表示的方式有所不同。仍以前例来说明,其决策表如表 2-4 所示。

表 2-4　决策表　　　　　　　　　　　　　　　　　　　　(单位:万元)

方案自然状态		损益值	概率	期望收益值	投资额	净收益
方案一	销路好	100	0.7	64	30	34
	销路不好	-20	0.3			
方案二	销路好	40	0.7	37	20	17
	销路不好	30	0.3			

以上介绍的对风险型决策方案的评价主要是考虑方案的收益情况,但忽略了各种方案潜在的风险。实际上,风险型决策方案的选择并不能纯粹看期望收益值的大小,还必须同时兼顾方案的风险度,即各种状态下的收益值和期望收益值的偏离程度。在预期收益值相当的情况下,预期收益偏离程度越小,也即风险度越低的方案,应该越是可取的。

(三) 非确定型决策的方案选择法

非确定型决策是指方案实施可能会出现的自然状态或者对所带来的后果不能做出预计的决策。在这类决策中,最不确定的情况是连方案实施可能产生的后果都无法估计,这样的决策就非常难以决定。稍微容易些的是方案实施的后果可以估计,即可确定出方案在未来可能出现的各种自然状态及其相应的收益情况,但对各种自然状态在未来发生的概率却无法做出判断,从而无法估算期望收益。在这种情况下,就只能由决策者根据主观选择的一些原则来比较不同方案的经济效果并选择相对收益最好的方案。根据决策者个性的不同,其偏好的决策原则可能很不一样。下面以 A、B 两企业间的竞争为例,介绍非确定型决策的四种典型方案选择原则。

假设 A 企业为经营某产品制定了四种可行的策略,分别是 A1、A2、A3、A4。在该产品目标市场上,有一个主要竞争对手——B 企业,它可能采取的竞争性行动有 B1、B2、B3三种。A 企业没有指导自己确定四种策略成功概率的经验,但知道在 B 企业采取特定反击策略时自己的收益(如表 2-5 左半部分所示)。

表 2-5　A 企业在竞争对手三种不同反击策略下的收益状态及方案选择

B 企业可能的反应 A 企业的策略	B1	B2	B3	乐观原则 (X)	悲观原则 (Y)	折中原则 ($\alpha X + \beta Y$)
A1	13	14	11	14	11	
A2	9	15	18	18	9	
A3	24	21	15	24	15	
A4	18	14	28	28	14	
相对收益最大值				28	15	
选取的方案				方案四	方案三	

那么,A 企业应该采取什么样的策略最好? 这实际上取决于其决策者的择案标准。理论上说,择案标准或方案选择原则有以下四种:

(1) 乐观原则,又称"大中取大"法,或者"好中求好"法。如果决策者是乐观者,认为未来总会出现最好的自然状态,那么他对方案的比较和选择就会倾向于选取那个在最好状态下能带来最大效果的方案。如表 2-5 所示,乐观者在决策时是根据每个方案在未来可能取得的最大收益值,也就是方案在最有利的自然状态下的收益值来进行比较,从中选出能带来最大收益的方案四作为决策实施方案。

(2) 悲观原则。与乐观原则正好相反,悲观的决策者认为未来会出现最差的自然状态,因而为避免风险起见,决策时只能以各方案的最小收益值进行比较,从中选取相对收益为大的方案。所以,依据悲观原则进行的决策也叫作"小中取大"法,或称为"坏中求好"法。以表 2-5 的例子来看,悲观者在决策时首先会试图找出各方案在各种自然状态下的最小收益值,即与最差自然状态相应的收益值,然后进行比较,选择在最差自然状态下仍能带来"最大收益"(或最小损失)的方案作为拟付诸实施的决策方案。本例中,按悲观原则所选取的方案是方案三。

(3) 折中原则。折中观点的决策者认为要在乐观与悲观两种极端中求得平衡,也即决策时既不能把未来想象得非常光明,也不能将之看得过于黑暗。最好和最差的自然状态均有出现的可能。因此,可以根据决策者个人的估计,给最好的自然状态定一个乐观系数(α),给最差的自然状态定一个悲观系数(β),并且两者之和等于 1($\alpha + \beta = 1$);然后,将各方案在最好自然状态下的收益值和乐观系数相乘所得的积,与各方案在最差自然状态下的收益值和悲观系数的乘积相加,由此求得各方案的期望收益值。经过对该值的比较,从中选出期望收益值最大的方案。

(4) "最大后悔值"最小化原则。这是考虑到决策者在选定某一方案并组织实施后,如果在未来实际遇到的自然状态并不与决策时的判断相吻合,这就意味着当初如果选取其他的方案反而会使企业得到更好的收益,这无形中表明这次决策存在一种机会损失,它构成了决策的"遗憾值",或称"后悔值"。这里,"后悔"的意思是选择了一种方案,实际上就放弃了其他方案可能增加的收益,所以决策者将为此而感到后悔。"最大后悔值"最小化决策原则就是一种力求使每一种方案选择的最大后悔值达到尽量小的决策方法。根据这个原则,决策时应先计算出各方案在各种自然状态下的后悔值,即用某种自然状态下各方案中的最大收益值减去该种自然状态下各方案的收益值,所得的差值就表示如果实际出现该种状态将会造成多少的遗憾,然后从每个方案在各种状态下的后悔值中找出最大的后悔值,据此对不同方案进行比较,选择最大后悔值最小的方案作为最满意的决策方案,如表 2-6 所示。

表 2-6　最大后悔值最小化决策方法

A 企业的策略 ＼ B 企业的可能反应	B1	B2	B3	后悔值			最大后悔值
				24-B1	21-B2	28-B3	
A1	13	14	11	11	7	17	17
A2	9	15	18	15	6	10	15
A3	24	21	15	0	0	13	13
A4	18	14	28	6	7	0	7
相对收益最大值	24	21	28				
最大后悔值中的最小值							7
选取的决策方案							方案四

综上所述,对于不确定类型的决策,包括风险型决策和非确定型决策,决策者本身对决策所依据的原则或准则的选择,将最终影响其对决策方案的选择。据此,可以肯定地说,在具有不确定性的情形下,决策实际上很难达到真正的"最优化",因为所谓理想的方案只不过是按照决策者事先选定的原则来选择的相对满意的方案。

第三节　计划的本质和程序

任何管理人员都必须制订计划。那计划到底是什么？简单地说,计划是对未来行动的预先安排,是一种针对未来的筹谋、规划、谋划、策划、企划等。古人所说的"运筹帷幄",就是对计划职能的最形象的概括。管理者必须有能力预测今后可能发生的事情。除了少数常规活动外,任何组织和管理活动都需要计划。计划工作的内容包括对组织活动环境的分析与预测,组织活动方向、内容和方式的选择和决策,以及将决策加以落实的具体计划方案的编制等有机联系的环节。对美国 500 家大型企业组织的调查表明,它们当中有 94% 进行长期计划。因此,计划通常被称为首要的管理职能,它为管理者实施组织、领导和控制职能时所进行的所有其他工作奠定了基础。

一、计划与决策的概念辨析

有关计划的含义可从多种关于计划的定义中得到理解。

"计划是一种普遍的和连续的执行功能，它包括复杂的领悟、分析、理性思考、沟通、决策和执行的过程。"

阿考夫把计划定义为"对所追求的目标及实现该目标的有效途径进行设计"。这个定义阐明了计划的重要方面，即执行行动方案的有效性。

多数定义认为，计划是预先制订的行动方案。这种定义的基本要素有：目标、行动、认知及因果关系、实现计划的组织或个人。计划制订者面临着一种挑战，这种挑战就是如何应付未来及其不确定性。计划制订者要展望未来并预测他认为将会发生的事情，即预测明天、下周、下月甚至明年将会发生的事情，以使他的计划与这种状况相适应。因此，计划是为未来制订的。

摩尔认为，计划就是为我们所做的事情制定规则，避免迷惑与匆忙行事，充分利用资源并且减小浪费。计划是控制的基础。

计划是一个连续的行为过程，因为只要组织还存在，这个过程就会一直进行下去。管理者不应停止计划。由于环境条件有变化，原有计划或者被更新和修改，或者被新计划所替代。当一种状态要求一整套全新的目标时，新的计划就会代替原有的计划。因此，计划一直处于变动或修改阶段，但并不是被取消。

计划是通向目标的桥梁，计划使将来可能不发生的事情变得可能发生。尽管我们很少能够准确地预测未来，完美的计划也会受到不可控因素的干扰，但我们仍需进行计划，否则我们只能顺其自然地任事态发展。计划是一个利用智慧的过程，它要求我们必须有意识地决定行动方案。

在实践中，我们运用计划和决策这两个词时，通常混淆不清。事实上，计划与决策是两个既相互区别又相互联系的概念。它们相互区别的原因是这两项工作解决的问题不同。决策是关于组织活动方向、内容以及方式的选择。我们是从"管理的首要工作"这个意义来把握决策的内涵的。任何组织，在任何时期，为了表现其社会存在，必须从事某种为社会所需的活动。在从事这项活动之前，组织必须首先对活动的方向、内容和方式进行选择即进行决策；而计划则是对企业内部不同部门和成员在该一定时期内具体任务的安排，它详细规定了不同部门和成员在一定时期内从事活动的具体内容和要求。

此外，计划与决策又是相互联系的，这是因为：① 决策是计划的前提，计划是决策的逻辑延续。决策为计划的任务安排提供了依据，计划则为决策所选择的目标活动的实施提供了组织保证；② 在实际工作中，决策与计划相互渗透，有时甚至是不可分割地交织在一起的。一方面，在决策制定过程中，不论是对内部能力优势或劣势的分析，还是在方案选择时关于各方案执行效果或要求的评价，实际上都已经开始孕育着决策的实施计划；另一方面，计划的编制过程，既是决策的组织落实过程，也是决策的更为详细的检查和修订过程。无法落实的决策，或者说决策选择活动中某些任务的无法安排，必然导致该决策一定程度的调整。

二、计划的类型

由于人类活动的复杂性与多元性，计划的种类也变得十分复杂和多样。人们根据不同的背景、不同的需要编制出各种各样的计划。表2-7列出了按不同方法分类的计划类型。

表 2-7 计划的类型

分类原则	计划种类
按计划制订者的层次划分	战略性计划
	战术性计划
	作业计划
按计划的时间界限划分	长期计划
	中期计划
	短期计划
按计划的职能标准划分	业务计划
	财务计划
	人事计划
按计划的范围划分	政策
	程序
	规则
按计划的约束力划分	指令性计划
	指导性计划

（一）战略性计划、战术性计划与作业计划

应用于整体组织的、为组织设立总体目标和寻求组织在环境中的地位的计划,称为战略性计划。战略性计划是对组织全部活动所做的战略安排,通常具有长远性、单值性和较大的弹性,需要通盘考虑各种确定性与不确定性的情况,应谨慎制订来指导组织的全面活动。战术性计划一般是一种局部性的、阶段性的计划,多用于指导组织内部某些部门的共同行动,以完成某些具体的任务,实现某些具体的阶段性目标。作业计划则是给定部门或个人的具体行动计划。作业计划通常具有个体性、可重复性和较大的刚性,一般情况下是必须执行的命令性计划。

战略性计划与作业计划在时间框架上、范围上和是否包含已知的一套组织目标方面是不同的。战略性计划趋向于包含持久的时间间隔,通常为 5 年甚至更长,它们覆盖较宽的领域,不规定具体的细节。此外,战略性计划的一个重要任务是设立目标。而作业计划趋向于覆盖较短的时间间隔,如月计划、周计划、日计划就属于作业计划,同时作业计划假定目标已经存在,只是提供实现目标的方法。

战略性计划、战术性计划和作业计划,强调的是组织纵向层次的指导和衔接。具体来说,战略性计划往往由高层管理人员负责,战术性计划和作业计划往往由中、基层管理人员甚至是具体作业人员负责,战略性计划对战术性计划和作业计划具有指导作用,而战术性计划和作业计划的实施能够确保战略性计划的实施。

（二）长期计划、中期计划与短期计划

计划可以按照时间期限的长短分成长期计划、中期计划和短期计划。现有的习惯做法是将 1 年及其以内的计划称为短期计划,1 年以上到 5 年以内的计划称为中期计划,5 年以上的计划称为长期计划。但是对一些环境变化很快、本身节奏很快的组织活动,其计划分类也可能一年计划就是长期计划,季度计划就是中期计划,月计划则是短期计划。

在这三种计划中，通常长期计划主要是方向性和长远性的计划，它主要回答的是组织的长远目标与发展方向以及大政方针问题，通常以工作纲领的形式出现。中期计划是根据长远计划制订的，它比长期计划要详细具体，是考虑了组织内部与外部的条件与环境变化情况后制订的可执行计划。短期计划则比中期计划更加详细具体，是指导组织具体活动的行动计划，一般是中期计划的分解与落实。

（三）业务计划、财务计划与人事计划

根据职能标准来分类，可以将计划分成业务计划、财务计划以及人事计划。组织是通过从事一定专业活动立身于社会的，业务计划是组织的主要计划。长期业务计划主要涉及业务方面的调整或业务规模的发展，短期业务计划则主要涉及业务活动的具体安排。比如，作为经济组织，企业业务计划包括产品开发、生产作业以及销售促进等内容。长期产品计划主要涉及产品新品种的开发，短期产品计划则主要与现有品种的结构改进、功能完善有关；长期生产计划安排了企业生产规模的扩张及实施步骤，短期生产计划则主要涉及不同车间、班组的季、月、旬乃至周的作业进度安排；长期营销计划关系到推销方式或销售渠道的选择与建立，而短期营销计划则是对现有营销手段和网络的充分利用。

财务计划与人事计划是为业务计划服务的，也是围绕着业务计划而展开的。财务计划研究如何从资金（本）的提供和利用上促进业务活动的有效进行，人事计划则分析如何为业务规模的维持或扩展提供人力资源的保证。比如，长期财务计划要决定为了满足业务规模发展、资金（本）增大的需要，如何建立新的融资渠道或选择不同的融资方式，而短期财务计划则研究如何保证资金的供应或如何监督这些资金的利用效果；长期人事计划要研究为了保证组织的发展、提高成员的素质，如何准备必要的干部力量，短期人事计划则要研究如何将具备不同素质和特点的组织成员安排在不同的岗位上，使他们的能力和积极性得到充分的发挥。

（四）政策、程序和规则

政策、程序、规则构成了常用计划，顾名思义，就是可以在多次行动中得到重复使用的计划。

政策本质上是一种计划。作为一种计划形式，政策是组织对成员做出决策或处理问题所应遵循的行动方针的一般规定。政策不要求采取行动，而是用来指导决策和行动。政策与战略虽然经常混同使用，但两者是有明显区别的：战略给出了组织决策和行动的方向、目标和资源分配方案，政策则指导组织成员如何决策和行动。如某企业制定的一项人事方面的战略是"在5年内大大提高职工的素质"，相应的一项人事政策是"在今后5年中仅招收学有专长的职工"。政策要规定范围或界限，但制定政策本身的目的不是要约束有关人员的行为，而是鼓励有关人员在规定范围内自由地处置问题。政策是供组织的各级管理人员在决策或处理问题时指导其行动的一种说明。政策可以保证类似情景出现时处置问题的高效率，也可以保证处置的结果具有很大程度上的可预知性、透明性、可控性。作为明文规定的政策，通常被列入计划之中，成为人们思考和行动的指南。政策具有稳定性，一经制定，就要持续到新的政策出台为止。由于政策规定了统一的决策与行动框架,因此一旦形成了政策,上级主管人员便可以下放权力,而与此同时仍然可以对他们的下属工作人员所做的事情保持检查和监督,即检查是否在政策的范围内行动。所以,在通常情况下,将政策明确表述出来就非常有必要。

程序也是一种计划,它规定了一个具体问题应该按照怎样的时间顺序来进行处理。程序是处理未来活动的一种必须遵循的标准操作方法。程序与政策的不同之处在于它是具体的行动指南。程序必须详细列出完成某种活动的切实方式和过程。程序对各项必须开展的活动按时间顺序进行排列,因此,程序实际上就是用来指导行动的一系列工作步骤。这些工作步骤是经过实践检验出来的,是能够保证高效率并收到好效果的。一旦某一程序不能满足效率或效果的标准,程序就有必要进行修改。借助于程序,组织就可以对那些重复发生的常规或例行性问题规定标准操作方法,以此规范有关人员的行为。程序的目的是提高效率,保证效果,同时保证相关行为与结果透明与可控,并且是授权的一项重要辅助工具。通过制订程序,可以减轻各级主管人员的决策负担,明确组织中各个岗位在各个时期的工作职责和相互关系。由于程序通常是一种经过事先设计论证和事实检验修正的优化了的工作安排说明,这样,程序的制定和使用会对组织中大量的日常工作起到规范化的作用。组织中每个部门都有程序,并且在基层中程序更加具体化、数量更多。一个组织中的程序不能脱离组织的运营和流程,程序一旦确定,就是标准的操作,没有任何人例外。同样事情按照不同方式处理,就不是程序了,极可能出现任意、随意和不受控制的行为,对于组织目标的实现会造成很大的损害。

任何程序都有一个修订过程,但在程序没有修订之前,任何人在同样的事情上都必须按照组织内的原有程序进行。低效率的程序只能是官僚式的僵化办事流程,本质上和程序是不同的,只是形式上相同。程序的本质是经过设计论证和事实验证的,保证效率和效果的,是处理问题的标准顺序和步骤。僵化的办事流程不能保证效率与效果,也经不起事实的验证。

规则就是执行程序中的每一个步骤时所应遵循的原则和规章。规则是对具体场合和具体条件下,允许或不允许采取某种特定行动的规定。例如,"公共场所禁止吸烟"就是规则。规则和政策的区别是:规则不留有任何的灵活处理空间,政策则保留一定的自由度。规则对组织成员具有强大的约束力。一旦失去约束力,规则将成一纸空文。

政策、程序、规则制定出来后,要责令有关人员遵照执行,以保持其应有的严肃性。但另一方面,现实情况又是不断变化的,任何规定在执行中都有可能出现过时或不适应新情况的问题,所以,适时的修正是必需的。因此,组织在制定常用计划时,必须规定这些计划所适用的范围及需要提出修正的具体条件,以妥善处理计划的灵活性和稳定性的关系。如果政策、程序、规则不具有严肃性,则无法有效实现组织目标,也是无法有效授权的。政策、程序、规则不是由哪个人或哪些人规定的,是由组织运行过程中建立起来的。它们也不是一部分人统治另一部分的工具,而是为了保证组织目标的有效性实现。

(五)指令性计划与指导性计划

计划按照其对执行者的约束力大小,可分为指令性计划和指导性计划两大类。其中指令性计划一般是由上级主管部门向下级下达的具有严格约束力的计划。指令性计划一经下达,计划的执行者就必须遵照计划开展活动,并且要尽一切努力去完成计划。指导性计划可以是上级主管部门下达的,也可以是同级部门编制的,它对于计划执行者不具有严格的约束力,是一种参考性的计划。对于这种计划,计划执行部门可以根据本部门的具体情况,决定是执行计划还是需要对计划进行必要的修改,这样实际上计划执行者就是在指导性计划的指导下开展本部门的活动。

三、影响计划有效性的权变因素

计划的有效性会受到三种权变因素的影响。

（一）组织层次

图 2-8 表明了组织的管理层次与计划及决策类型之间的一般关系。在大多数情况下,基层管理者的计划活动主要是制订作业计划,当管理者在组织中的等级上升时,他的计划角色就更具有战略导向性。对于大型组织的最高管理者,他的计划任务基本上都是战略性的。而在小企业中,所有者兼管理者的计划角色兼有战略和作业两方面的性质。

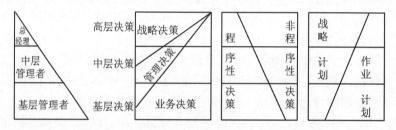

图 2-8　组织的管理层次与计划及决策类型的关系

（二）组织的生命周期

组织都要经历一个生命周期,开始于形成阶段,然后是成长、成熟,最后是衰退。在组织生命周期的各个阶段,计划的类型并非都具有相同的性质,计划的时间长度和明确性应当在不同的阶段有相应的调整。在组织的幼年期,管理者应当更多地依赖指导性计划,因为处于这一阶段要求组织具有很高的灵活性。在这个阶段,目标是尝试性的,资源的获取具有不确定性,辨认目标顾客很难,而指导性计划使管理者可以随时按需要进行调整。在成长阶段,随着目标更确定、资源更容易获取和顾客忠诚度的提高,计划也更具有明确性,因此管理者应当制订短期的、更具体的计划。当组织进入成熟期这一相对稳定的时期,可预见性最大,从而也最适于长期的具体计划。当组织从成熟期进入衰退期时,计划也从具体性转入指导性,这时目标要重新考虑,资源要重新分配,管理者应制订短期的、更具指导性的计划。

（三）环境的不确定性程度

环境的不确定性程度越大,计划越应当是指导性的,计划期限也应越短。

如果正在发生迅速和重要的技术、社会、经济、法律和其他变化,那么精确制订的计划反而会成为组织取得绩效的障碍。此时,环境变化越大,计划就越不需要精确,管理就越应当具有灵活性。

总之,在不断变化的世界中,计划必须是灵活的。因为,在不断变化的世界中,环境变得更具有动态性和不确定性,所以不可能准确地预测未来。因此,管理良好的组织很少在非常详细的、定量化的计划上花费时间,而是开发面向未来的多种方案,但这并不等于说计划是不重要的。下面我们将解释计划的作用以说明计划的必要性和重要性。

四、计划的作用

计划是所有管理者都需要做的事情。具体地说,计划的作用可以归纳为以下四个方面:

(1)计划是管理者指挥的依据。管理者在计划制订之后工作并没有结束,他们还要根据计划进行指挥。他们要分派任务,要根据任务确定下级的权力和责任,要促使组织中的全体人员的活动方向趋于一致而形成一种复合的、巨大的组织行为,以保证达到计划所设定的目标。为了保证不同成员在不同时空的活动能提供组织所需的贡献,他们所从事的活动必须相互协调地进行。为此,必须进行科学的分工。计划的编制将组织的目标活动在时间和空间上进行详细的分解,从而为科学分工提供了依据。管理者正是基于计划来进行有效的指挥的。

(2)计划是降低不确定性、掌握主动的手段。将来的情况是变化的,特别是当今世界正处于一个剧烈变化的时代中,社会在变革,技术在变革,人们的价值观念也在不断变化。计划是预期这种变化并设法消除变化对组织造成不良影响的一种有效手段。未来可能会出现资源价格的变化,新的产品和服务由竞争者推出,国家对企业的政策、方针可能变化,顾客的意愿和消费观念也会变化。如果没有预先估计到这些变化,就可能导致组织的失败。计划是针对未来的,这就使计划制订者不得不对将来的变化进行预测,根据过去的和现在的信息来推测将来可能出现哪种变化,这些变化将对达成组织目标产生何种影响,在变化确实发生的时候应该采取什么对策,并制订出一系列的备选方案。一旦出现变化,就可以及时采取措施,不至于无所适从。实际中,有些变化是无法事先预知的,而且随着计划期的延长,这种不确定性也就相应增大,但通过计划工作,进行科学的预测可以把将来的风险减小到最低程度。

(3)计划是减少浪费、提高效益的方法。计划工作的一项重要任务就是使未来的组织活动均衡发展。预先对此进行认真的研究,能够消除不必要活动所带来的浪费,能够避免在今后的活动中由于缺乏依据而进行轻率判断所造成的损失。计划工作要对各种方案进行技术分析,选择最适当的、最有效的方案来达到组织目标。此外,由于有了计划,组织中成员的努力将合成一种组织效应,这将大大提高工作效率从而带来经济效益。计划工作还有助于用最短的时间完成工作,减少迟滞和等待时间,减少盲目性所造成的浪费,促使各项工作能够均衡稳定地发展。计划将组织活动在时空进行分解来对现有资源的使用进行合理的分配,通过规定组织的不同部门在不同时间应从事何种活动、告诉人们何地需要多少数量的何种资源,从而为组织资源筹集和供应提供依据,使组织的可用资源充分发挥作用,并降低成本。

(4)计划是管理者进行控制的标准。计划工作包括建立目标和一些指标,这些目标和指标将被用来进行控制。也许这些目标和指标不能直接在控制职能中使用,但它们提供了一种标准,控制的所有标准几乎都源于计划。计划职能与控制职能具有不可分离的联系。计划的实施需要控制活动给予保证。在控制活动中发现的偏差，又可能使管理者修订计划，建立新目标。因此，计划是控制的基础，它为有效控制提供了标准和尺度。没有计划，控制工作也就不存在。

组织成功与否在于是否运用计划。如果一个组织将计划工作放在首位，那么工作将得到有效的协调且能够按时完成，员工的努力就会避免重复或者将重复率降到最低，部门之间可以实现有效的合作与协调，员工的技能与潜力得到充分的运用，成本得到控制，最终将提高工作质量。

计划是连接我们现在与将来的桥梁。计划使将来可能不发生的事情变得可能发生。计划是一个智慧的过程，拟订可供选择的方案并根据目标和事实做出决策。"三思而后行"就是这个道理。如果我们没有事先的考虑，那么就很难避免犯错误。总的说来，计划就是预测未来，是未来行动的具体化，并决定未来的行动方案，以达到既定的目标。

五、计划工作的程序

计划不是一次性的活动，而是无限的过程。随着条件的改变、目标的更新以及新方法的出现，计划过程一直在进行。因为企业经营的环境持续变化，所以需要对计划进行更新和修改。计划编制过程中必须采取科学的方法。完整的计划工作程序如图2-9所示。

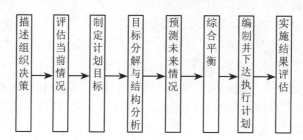

图 2-9　计划工作的一般程序

（一）描述、理解、沟通组织的使命和宗旨

计划工作过程起源于组织的使命和宗旨。这里存在两种情况：一是组织并不存在明确的使命和宗旨，界定并描述组织的使命和宗旨便成为计划工作的重要内容，新创办的组织和处于重大变革时期的组织往往属于这种情况；二是存在明确的组织使命和宗旨，需要正确地理解组织的使命和宗旨，并将其贯彻到计划的制订与实施工作中。在正确理解组织的使命和宗旨的基础上，还要把组织的使命和宗旨传播给组织成员及各种各样的相关利益群体，让参与计划制订与实施工作的有关人员了解并接受组织的使命和宗旨，这将十分有利于计划的快速实施。例如，顺丰公司的使命是"成为最值得信赖的、基于物流的商业伙伴"。顺丰为使员工正确理解使命，又将使命详细地阐述为以下的 10 个原则：

（1）顺丰是成就客户的商业伙伴。

（2）顺丰存在的意义，是为了成就客户。

（3）我们的员工成为客户团队的一分子，共同面对消费者，将客户的问题视为自己的问题。

（4）成为客户的大脑，规划并提供专业、完善的综合性解决方案。

（5）成为客户的手脚，高效完成价值链中的每一次交付。

（6）因为顺丰，企业可以专注自己所长——无论设计、生产制造还是营销。

（7）我们帮助客户的商品在产业链中顺畅流通，使其资金灵活运用。

（8）将商品送达每一个消费者手中。

（9）因为顺丰，人们可以更便利地生活，不管在都市还是在农村。

（10）无处不在，传递人们的托付，以快速、新鲜和高品质，不负期待。

（二）评估组织的当前状况

计划工作的一个重要的工作环节是对组织的当前状况做出评估，这是制订和实施计划工作方案的前提。当前状况的评估工作要对组织自身的优势和劣势、外部环境的机会和威胁进行综合分析，即 SWOT 分析。

企业内部的优势和劣势是相对于竞争对手而言的，一般表现在企业的资金、技术设备、职工素质、产品、市场、管理技能等方面。判断企业内部的优势和劣势一般有两项标准：一是单项的优势和劣势。例如，企业资金雄厚，则在资金上占优势；市场占有率低，则在市场上占劣势。二是综合的优势和劣势。企业外部的机会是指环境中对企业有利的因素，如政府支持、高新技术的应用、良好的购买者和供应者关系等。企业外部的威胁是指环境中对企业不利的因素，如新竞争对手的出现、市场增长率缓慢、购买者和供应者讨价还价增强、技术老化等。这是影响企业当前竞争地位或未来竞争地位的主要障碍。例如，图 2-10 就是顺丰的 SWOT 分析示例。

（三）制订计划目标

计划工作的第三步是为整个企业及其所属的下级单位确定计划工作目标，包括长期目标和短期目标。目标设定预期结果，指明要达到的终点和主要重点。目标对于组织来讲至关重要，因为所有的努力和活动都是为了实现目标。目标有许多作用，它指明了组织进展的方向，作为行为的标准与实际行动进行比较，因此它也是控制过程的一个重要方面。目标决定了在既定环境中组织应当扮演的角色。由于目标的存在，可以很好地协调组织成员的努力和活动。通过为组织成员制定目标可以保持高度的积极性，促使他们去实现这些目标。

（四）目标分解与结构分析

目标或任务的分解是将决策确定的组织总目标分解落实到各个部门、各个活动环节，将长期目标分解为各个阶段的分目标。通过分解，确定组织的各个部分在未来各个时期的具体任务以及完成这些任务应达到的具体要求。分解的结果是形成组织的目标结构，包括目标的时间结构和空间结构。正如我们将在本章第四节介绍的滚动计划法。目标结构描述了组织中较高层次目标（如总体目标与长期目标）与较低层次目标（如部门、环节、个人与各阶段目标）相互间的指导与保证关系。

目标结构的分析是研究较低层次目标对较高层次目标的保证能否落实，即分析组织在各个时期的具体目标能否实现，从而能否保证长期目标的达成；组织的各个部分的具

管理学教程(第五版)

96

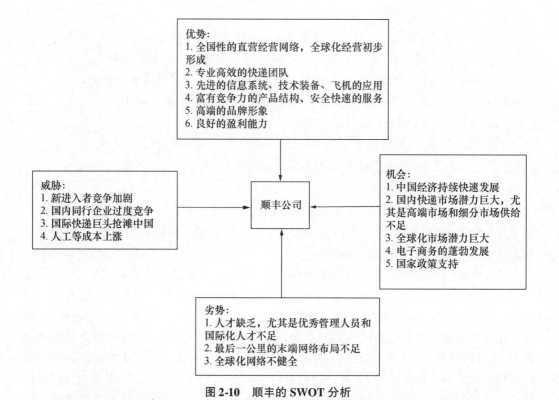

图 2-10　顺丰的 SWOT 分析

体目标能否实现,从而能否保证整体目标的达成。如果较低层次的某个具体目标不能充分实现,则应考虑能否采取有关补救措施,否则就应调整较高层次的目标要求,有时甚至可能导致有关决策的重新修订。

(五) 预测未来情况

在计划的实施过程中,组织内外部环境都可能发生变化。如果能够及时预测内外部环境的可能变化,对制订和实施计划来说将十分有利。所以,计划工作人员应设法预见计划在未来实施时所处的环境,对影响既定计划实施的各种环境要素进行预测。然后,在此基础上,设计可行的计划方案。

所谓预测,就是根据过去和现在的资料,运用各种方法和技术,对影响组织工作活动的未来环境做出正确的估计和判断。预测有两种,一种预测是计划工作的前提,比如对未来经营条件、销售量和环境变化所进行的预测,这是制订计划的依据和先决条件;另一种预测是从既定的现行计划发展而来的对将来的期望,如对一项新投资所做的关于支出和收入的预测,这是对计划工作结果的预计。

预测的方法是多种多样的。概括地讲,可归纳为两大类:一是定性预测方法,主要靠人的经验和分析判断能力进行预测,如德尔菲法;二是定量预测方法,就是根据已有的数据和资料,通过数学计算和运用经济模型进行预测,如时间序列分析、回归分析等。这些方法往往具有较强的专业技术特征,每一种方法都需要各自的情况、资料和数据。而且各种方法的复杂程度不同,应用条件和范围也不尽相同,所以应当有选择地加以运用。

（六）综合平衡

综合平衡首先是分析由目标结构决定的或与目标结构对应的组织各部分在各时期的任务是否相互衔接和协调,因此包括任务的时间平衡和空间平衡。时间平衡是要分析组织在各时期的任务是否相互衔接,从而能否保证组织活动顺利地进行;空间平衡则要研究组织各个部分的任务是否保持相应的比例关系,从而能否保证组织的整体活动协调地进行。

其次,综合平衡还要研究组织活动的进行与资源供应的关系,分析组织能否在适当的时间筹集到适当品种和数量的资源,从而能否保证组织活动的连续性。

最后,综合平衡还要分析不同环节在不同时间的任务与能力之间是否平衡,即研究组织的各个部分是否能够保证在任何时间都有足够的能力去完成规定的任务。由于组织的内外环境和活动条件经常发生变化,从而可能导致任务的调整,因此在任务与能力平衡的同时,还需留有一定的余地,以保证这种将会产生的调整在必要时有可能进行。

（七）编制并下达执行计划

在上述各阶段任务完成之后,接下来应制订具体的计划方案。计划方案类似于行动路线图,是指挥和协调组织活动的工作文件,要清楚地告诉人们做什么（What）、何时做（When）、由谁做（Who）、在哪做（Where）及如何做（How）等问题。制订计划方案包括提出方案、比较方案和选择方案等工作,这与前面讲的决策方案的选择是一样的。

执行计划可分为单一用途计划和常用计划两种（见图2-11）。

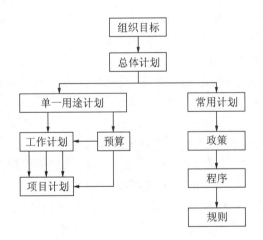

图2-11　执行计划的主要表现形式

1. 单一用途计划

单一用途计划是指那些用来指导未来的某一次行动的具体计划。单一用途计划尽管有时可能也套用某种既定的格式,但只要计划的内容仅用来指导一次行动,就称之为单一用途计划。单一用途计划的主要表现形式有工作计划、项目计划和预算。

工作计划（Program）又称方案或规划,是针对某一特定行动而制订的综合性计划,它指明组织如何用一定资源、通过一定的工作活动来实现特定的目标。工作计划必须明确行动的具体步骤,各步骤的任务和执行的方法,完成这些任务的先后顺序、时间进度和资源安排等。工作计划可大可小,如一项新产品的开发需要有工作计划,新产品销售人员的招聘和培训也需要制订工作计划。

项目计划(Project)是针对组织的特定课题而制订的专一性更强的计划,通常是工作计划中的一个组成部分。

预算(Budget)是一种数字化的计划,是以数字来表示预期结果的一种特殊计划形式。西方企业所制定的预算并不仅仅是财务预算。其预算中所用的数字既可以是财务性的,即用货币形式来表示的,如现金、开支和收入等方面的指标;也可以是非财务性的,即用非货币形式来表示的,如消耗的工时、完工期限和产品产量等。借助于预算,可以对工作计划或项目计划的内容加以数量化、精确化的规定。不仅如此,预算也为汇总有关数字提供了便利的手段,同时它还可以直接作为控制工作的依据。所以,预算的编制受到了许多企业的普遍重视。但应该注意到,编制和执行预算本身并不是目的,而应该将之作为手段来看待。预算不是孤立存在的,而是落实计划的需要。不能为了执行预算而置其所服务的计划于不顾,也不能在编制预算时一味地考虑过去预算中的数字而忽视当前预算所服务的特定对象。无论是预算的制定还是考核,都必须紧密结合其所要落实的具体任务的要求和上一层次的计划和目标而进行。

2. 常用计划

常用计划,顾名思义,就是可以在多次行动中重复使用的计划。它由政策、程序和规则等构成。在前面我们已介绍过政策、程序和规则,常用计划是要达成组织目标而进行的常规性说明,也就是未来出现某种常规性问题应该采取的某种措施和行动。常用计划构成了管理制度的主要部分。保证效率、效果以及严肃性是常用计划的特点。

计划是面向未来的管理活动,未来是不确定的,不管计划多么周密,在实施过程中都可能因为内外部环境的变化而无法顺利开展,有的情况下甚至需要对预先制订的计划予以调整。僵化的计划有时比没有计划更糟。因此,在制订计划方案的同时,还应该制订应急计划,即事先估计计划实施过程中可能出现的问题,预先制订一套甚至几套备选方案,这样可以加大计划工作的弹性,使之更好地适应未来环境。

选择确定出计划方案之后,计划工作并未完成。因为如果计划不能转化为实际行动和业绩,再好的计划也没有用处。因此,实施全面计划管理的组织,应把实施计划包括在计划工作中,组织中的计划部门应参与计划的实施过程,了解和检查计划的实施情况,与计划实施部门共同分析问题,采取对策,确保计划目标的顺利实施。

(八) 实施结果评估

计划制定过程的最后一个步骤是评估该项计划的后果或结果以检查问题是否得到解决。如果评估表明该问题仍然存在,那么管理者需要判断是哪个环节出了问题,在必要的时候组织应该重新实施某个先前的步骤,或者根据需要重新开始整个过程。

◄概念应用 2-4►

确 定 计 划

确定计划的类型:

A. 政策　　　　B. 程序　　　　C. 规则　　　　D. 规划　　　　E. 预算

_____1. "质量第一。"(福特汽车公司)

_____2. 肯尼迪总统计划让人类登上月球。

_____3. 你所在部门下个月的营运成本是多少?

_____4. 参观工厂时请佩戴安全帽。

_____5. 考勤表必须在每个月的有效期限前经管理者审批,然后递交人事部。

第四节　计 划 方 法

计划工作的效率高低和质量好坏在很大程度上取决于所采用的计划方法。现代计划方法为制订切实可行的计划提供了手段。在计划的质量方面,现代计划方法可以确定各种复杂的经济关系,提高综合平衡的准确性,能够在众多的方案中选择最优方案,还能够进行因果分析,科学地进行预测;在效率方面,由于采用了现代数学工具并以计算机技术作为基础,大大加快了计划工作的速度,这使得管理人员可以借助于许多量化的和科学的方法来进行计划。总之,现代计划方法具有许多优点,已经逐渐为更多的计划工作所采用。

计划的方法多种多样,在此仅对几种常见的方法进行简单介绍。

一、预测

预测是根据现在和过去的信息推测未来的事件或状况。许多管理人员依靠自己的直觉对未来事件进行推测。凭借工作经验,他们能够做到这一点。但是环境的复杂性使得凭直觉来预测不再是一种有效的方法。而且由于发展趋势常常偏离历史趋势,这就使得短期或长期的预测变得越来越困难。近年来,为了预测的需要形成了许多复杂的方法,常用的预测方法有调查法、趋势法和计量经济学模型。

调查法包括观察法、问卷法和访问法。通常需要选择一个样本群体。在选择样本时,可以运用复杂的抽样技术。选择的样本必须能够代表所考察的群体。借助于调查获得的信息,就可以预测了。

趋势法或称时间序列分析法是预测的另外一种方法。这种方法是运用过去的数据和信息来预测未来的发展趋势。可用这种方法来说明销售量和时间的关系(见图 2-12)。

图 2-12 中圆点表示 2012—2019 年每年的销售量。通过圆点的直线表明 2012—2019 年公司的销售量呈上升趋势。根据图中数据,可以预测今后几年的销售量。如果是季节

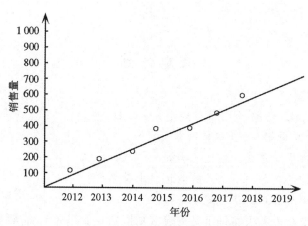

图 2-12　趋势法

性销售,那预测图形将围绕这种趋势发生一定的波动。

运用计量经济学模型是预测的另一种方法。所谓计量经济学,就是把经济学中关于各种经济关系的学说作为假设,运用数理统计的方法,根据实际统计资料,对经济关系进行计量,然后把计量的结果和实际情况进行对照。这种方法对于管理者调节经济活动、加强市场预测,以及合理地安排生产计划、改善经营管理等都具有很大的实用价值。用计量经济学方法解决实际问题的程序如下:

（1）因素分析。即按照问题的实际情况分析影响问题的因素种类、因素间的相互关系,以及各因素对问题的影响程度。

（2）建立模型。根据分析的结果,把影响问题的主要因素列为自变量,所有次要因素都用一个随机误差项表示,而把问题本身作为因变量,然后建立起含有一些未知参数的数学模型。

（3）参数估计。由于模型有许多参数需要确定,这就要用计量经济学方法,利用统计资料加以确定。参数估算出来之后就要计算相关系数,以检查自变量对因变量的影响程度。此外,还要对参数进行理论检验和统计检验,如果这两项检验结果不好就要分析原因,修改模型,重新进行第三步,直至模型满意为止。

（4）实际应用。计量经济学模型主要有三种用途:第一种用途为经济预测,即预测因变量在将来的数值;第二种用途为评价方案,即对计划工作或决策工作中的各种方案进行评价以选择出最优方案;第三种用途为结构分析,即用模型对经济系统进行更深入的分析,深化认识。计量经济学模型的这三种用途都可以应用于计划工作,它能够使计划更加完善、更加科学。

二、盈亏平衡分析

制订计划常常应用盈亏平衡图。盈亏平衡图的原理详见本章前面部分。几乎每个管理人员都要制订利润计划,盈亏平衡分析对于制订利润计划非常有用。为了获利,总成本一定不能超过总收益。运用盈亏平衡图,可以决定盈亏平衡点,即总成本等于总收益的那一点。运用盈亏平衡图,管理人员能够判断公司是否能销售足够多的产品以达到盈亏平衡,并制订相应的计划。

三、滚动计划法

在管理实践中,长、中、短期计划必须有机地衔接起来,长期计划要对中、短期计划具有指导作用,而中、短期计划的实施要有助于长期计划的实现。不考虑长期计划目标,仅局限于短期任务的完成,这种管理工作实际上属于一种无目的的行为。

滚动计划法是用来编制和调整长期计划的一种十分有效的方法,它对促进长、中、短期计划的衔接是十分有效的。这种方法的基本思想是,由于长期计划所涉及的时间期限比较长,而计划又是面对未来的工作,未来的不确定性因素很多,必然会有许多情况事先无法准确地预测和估计,如果一定要将长期计划制订得像短期计划那样具体,那就势必影响计划工作的经济性。所以,在编制长期计划时,就应采取“近具体、远概略”的方法,对近期计划制订得尽量具体,以便于计划的实施;对远期计划只规定出大概的要求,使员工明确奋斗的方向。然后根据计划在具体实施过程中发现的差异和问题,不断分析原因,并结合对内外环境情况的分析予以修改和调整。在计划的实施过程中将远期计划逐渐予以具体化,使之成为可实施的计划,进而把长期计划与短期计划有机地结合起来。这样既保证了计划工作的经济性,又能使计划与实际情况相吻合,提高计划工作的科学性。图 2-13 以五年计划为例说明了这种方法的基本做法。

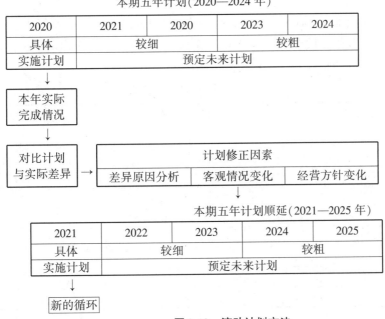

图 2-13　滚动计划方法

四、网络计划方法

网络计划方法是国外 20 世纪 50 年代出现的一种较新的计划方法,包括各种以网络为基础制订计划的方法,如关键路线法(Critical Path Method,CPM)、计划评审技术(Program Evaluation and Review Technique,PERT)、组合网络法(Combination Network Technique, CNT)等。1956年美国的一些工程师和数学家组成了一个专门小组首先开始了这方面的研究。1958年美国海军特别项目局在负责对大型军事开发计划中性能动向的探索时采用了计划评审技术,在北极星武器系统中首次采用了原先已被创建出来并经汉密尔顿管理咨询公司协助改进的计划评审技术,使北极星导弹工程的工期由原计划的10年缩短为8年。1961年,美国国防部和国家航空航天局规定,凡承制军用品必须用计划评审技术制订计划上报。此外,杜邦公司为了解决新产品从研究到投入生产时日益增长的时间和成本问题,也研究出一套类似的技术,即关键路线法。从那时起,网络计划技术就开始被广泛地应用。

网络计划技术的原理,是把一项工作或项目分成各种作业,然后根据作业顺序进行排列,通过网络的形成对整个工作或项目进行统筹规划和控制,以便用最短的时间和最少的人力、物力和财力资源去完成既定的目标或任务。

下面主要介绍计划评审技术。计划评审技术的主要内容是,在某项业务开始之前制订周密的计划,并依据计划制定一套完整的执行方案,然后,用箭线、节点、数字等符号把执行方案绘制成网络图,之后便依据网络图进行控制。网络图又叫箭线图或统筹图,它是项目及其组成部分内在逻辑关系的综合反映,是进行计划和计算的基础。

网络图的画法如下:

(1)确定项目的全部工作,如表2-8为某工程项目的各项工作明细表。表中紧前作业是指该项作业开始之前必须完成的相邻作业。表中作业时间可以采用一定的方法进行估算,估算时要同时考虑人力、设备等影响因素。

表2-8　网络图工作明细表

作业代号	紧前作业	作业时间(天)
A	—	15
B	A	15
C	A	14
D	B,C	10
E	B	6
F	D	6
G	D	1
H	E,G	30
I	F,H	8

(2)绘制合乎逻辑的网络图。

(3)从网络图中识别出关键路线及关键工作。关键路线是由占用时间最长的关键工作活动组成的序列,处于关键路线上的工作为关键工作。上述项目的简要网络如图2-14所示。

运用计划评审技术进行控制的关键是在网络图上确定关键路线。图2-14中的关键

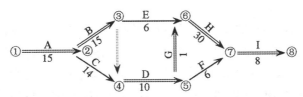

注：○节点，作业的开始点与终结点；——→一项工作活动，线下的数字为该项活动
所耗用的时间；┈┈┈→工作间的前后关系，既不是具体工作，也不占用时间；
═══▶关键作业。

图 2-14　网络图

路线为 A—B—D—G—H—I，总长度为 79（15 + 15 + 10 + 1 + 30 + 8）天。关键路线决定着项目的完工期，是完成计划的关键。因此，为确保整个项目按计划完成，管理者需集中力量对关键路线上的各关键工序进行控制，在关键工序上挖潜，以达到缩短工期、降低费用和合理利用资源的目的。值得注意的是，关键路线是相对的、可变的。在计划执行过程中，可以通过对关键工序加以有效控制和调度，使原来的关键路线变成非关键路线，而原来的某一条或某几条非关键路线就有可能变为关键路线。这时控制的重点就应转移到新的关键路线上，并对新的关键工序实施重点控制。一般来说，网络分析方法特别适合于项目性的作业，如大型设备的制造、各种工程建设项目等。

采用网络计划方法有以下一系列优点：

（1）促使管理人员重视计划工作。因为如果不进行计划，不了解各个局部之间的相互配合关系，就谈不上网络分析，所以管理人员必须重视计划工作。

（2）增进组织内部的意见交流。因为各单位、部门或作业机构的工作关系清楚地显示在网络图上，所以管理者可明确工作对于实现目标的重要程度以及与其他单位的依赖关系，在工作进度和控制上与员工达成及时而有效的意见交流。

（3）优化工程的时间进度与资源的利用效率。调动非关键路线上的人力、物力和财力从事关键作业，进行综合平衡，这样既能节省资源又能加快工程进度。

（4）有利于管理人员将注意力集中于关键问题上。由于对关键路线上的关键工作实施重点控制，可发挥例外管理的功效。

（5）便于组织与控制。通过采用网络计划法可以将一个大型的项目分成许多支系统来分别控制，这样在保证各局部最优的情况下，就能保证整个项目最优。

当然，网络计划法也有局限性。由于作业时间的长短直接关系到关键路线的确定及控制效果，因此，如果无法确定作业时间或对进度"瞎估计"，那么网络计划法可能就没有意义了。此外，网络计划法强调时间因素而忽略费用因素。

第五节　目标管理

目标管理（Management by Objectives，MBO）由美国著名管理专家彼得·德鲁克在1954 年提出，经由其他一些人发展，逐步成为西方许多国家普遍采用的一种系统地制定目标并进行管理的有效方法。管理学家哈罗德·孔茨认为，目标管理是一个全面的管理系统，它用系统的方法，使许多关键管理活动结合起来，以实现组织目标和个人目标。

目标管理指导思想的实质有两点：

（1）重视人的因素。目标管理是一种强调参与、民主和自我控制的管理方法，也是一种把个人目标与组织目标结合起来的管理方法。它能使工作人员发现工作的乐趣和价值，享受工作的满足感和成就感，同时组织目标也得以完成。在这种管理方法下，上级对下级的关系是平等、尊重、信赖和支持，下级在承诺目标和被授权后是自觉、自主和自治的。

（2）建立目标锁链与目标体系。德鲁克认为"企业的目的和任务必须转化为目标"，"一个领域如果没有特定的目标，则这个领域必然会被忽视"。目标必须有层次，要形成一个目标锁链和目标体系。主要目标和分目标之间、各分目标之间都要相互配合，方向一致。每个人的分目标，就是企业目标对他的要求，同时也是他对总目标的贡献。分目标的完成是完成总目标的保证。

一、目标管理的主要前提条件

目标管理作为一种管理方法，鼓励创新，防止工作中出现互相矛盾的目标或者根本没有目标。目标管理是帮助管理人员在组织需求和资源有限的范围内完成工作的有效途径之一。目标管理的重点是让组织中的各层管理人员都与各自的下属围绕着下属的工作目标以及如何完成这些目标进行充分的沟通。目标管理的基本假设是组织中的全体人员，包括管理人员和职工都必须亲自参加制定目标和实施计划，并在工作中实施自我控制，并努力完成各自的工作目标。由于这种管理方法特别适合于对各级管理人员进行管理，因此被称为"管理中的管理"。在目标管理中，上级和下级共同制定目标，通过协调来完成这些目标。下面是实现目标管理的主要前提条件：

（1）每一位管理者在一定关键领域中都有其职责；

（2）必须在这些负有职责的领域中设置目标；

（3）制定使目标有效的标准；

（4）对于目标的需求和有效性，上级和下级都有责任；

（5）实现控制需要汇报工作进度；

（6）对结果要进行评价。

二、目标管理的过程

目标管理的过程分三个阶段，即目标的设置、目标的实施以及总结和评估阶段。

1. 目标的设置阶段

目标的设置是实施目标管理的第一阶段，同时也是最重要的阶段。如果目标的设置合理、明确，后两个阶段中的具体管理实施和评估就容易了。目标的设置可细分为五个步骤：

（1）最高管理部门提出组织的预定目标。最理想的目标体系是从组织的最高管理部门开始的，这使目标的实现容易得到最高管理部门的支持。但是，由最高管理部门确定的目标只能是初步的和暂定的。所以,目标管理也可由下级和职工提出,上级批准。但是,不管是哪种形式,首先必须共同商量决定;其次,领导必须根据企业的长远规划、面临的客观环境,对应该和能够完成的任务目标有一个清醒的估计,对应当确立的目标数量和目标标准心中有数。简单地将下级的目标汇总,不是目标管理,而是放弃管理;将预定的目标视为不可改变的,强迫下级接受也不是目标管理,这样做职工不会有参与感。

（2）进行有关组织人事决策。即根据主要目标和次要目标的要求,对组织与人事进行分析,建立或调整组织机构和人员配置,以便使每个目标都有人明确负责。尽可能做到某个目标只属于一个主管、一个部门。对需要跨部门配合的目标也应明确谁主谁从。

（3）确定下属目标。即根据组织的总目标要求,组织下属部门和人员进行学习和讨论,并依此设定下级自己的目标,进而把组织的总目标分解成具体的工作目标,层层落实到科室、车间、班组和每个职工身上。此外,在商定具体目标时还要注意:目标必须有重点、有顺序,不能太多,5—6项即可,多则容易顾此失彼;目标必须具体化、定量化,以便测量;目标要有"挑战性",既要有现实的可能性,又要留有余地。目标太低,不能鼓舞士气,失去目标管理的意义;目标太高,通过努力还完不成,也破坏激励气氛。

（4）目标的平衡和调整。上级和下级要就实现各项目标所需要的条件以及实现目标后的奖惩事宜达成协议,并授予下级相应的支配人、财、物和对外交涉等权力。

（5）目标体系的整理和确立。上级和下级商妥后,由下级写成书面协议,编制目标记录卡片,当整个组织汇总所有资料后,就可绘制出目标图。

2. 目标实施阶段

目标实施阶段的工作内容主要包括:

（1）对下级按照目标体系的要求进行授权,以保证每个部门和职工能独立地实现各自的目标。

（2）加强与下属的交流,进行必要的指导,最大限度地发挥下属的积极性和创造性。

（3）严格按照目标及保证措施的要求从事工作,定期或不定期地进行检查等,这种检查应是外松内紧的,利用双方经常接触的机会和正常的信息反馈渠道自然地进行。检查最好是自下而上地进行,由下级主动提出问题和报告,领导对下级工作中的问题不要随意训斥、指责,更不能推卸责任。

3. 总结和评估阶段

在达到预定的期限之后,由下级提出书面报告,上下级在一起对目标完成情况进行考核,决定奖惩、工资和职务的提升和降免,并同时讨论下一轮的目标,开始新循环。如果目标没有完成,应分析原因,总结教训,但最忌相互指责。上级应主动承担应承担的责任,并启发下级作自我批评,以维持相互信任的气氛,为下一循环打好基础。

我们可以用图2-15来简单描绘目标管理过程。

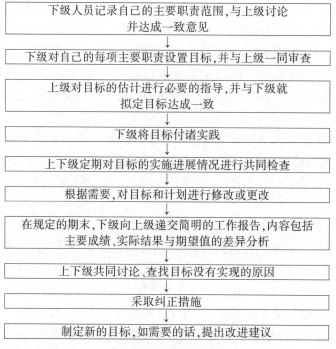

下级人员记录自己的主要职责范围,与上级讨论
并达成一致意见

下级对自己的每项主要职责设置目标,并与上级一同审查

上级对目标的估计进行必要的指导,并与下级就
拟定目标达成一致

下级将目标付诸实践

上下级定期对目标的实施进展情况进行共同检查

根据需要,对目标和计划进行修改或更改

在规定的期末,下级向上级递交简明的工作报告,内容包括
主要成绩、实际结果与期望值的差异分析

上下级共同讨论、查找目标没有实现的原因

采取纠正措施

制定新的目标,如需要的话,提出改进建议

图 2-15　目标管理过程

三、目标管理的优点和缺点

从通用汽车公司最早开始推行目标管理技术到现在,目标管理已在全世界得到了广泛应用。从应用效果上看,有成功的,也有失败的。据国外有关资料对 185 项案例的调查表明:评价目标管理的真正有效性非常困难。一方面,不同的组织对目标管理这种方法的规定和实施大不相同。另一方面,效用很难定义,绩效的变动可能归结为外部因素而不是目标管理。实施一项目标管理计划可能需要 2—5 年,在这段时间内,除计划以外有许多因素也会影响组织的运行。因此,客观地分析目标管理的优缺点,有助于扬长避短,收到实效。

1. 目标管理的优点

(1) 改善管理工作。目标管理的所有优点可以总结为一句话:它可以极大地提高管理水平。目标管理迫使管理人员考虑依据结果拟订计划,而不仅仅是只计划活动或工作。为了确保目标是实际的,目标管理要求管理者必须思考完成目标的方式、组织和成员,以及需要的资源和援助。而且,明确目标是最好的激励手段和控制标准。

(2) 组织明晰化。任何一个组织和职位都应当具有弹性。目标管理要求管理人员分清组织的作用和结构,尽可能地围绕关键结果来设置职位,并尽可能把完成一项组织目标的成果和责任划归一个职位或部门。这条原则的实施常常使我们发现组织的缺陷,如授权不足和职责不清。目标管理是促进分权管理、使组织具有弹性的最好办法。霍尼韦尔(Honeywell)公司的一位高级管理者曾说过:"有两件事是霍尼韦尔的基本信条,一是要使霍尼韦尔运转需要分权管理,二是要使分权管理运转则需要目标管理。"

（3）鼓励员工勇于承诺和自我实现。目标管理鼓励员工对其目标承担义务。员工不再只是做所分配的工作，遵循指导，等待决策，而是参与目标的制定，将自己的想法加入到计划中去，明确自己的处置权限等。当员工掌握了自己的命运之后，他们就会敢于承诺，并充满热情地去实现目标。

（4）形成有效的控制。目标管理不仅提高了计划工作的有效性，而且有助于形成有效的控制。控制包括衡量结果，并采取措施纠正偏差以保证目标的实现。

（5）目标管理表现出良好的整体性。组成一个完整的目标锁链和目标体系之后，将企业的所有任务和目标联成一个有机的整体：目标自上而下层层分解，目标自下而上层层保证。

2. 目标管理的缺点

（1）目标难以制定。真正考核的目标是很难确定的，尤其是当它们有一定程度的弹性，如随季节变化或者随年度变化时。一个组织的目标好定，但是真正让每一个管理人员和员工都定出数量化的目标有时却是很困难的。可能是下级不了解整体目标，不了解整体目标和他个人的关系；或者是组织本身的目标就含糊不清，使管理者无法配合制定等。

（2）强调短期目标。在多数实现目标管理的组织中，管理人员所确定的目标一般都是短期的，很少超过一年。强调短期目标的危险性是显而易见的，它极有可能以牺牲长期目标为代价。

（3）目标的商定很费时间。目标的商定要几上几下，目标的双向沟通、协商，以及协议的书面表达形式都需要更多的时间。

四、实施目标管理的必要条件

目标管理是一种实用的管理方法，应该大力推广，但目标管理的实施应有以下条件：

（1）推行目标管理要有一定的思想基础和科学管理基础。所谓思想基础是指要教育员工确立全局观念、长远利益观念。这是因为目标管理容易强调短期利益、本位主义，如果没有一定的思想基础，设定目标时就可能出现不顾整体利益和长远利益的现象。所谓科学管理基础是指各项规章制度比较完善，信息比较通畅，能够比较准确地度量和评估工作的成果。这是推行现代管理方法的基础。

（2）主管人员积极参与、协调和授权。在开始一项计划之前，主管人员和他的直接高级助理必须真正了解所计划的内容以及可能会产生的问题和困难。工作不深入，没有专业的知识，不了解下情，不熟悉生产，不会经营管理，这样的主管人员是不行的。在目标管理中，领导的重要职能是协调，首先表现在设置目标过程中的协调，其次表现在执行过程中的协调。要使员工的方向一致，目标之间要相互支持，这就需要领导者掌握一些协调的方法。另外，目标管理中的领导者应善于授权，因为没有分权就不能创造个人自由地达到目标的条件。

（3）有效的前景调查和计划活动。目标管理的成功取决于在既定情况下对其具体问题、人性和实践的仔细研究。所以，实施目标管理之前必须考察整个管理结构的所有方面。

(4) 目标管理要逐步推行、长期坚持。推行目标管理需要许多配套工作,如提高人员的素质,健全各种责任制,做好其他管理的基础工作,制定一系列有关的政策等。这些都是企业的长期任务,所以目标管理也只能逐步推行,先试点,在试点的基础上总结经验,再大面积推广。所以,只有长期坚持,不断发展和完善,目标管理才能收到良好的效果。

❑ 本章小结与提示

决策是管理的核心。可以认为,整个管理过程都是围绕着决策的制定和组织实施而展开的。各项管理职能的履行在本质上都是由决策活动支配的,"管理过程是决策的过程",西蒙的这句话说明了决策与管理的关系。管理是一个动态过程:一方面,它要密切注视着环境不断发生的变化;另一方面,又要详察组织内部各种情况的演变趋势。这两种变化给组织带来新的问题、新的矛盾和新的冲突。对组织中不断涌现出的这些新问题、新矛盾、新冲突进行分析、判断,并提出对策,使之得以缓解或解决,这就是决策。从这个意义上讲,随着时间的推进,决策贯穿于整个管理过程中,无论是规划设计、组织管理,还是领导激励、管理控制,都有决策的"身影"。决策的质量影响着组织的活力和组织的绩效。本章介绍决策理论的基本知识,阐述决策模式和决策制定的系统分析方法,提供基本决策技术。在本章的学习过程中,值得注意的问题如下:

1. 决策制定过程中的六个步骤。

2. 在把握决策的类型时应关注各种决策的适用性和优缺点。

3. 决策具有目标性、可行性、选择性、满意性、过程性和动态性的特点,其中应重点把握决策的满意原则,而非最优原则。

4. 决策的影响因素是指组织决策要受到环境(企业经营的微观和宏观环境)、过去决策、决策者对风险的态度、组织文化和时间的影响。

5. 组织文化既可成为实施组织决策的动力,也可能成为阻力,决策时要考虑与组织文化相适应,不要破坏企业已有的组织文化。但是,当企业环境发生重大变化时,在对企业组织文化进行适当调整的情况下,企业应考虑到自身的长远利益,不能为了迎合企业现有的组织文化而要求组织新的决策与现行组织文化标准相一致,这是不符合企业目标的。

6. 活动方案的评价方法包括确定型评价方法、风险型评价方法和非确定型评价方法。正确理解三种决策的含义和评价方法。

7. 确定型决策中经常使用的方法包括量本利分析法、投资回报率评价法和现金流量分析法等,其中量本利分析也叫保本分析或盈亏平衡分析,是本章重点介绍的方法。风险型决策方法的掌握要点是了解决策树法的基本原理,并能通过画树状图来分析和选择决策。非确定型决策方法有悲观(小中取大)原则决策法、乐观(大中取大)原则决策法、折中原则决策法、最大后悔值最小化原则决策法等。在理解的基础上进行运用是非常重要的。

8. 盈亏平衡分析法,又称量本利分析法,已经成为决策的有力工具,日益为企业经营管理者所重视。要学会根据量本利分析的基本公式 $Q_0 \times P = F + Q_0 \times C_0$ 进行盈亏平衡点的产销量、企业经营安全率、一定销售量下的利润和企业目标成本的计算。

9. 计划和决策是两个既相互区别又相互联系的概念。区别在于：这两项工作解决的问题不同。联系在于：一方面，决策是计划的前提，计划是决策的逻辑延续；另一方面，在实际工作中，决策与计划相互渗透，有时甚至是不可分割地交织在一起的。

10. 战略计划、战术计划和作业计划强调的是组织纵向层次的指导和衔接。具体来说，战略计划往往由高层管理人员负责，战术计划和作业计划往往由中、基层管理人员甚至具体作业人员负责；战略计划对战术计划和作业计划具有指导作用，而战术计划和作业计划的实施能够确保战略计划的实施。

11. 在管理实践中，长、中、短计划必须有机地衔接起来，长期计划要对中、短期计划具有指导作用，而中、短期计划的实施要有助于长期计划的实现。不考虑长期计划目标，仅局限于短期任务的完成，这种管理工作实际上属于一种无目的的行为。

12. 影响计划有效性的权变因素有组织层次、组织的生命周期和环境的不确定性程度。

13. 计划的作用在于，它是管理者指挥的依据，是降低风险、掌握主动的手段，是减少浪费、提高效益的方法，是管理者进行控制的标准。

14. 计划过程可以大致分为如下步骤：（1）描述组织决策；（2）评估当前情况；（3）制定计划目标；（4）目标分解与结构分析；（5）预测未来情况；（6）综合平衡与制订计划；（7）编制并下达执行计划；（8）实施结果评估。

15. 计划方法为制订切实可行的计划提供了手段。计划的方法有多种多样，主要有预测、盈亏平衡分析、滚动计划法和网络计划方法。

16. 目标管理是一种被企业普遍采用的系统地制定目标并进行管理的有效方法。目标管理的实质有两点：（1）重视人的因素；（2）建立目标锁链与目标体系。

❑ 重点术语

决策　群体决策　个体决策　德尔菲法　程序化决策　非程序化决策　确定型决策　风险型决策　不确定型决策　组织文化　时间敏感型决策　知识敏感型决策　计划　滚动计划法　目标管理

❑ 思考题

简答题

1. 什么是决策？决策的原则和依据是什么？

2. 战略决策、战术决策和业务决策之间有何区别？程序化决策与非程序化决策之间有何区别？

3. 群体决策的优点和缺点是什么？如何改进群体决策的质量？

4. 决策过程包括哪几个阶段？决策过程要受到哪些因素的影响？

5. 为什么决策经常被描述为管理者工作的本质？

6. 确定型决策方法、风险型决策方法和不确定型决策方法的决策条件是什么？

7. 简述计划的概念及其性质，计划工作的意义。

8. 计划编制包括哪几个阶段的工作？

9. 计划有哪些类型？它们分别有什么作用？

10. 哈罗德·孔茨和海因·韦里克从抽象到具体的计划层次体系内容是什么？

11. 何谓目标管理？其特点是什么？

12. 网络计划技术基本原理是什么？

分析题：

1. 比较头脑风暴法、名义小组技术和德尔菲技术三种集体决策方法的异同，举例说明应用时需要注意的问题。

2. "随着管理者比以前更加频繁地使用电脑和软件工具，他们将能够做出更理性的决策。"你同意吗？为什么？

3. 在当今世界，利用决策的理性和有限理性模型，管理者可以怎样整合制定有效决策的方法？

4. 一名好的管理者为何有时也会做出错误的决策？管理者如何提高他们的决策技能？

5. 对管理者而言，未来工作中计划会变得越来越重要还是不重要？为什么？

6. 有人认为，使用满意化决策准则容易诱使决策者不去尽力寻找最好的方案，从而会对决策质量起到不利的影响。你对此是怎么看的？

7. 在个体决策和群体决策的管理实践中，管理者需要注意哪些行为方面的问题？试举例说明。

8. 在实际工作中，管理者会遇到不同类型的问题，那么管理者需要如何使用不同类型的决策来解决问题呢？

9. 影响组织高层管理者计划的权变因素有哪些？这些因素如何影响计划？

10. 为什么"灵活性"对当今的计划技术至关重要？

11. "为一些也许永远都不会发生的情况制定复杂的规划，是一种对时间等各种资源的浪费行为。"你同意这种说法吗？

12. 直觉和创造性是否与定量的计划工具和技术存在某些相关性？请加以解释。

13. 结合我国一企业实例，分析其"十四五"发展规划，并阐述这种五年战略规划的重要性。

❑ 案例分析

顺丰起舞——快递老大的商业逻辑

2020年3月，顺丰控股公布了2019年年报，实现营业收入1121.93亿元，顺利突破千亿元大关，同比增长23.37%，远超行业增速。

从业务量上看,顺丰 2019 年实现快递量 48.31 亿票,市场占有率达到 7.61%,比 2018 年提升约 0.4%。但是,顺丰并不是以价格战来换取市场份额的企业,它的票均收入达到 21.94 元,远超行业均值。重要的是,从利润上看,归属于上市公司股东的净利润为 57.97 亿元,同比增长 27.23%。

为了提升核心竞争力,顺丰一直在加大科技的投入。正如顺丰 25 周年(1993—2018)纪念专刊卷首语所言:进入移动互联网时代,除了新业务的拓展,快递行业的另一大变化就是从劳动密集型向科技密集型转变,能否在第一时间抢占技术高地,是制胜未来的关键。2018 年上半年,顺丰研发费用达到 3.97 亿元,顺丰在研发人员人数、研发投入等方面均远超同行业其他企业。

这家有着二十多万名快递小哥的快递企业,其科技含量到底成色几何?携"天网、地网、信息网"的顺丰未来还将给大家带来怎样快捷、高效和酷炫的快递体验?下面是顺丰控股 CIO(首席信息执行官)、董事罗世礼的回答:

"顺丰劳动力密集背后是强大科技的支持。要打造顺丰的科技能力,是公司必须要经历的过程,第一个是数字化,第二个是在数字化上面使用最新的科技,例如 AI。"

"科技在改变世界,科技实际上在改变每一个行业。我觉得未来的竞争对手不一定是我们现在的同行,虽然快递同行都在努力做到很好。但真正改变我们行业点滴的是科技,所以我们也是个科技公司。我们认为,真正在这个行业中能够做得好的话,就是要把自己的标杆提升一些。我认为,顺丰能够在科技的应用领域中,为我们的一些客户,与我们的合作方做好我们的事情,同时能够在当前这个经济环境中,连通经济利益,更好地做好服务。这是顺丰当前发展的意义所在。"

"天网是顺丰在快递行业要想做到最快的保障。我们是第一家大规模使用航空飞机来运送快递的企业,这使得我们在未来占据一定的优势。顺丰控股的空运'天网'由全货机、散航、无人机三部分组成。2017 年顺丰控股 80 亿元定增中,有 15.7 亿元分给了航材购置,2.8 亿元配置给飞行员招募,8.4 亿元用来飞机购置与改装。截至 2018 年 6 月,顺丰控股共在飞 44 架自有全货机,其中包括 8 架 767,19 架 757 以及 17 架 737,租赁 16 架全货机;共有飞行员 396 人,其中机长 151 人、副驾驶 214 人;航线 57 条,覆盖 39 个境内主要城市及香港、台北、大阪。"

"地网是依托于庞大的终端网点、中转分拨网络、运输队伍、配送队伍、客服团队等资源,顺丰已建成覆盖全国的快递网络,并向全球主要国家拓展。"

"信息网的起步相对晚一点。物流看似简单,只是把一件货物从 A 点移到 B 点,但实际上货物流动从 A 点到 B 点要想快捷高效,反映到用户体验层面要服务做得很好,就需要在收、转、派的过程中实现全流程信息跟踪,并且随着物流从 A 点到 B 点的流转,做好同步配套工作流程和安排。这方面,顺丰在过去的几年投入了很多力量来完成信息网的建设,最终结合我们的天网、地网能够为客户服务做好保障。"

顺丰从 1993 年诞生至今,经过二十多年的发展,已初步建设成为一家具有网络规模优势的智能物流运营商。面对竞争日益激烈的市场环境,如何在复杂多变的行业环境中立于不败之地是企业领导层首先要解决的问题,同时,顺丰能够在如此激烈的竞争中脱颖而出,也值得我们进行深入的思考和探究。

1. 分析顺丰上市后的竞争环境和发展战略。

2. 顺丰是如何利用科技机遇来进行企业管理和业务创新的?

3. 科技是如何影响顺丰的管理决策的?

● **案例分析要点:**

1. 可运用波特五力竞争模型进行竞争环境分析。根据分析得出顺丰的发展战略:用科技打造差异化战略。

2. 顺丰一直是中国智慧物流的推动者。顺丰控股以最先进的设备实现了部分中转场的全自动分拣,提高了速度,减少人为操作可能带来的失误,努力实现将看似传统的业务与互联网和高科技发展的联动。在无人机物流领域,已初步建立物流专用无人机研发和业务运营应用体系,拥有目前国内首家获得军方批复的物流无人机示范运行区,真正走到了国内无人机物流行业前沿。

3. 顺丰利用企业内外部的资源开发了各类营运管理系统、SAP 财务系统以及各项决策支持系统,利用高科技技术来实现"使命必达"的战略目标。

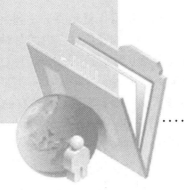

第三章

组　　织

本章要点

(1) 组织工作的要素。

(2) 管理宽度与管理层次的关系。

(3) 职位设计的概念与方法。

(4) 几种部门化的特点。

(5) 常见组织形式的特点和适用情况。

(6) 团队及其类型。

(7) 委员会的优缺点。

(8) 影响组织结构选择的因素。

(9) 人员配备工作的任务、程序与原则。

(10) 管理人员选聘应考虑的问题：需要量、来源、标准及程序。

(11) 管理人员考评的内容与方法。

(12) 主管人员培训的目标与方法。

(13) 组织力量整合中的集权分权与授权、正式组织与非正式组织、直线与职能的关系。

(14) 组织变革的动力、过程与影响因素。

组织是管理的基本职能之一,组织工作就是要把达到组织目标而必须从事的各项工作或活动进行分类组合,对包括人、财、物和信息在内的各种资源在一定空间和时间范围内进行有效的配置,划分出若干管理层次,分出若干部门;对人员进行选聘、考评和培训,为组织结构中的每个职位配备合适的人员,并把监督每类工作或活动所必需的职权授予各个管理层次、各个部门的主管人员,以及规定上下左右的协调关系;此外,还需要根据组织内外诸要素的变化,不断地对组织结构做出调整和变革,以确保组织目标的实现。这就是管理学中组织职能的范围。管理人员的主要任务之一就是要使组织不断发展、完善,使之更加富有成效。

第一节　组织职能概述

一、组织的含义及要素

组织是为了达到某些特定目标经由分工与合作及不同层次的权力和责任制度而构成的人的集合。作为一个系统的组织概念,按照巴纳德的观点,组织不是集团,而是相互协作的关系系统,是人们相互作用的系统。管理的组织职能一方面是指为了实施计划而建立、维护并不断改进的组织结构;另一方面是指为了实现组织目标所进行的组织过程。

从动态的观念看,组织工作是一个过程。这主要是指组织工作是维持与变革组织结构、使组织发挥作用、完成组织目标的过程。这一过程是由一系列的具体步骤所构成的:组织工作首先必须明确实现组织目标所必需的各种活动,并对之进行分类,这关系到组织中的职位或岗位设计问题;组织工作的第二个步骤是将组织所必需的各种活动进行组合,以形成可以管理的部门或单位,而对组织活动和组合方式的不同分类,就形成了各种不同的组织结构类型;将各部门或单位所必需的职权授予各个管理者,这就是组织工作中的职权配置;为组织中的职位配置适当的人员,这就是管理中的人员配备工作或人力资源管理工作;最后,组织工作还必须从纵横两个方面对组织结构进行协调和整合,使组织成为一个精干高效的有机整体。

通过组织工作建立起来的组织结构不是一成不变的,而是随着组织内外部要素的变化而变化的。由于任何组织都是社会系统中的一个子系统,它在不断地与外部环境进行着各种交换,这种交换一般都会影响到组织目标,这时依据计划工作中的改变航道原理,必须根据环境条件的变化,不断地修正目标。目标的变化自然又会影响到随同目标而产生的组织结构,为使组织结构能切实起到促进组织目标实现的作用,就必须对组织结构做出适应性的调整。此外,即使组织的内外要素的变化对组织目标影响不大,当原有的组织结构已不能高效地适应实现目标的要求时,也需要进行组织结构的调整和变革。所以,我们说组织工作具有动态的特点。

组织作为一个系统,一般包括四个要素:

1. 目标和宗旨

任何组织都是为目标而存在的,不论这种目标是明确的还是模糊的,目标宗旨是组织存在的前提。没有目标,也就没有组织存在的必要性。组织通过连续地更新宗旨或目标保持其延续性。

2. 人员与职务

人既是组织中的管理人员，又是组织中的被管理人员，建立良好的人际关系，是建立组织系统的基本条件和要求。明确每个人在系统中所处的位置以及相应的职务，便可形成一定的职位结构。

3. 职责与职权

职责是指某项职位应该完成某项任务的责任。它反映了上下级之间的一种关系。下级有向上级报告自己工作绩效的义务或责任；上级有对下级工作进行必要指导的责任。职权是指经由一定正式程序所赋予某项职位的一种权力，居其位者，可以承担指挥、监督、控制，以及惩罚、裁决等工作。这种权力是一种职位的权力，而不是某特定个人的权力。

4. 协调

在组织成员付出努力的同时，必须对这些努力进行协调以便可以最有效地实现组织的目标。良好的人事管理对实现有效协调非常重要。

二、组织的管理宽度与管理层次

任何主管能够直接有效地指挥和监督的下属数量总是有限的。这个有限的直接领导的下属数量被称作管理宽度，又称"管理幅度"或"管理跨度"。

基于管理宽度的限制，当组织规模的扩大导致管理工作量超出了一个人所能承担的范围时，管理者作为委托人也需要将受托担任的部分管理工作再委托给另一些人来进行，以此类推，直至受托人能直接安排和协调组织成员的具体业务活动，从而形成了组织的等级制的层次性管理结构，这就是管理层次。

在组织规模给定的条件下，管理宽度与管理层次成反向关系，即管理宽度越大，管理层次就越少；管理宽度越小，管理层次越多。这种管理宽度与管理层次的反向关系，决定了两种基本的组织结构形态：扁平型结构和锥型结构。管理宽度大、管理层次少的组织结构形态是扁平型结构；管理宽度小、管理层次多的组织结构形态是锥型或高耸型结构。

扁平结构与锥型结构各有利弊：① 扁平结构缩短上下级距离、密切上下级关系，信息纵向流动快，管理费用低，由于管理宽度较大，被管理人员有较多的自主性、积极性、满足感，同时也有利于更好地选择和培训下层人员；但由于未必能严密地监督下级，上下级协调较差，管理宽度加大，也加重了同级间相互沟通联络的困难。② 锥型结构具有管理严密、分工明确、上下级易于协调的特点；但层次越多，需要从事管理的人员迅速增加，彼此之间的协调工作也急剧增加，带来的问题也增多。例如，管理层次的增加，使上下级的沟通和交流容易受阻，最高层主管要求实现的组织目标、制定的政策和计划，不是下层不完全了解，就是层层传达到基层之后变了样；管理层次的增加，使得最高层管理者对最下层的控制变得困难，易造成一个组织整体性的分解；而管理过于严密，也影响下级人员的主动性和创造性。因此，一般来说，为了达到有效管理，应尽可能地减少管理层次，这也是近来组织结构变革的趋势。

组织中管理宽度的大小受到多种因素的影响，也不存在所谓通用的最佳的管理宽度，而是受到特定情境下各种因素的综合作用。影响管理宽度的因素主要有：

1. 主管人员与其下属双方的素质与能力

主管的综合能力、理解能力、表达能力强，可以迅速把握问题的关键，对下属的请示能提出恰当的指导建议，并使下属明确地理解，从而可以缩短与每一位下属接触所占用的时间，管辖较多的人员而不会感到过分紧张。同样，如果下属具备符合要求的能力，受过良好的系统训练，可以根据自己的符合组织要求的主见解决很多问题，不必事事都向上级请示汇报，这样就可以减少与其主管接触的时间和次数，从而增大管理幅度。

2. 工作内容和性质

（1）主管所处的管理层次。主管的主要工作在于决策和用人。处在管理系统中的不同层次，决策与用人所用的时间比重各不相同。越接近组织的高层，主管用于决策的时间越多，用于指导、协调下属的时间越少。所以，越接近组织的高层，其管理幅度就越小。

（2）下属工作的相似性。下属从事的工作内容和性质相近，则主管对每人工作的指导和建议也大体相同，同一主管可以指挥和监督较多的下属，管理幅度就可以相对大一些。

（3）计划的完善程度。下属如果单纯地执行计划，且计划本身制订得详尽周到，下属对计划的目的和要求十分清楚，这样，主管对下属指导所需时间就少，管理幅度就可以大；反之，如果下属不仅要执行计划，而且要将计划进一步分解，或计划本身不完善，那么对下属指导、解释的工作量就会相应增加，此时的有效管理幅度就小。

（4）非管理性事务的多少。主管作为组织不同层次的代表，往往需要花费相当的时间去从事一些非管理性事务，处理这些事务所需时间越多，越不利于管理幅度的扩大。

3. 工作条件

（1）助手的配备情况。如果有关下属遇到的所有问题，不分轻重缓急，都需要主管去亲自处理，那么必然会占据主管大量的时间，主管所能直接领导的下属数量就会受到一定的限制。如果给主管配备了必要的助手，由助手和下属进行一般的联络，并直接处理一些明显的次要问题，则可以大大减少主管的工作量，增加其管理幅度。

（2）信息手段的完备情况。掌握信息是进行管理的前提，利用先进的技术收集、处理、传输信息，不仅可以帮助主管更早、更全面地了解下属的工作情况，从而及时地提出忠告和建议，而且可以使下属更多地了解与自己工作有关的信息，从而更好地自主处理分内的事务，这显然有利于扩大主管的管理幅度。

（3）工作地点的接近性。不同下属的工作岗位在地理上的分散，会增加下属与主管以及下属与下属之间的沟通难度，从而影响每个主管所能管理的下属数量。

4. 工作环境

组织环境是否稳定，会在很大程度上影响组织活动内容和政策的调整频次与幅度。环境变化越快，变化程度越大，组织中遇到的新问题越多，下属向上级的请示就越有必要、越经常，而此时上级因为必须花更多的时间去关注环境的变化、考虑应变的措施，能用于指导下属工作的时间和精力就越来越少。因此，环境越不稳定，各层次主管的管理幅度就越受限制。

三、组织中的职位设计

职位设计就是将若干工作任务组合起来构成一个完整的职位。职位设计必须均衡地满足客户、雇员及组织的利益。有些职位是常规性的、经常重复的,有些则是非常规性的;有些职位要求广泛、多样的技能,另一些则只要求范围较小的技能;有些职位规定了非常严格的程序,另一些则具有相当的自由度。职位因工作任务组合的方式不同而各异,而这些不同的组合形成了多种职位设计方案。要使组织中的每个职位存在并有意义,职位必须具有明确而且能够检验的目标,具有明确的职责、职权,以及使处于该职位的管理者有可能实现其目标。在确定职位工作内容时,既要考虑工作效率的要求,又要兼顾职位承担者能从中体验到内在的满足,以便在任务和人员两方面的要求中,确定职位的合理深度与广度。

职位设计经历了以下的发展阶段:

1. 按照专业化分工原则设计职位

这种职位设计方法是与劳动分工、工作专业化意义相同的,管理者力求将组织中的工作设计得尽可能简单、狭窄、易做。今天,大量的工作仍然是按照专业化分工的原则进行的。生产工人在装配流水线上从事简单、重复的工作,办公室职员坐在计算机前从事范围狭窄、标准化的任务,甚至护士、会计及其他职业工作都是按照同样的原则组织起来的。

专业化分工的好处是:有利于提高员工的工作熟练程度,有利于减少因工作变化而损失的时间,有利于使用专用设备和减少人员培训的要求,以及有利于扩大劳动者的来源和降低劳动成本等。但职位设计得过于狭窄不可避免地会带来负面的影响,诸如在流水线上的工作,其枯燥、单调、乏味造成了人们在生理、心理上的伤害,导致了员工的厌烦和不满情绪,工作之间的协调成本上升,从而影响了总体的工作效率和工作质量。早期,人们在职位设计方面,基本上都是致力于通过提高专业化和分工的程度来取得规模经济和高效率。后期的努力则转向了如何克服由于过度的专业化和分工而产生的各种弊端上。

◀ 概念应用 3-1 ▶

职 位 设 计

职位设计的阶段:

A. 按照专业化分工原则设计职位　　　　B. 按照职务扩大化设计职位

C. 按照职务丰富化设计职位　　　　　　D. 按照团队设计职位

_____1. 在我的部门中每个员工所负责的工作完全不同,因此如果你缺勤了,没有人能够替代你的工作。

_____2. 我们打算将所有窗口工作都交由一个员工负责,而不是以前的三个员工负责一个窗口的不同工作。

_____3. 您好,您的所有购买和维修要求都可以与我谈,我一定努力服务直至您满意。

_____4. 我们的主要目标是,通过大家的共同努力和分工协作,在两个月内提交一份市场营销策划书。

_____5. 您的问题属于软件问题,我给您一个我们公司软件维护部门的电话好吗?

_____

2. 职位扩大化

这是为了克服由于过度的分工而导致工作过于狭窄的弊端而提出的一种职位设计思想,主张通过把若干狭窄的活动合并为一件工作,扩大工作的广度和范围。这在一定程度上拓宽了职位的内容,降低了工作的单调程度。

3. 职位轮换

职位轮换是让员工定期地从一项工作更换到另一项工作上去,这样有利于促进员工技能的多样化,在一定程度上减少工作的单调和枯燥的感觉,可以更好地培养和激励管理人员。

4. 职位丰富化

职位扩大化是指工作的横向扩展,职位丰富化则是从纵向充实和丰富工作内容,也即从增加员工对工作的自主性和责任心的角度,使其体验工作的内在意义、挑战性和成就感。在强调劳动分工的时代,一般主张在管理人员和作业人员之间进行明确的职责划分,由管理人员决定工作的内容和方法,而一般人员只需俯首听命。职位丰富化设计,就是要将部分管理权限下放给下级人员,使其在一定程度上自主决定工作的内容、方法、进度等。

5. 团队

上述几种方式均是依据个人来进行职位设计的。当职位设计是围绕群体而不是个人时,就形成了团队。近年来,团队代表了一种日益盛行的职位设计方案,越来越多的组织采用这一方式来安排工作以提高组织的竞争力。

第二节　部门划分与组织结构类型

一、部门划分

在对整个组织的工作进行充分细致的分析和明确的分类后,进行科学的综合就形成通常所指的部门。部门是指组织中主管人员为完成规定的任务有权管辖的一个特定的领域。部门的划分是组织的横向分工,其目的在于:确定组织中各项任务的分配与责任的归属,分工合理、职责分明,有效地达到组织的目标。正如法约尔所指出的,它是"为了用同样多的努力生产更多和更好产品的一种分工"。部门的划分应确保组织目标的实现,保持组织的一定弹性,力求维持最少的部门。部门划分的方法如下:

1. 按人数划分

单纯地按人数多少来划分部门可以说是一种最原始、最简单的划分方法。军队中的师、团、营、连就是用此方法划分的。方法是抽取一定数量的人在主管人员的指挥下去执行一定的任务。一般来讲,这种划分方法的特点是仅仅考虑人力,当最终成果只取决于总的人数,或每个人的劳动都是单纯无差别时,采用这种方法是有效的。因此在现代高度专业化的社会中有逐渐被淘汰的趋势。当然并不排除这种方法在现代社会的某些基层场合,尤其是在基层的部门划分中仍然适用。

2. 按时间划分

这是一种最古老的划分部门的方法,这种方法多见于组织的基层,是由于经济的、技术的或其他一些原因,在正常的工作日不能满足工作需要时所采用的一种轮班的做法。例如许多工业企业按早、中、晚三班制进行生产活动,那么部门设置就可以是三个。此外,交通、邮电、医院等组织也采用这种轮班制的方法来进行部门的划分。这种划分方法有利于连续、不间断地提供服务和进行生产,有利于设备、设施得到充分利用。给管理带来的主要问题是监督、效率以及协调问题,另外早晚班的费用比较高。

3. 按职能划分

按职能划分部门是现代组织最广泛采用的一种方法。这种方法是根据专业化的原则,以工作或任务的性质为依据划分部门。按职能划分部门的优点在于:由于遵循分工和专业化原则,有利于提高人员使用效率,同时简化了培训工作;有利于组织的主要基本活动得到重视,从而有利于组织目标的实现;由于最高主管要对最终成果负责,从而为最高层实施严格控制提供了手段。但是这种划分方法容易使各职能部门的专业人员产生"隧道视野",即除了自身领域,其他什么也看不见,从而给各部门之间的横向协调带来一定的困难;由于只有最高主管对最终成果负责,因而对各部门的绩效和责任很难进行评价;这种结构不利于培养综合全面的管理人才,组织适应环境变化的能力较差。

4. 按地区划分

对于活动地域分散在不同地区的组织来说,按地区划分部门是一种比较普遍采用的方法。这种方法是将某个地区或区域内的业务活动集中起来,委派相应的管理者,形成区域性的部门。这种方法有利于促进地区活动的协调;有利于调动各个地区的积极性,从而取得地方化经营的优势效益;有利于培养能力全面的管理者。缺点是由于机构重复设置而使费用增加,增加了最高主管部门对地方控制的难度,要求管理者具有全面的管理能力。

5. 按产品划分

按产品划分部门是根据产品或产品系列来组织业务活动。许多多角化经营的组织常常采用这种划分部门的方法。这种方法最早由于组织规模不断扩大,导致管理工作越来越复杂,按照职能划分部门的组织中部门主管的工作负担越来越重,而管理宽度的限制使得他们难以通过增加直接下属的办法解决问题。此时按照产品重新组织业务活动就成为必要,因此,产品部门是从按照职能划分部门的组织中发展而来的。在这种组织结构下,产品分部主管对某产品或产品系列的所有职能活动拥有充分的职权,同时也对产品的利润负很大的责任。

这种划分部门的方法能够发挥个人的技能和专长,发挥专业设备的效率,有利于部门内的协调,有利于产品和服务的改进和发展;由于能够明确利润责任,便于最高主管把握各种产品或产品系列对总利润的贡献;有利于锻炼和培养能独当一面的总经理型人才。但是,这种方法要求部门主管具备更全面的管理能力,各产品部门的独立性较强而整体性则较差;由于各产品部门也需保持职能部门或职能人员,从而使部门重叠,管理费用增加。

6. 按顾客划分

这是一种为了更好地迎合特定顾客群体的要求,在将与某类特定顾客有关的各种活动集中起来的基础上划分部门的方法。这种方法也是许多不同类型的组织中所普遍采用的。这种方法的最大优点是有利于重视顾客的需要,增加顾客的满意度,并有利于形成针对特定顾客的技能和诀窍。但按这种方法组织起来的部门常常要求给予特殊的照顾而造成部门间的协调困难;此外,这种方法有可能使专业人员和设备得不到充分的利用。

7. 按技术或设备划分

这也是一种划分部门的基本方法。这种方法常常和其他划分方法结合起来使用。这种划分方法的优点在于,能够经济地使用设备,充分发挥设备的能力,便于设备的维修和材料供应,同时也有利于发挥专业技术人员的特长。

以上介绍的是划分部门的基本方法。除此之外,还有一些其他方法,如按市场销售渠道划分、按工艺划分等。总而言之,设计组织的横向结构,即划分各层次的业务部门,是为保证组织目标的实现而对业务工作进行安排的一种手段。所以,在实际的运用中,每个组织都应根据自己的特定条件,选择能取得最佳效果的划分方法。应该指出的是,划分方法的选择不是唯一的,并不一定要求各层次的业务部门都整齐划一。在很多情况下,常常采用混合的方法来划分部门,即在一个组织内或同一组织层次上采用两种或两种以上的划分方法。例如一所大学,在中层这个管理层次上,就可以按领域划分为系、所;按职能划分为总务处、财务处、保卫处、教务处、人事处、外事处等;按服务对象可以划分为研究生院、成人教育学院;按设备可以划分为电化教育中心、计算中心等。这种混合划分部门的方法,常常能够更有效地实现组织的目标。

总之,部门的划分,解决了因管理幅度的限制而约束组织规模扩大的问题,同时把业务工作安排到各个部门中去,有利于组织目标的实现。由于业务工作的划分难以避免地带来部门间不协调的问题,因此在划分部门的同时,必须考虑到这种不协调所带来的消极影响。

◄ 概念应用3-2 ►

部 门 化

识别下列组织结构分别属于哪种部门化组织结构:

A. 按人数划分　　　　B. 按时间划分　　　　C. 按职能划分
D. 按地区划分　　　　E. 按产品划分　　　　F. 按顾客划分
G. 按技术或设备划分

_____ 1. 海尔公司:总裁下领导电脑事业部、白色家电事业部、手机事业部。

_____ 2. 海淀医院:院长下管理各专业科室,如心内科、普通外科、胸外科、小儿科、骨科、眼科等。

_____3. 摩托罗拉公司:CEO管理着北美区、欧洲区、大中华区等区域总部。

_____4. 第一建筑技术公司:总经理管理着模板子公司、大型装卸机具子公司、混凝土子公司等。

_____5. 小岭煤矿:矿长把职工分为三班工作,白班(8:00—16:00)、中班(16:00—24:00)、晚班(24:00—8:00)。

二、组织结构的类型

组织结构反映了组织的各个组成部分之间的相互联系和相互作用,它是组织实现其组织目标的框架或体制。对于不同性质、不同规模的组织来说,组织结构多种多样,但都是由一些基本类型组合而成的。

(一) 直线型组织结构

直线型组织结构是最古老、最简单的一种组织结构形式。它的特点是:组织中各种职务按垂直系统直线排列,各级主管人员对所属下级拥有直接的领导职权,组织中每一个人只能向一个直接上级报告,组织中不设专门的职能机构,至多有几名助手协助最高层管理者工作(见图3-1)。这种组织结构的优点是,结构比较简单,权力集中,权责分明,命令统一,沟通简单快捷,决策迅速,比较容易维护纪律和秩序。其缺点是,在组织规模较大的情况下,由于所有的管理职能都集中由一人承担,往往会因为个人的知识及能力有限而难以深入、细致、周到地考虑所有管理问题,因此管理就比较简单粗放;组织中的成员只注意上情下达和下情上达,每个部门只关心本部门的工作,因而部门间的横向联系与协调比较差,难以在组织内部培养出全能型、熟悉组织情况的管理者。一般地,这种组织结构形式只适用于那些没有必要按职能实行专业化管理的小型组织,或者是现场的作业管理。

图3-1　直线型组织结构示意图

(二) 职能型组织结构

职能型组织结构的特点是,采用专业分工的管理者代替直线型组织中的全能型管理者。组织内除直线主管外还相应地设立一些组织机构,分担某些职能管理的业务。这些职能机构有权在自己的业务范围内,向下级单位下达命令和指示,因此下级直线主管除了接受上级直线主管的领导,还必须接受上级各职能机构在其专业领域的领导和指示(见图3-2)。它的优点是,能够适应现代组织技术比较复杂和管理分工较细的特点,能够发挥职能机构的专业管理作用,因而有可能发挥专家的作用,减轻上层主管人员的负担。但其缺点也比较明显,即这种结构形式妨碍了组织中必要的集中领导和统一指挥,形成了多头领导;各部门容易过分强调本部门的重要性而忽视与其他部门的配合,忽视组织的整体目标;不利于明确划分直线人员和职能科室的职责权限,容易造成管理的混乱;加大了最高主管监督协调整个组织的难度。这种结构比较适用于中小型组织。

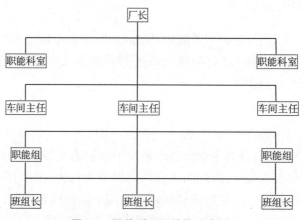

图3-2　职能型组织结构示意图

（三）直线职能型组织结构

直线职能型组织结构是对职能型组织结构的改进,是以直线型组织为基础,在各级直线主管之下,设置相应的职能部门,即设置了两套系统,一套是按命令统一原则组织的指挥系统,另一套是按专业化原则组织的管理职能系统。其特点是,直线部门和人员在自己的职责范围内有决定权,对其所属下级的工作进行指挥和命令,并负全部责任,而职能部门和人员仅是直线主管的参谋,只能对下级机构提供建议和业务指导,没有指挥和命令的权力(见图3-3)。可见,这种组织形式综合了直线型和职能型组织结构的优点,既保证了集中统一指挥,又能发挥各种专家业务管理的作用,其职能高度集中、职责清楚、秩序井然、工作效率较高,整个组织有较高的稳定性。缺点是,下级部门主动性和积极性的发挥受到限制;各部门自成体系,不重视信息的横向沟通,工作容易重复;当职能参谋部门和直线部门之间目标不一致时,容易产生矛盾,致使上级主管的协调工作量增大;整个组织系统的适应性较差,缺乏弹性,对新情况不能及时做出反应;还会增加管理费用。另外,如果授予职能部门的权力过大,容易干扰直线指挥命令系统。这种组织结构形式对中、小型组织比较适用,但对于规模较大、决策时需要考虑较多因素的组织,则不太适用。目前仍被我国大多数企业采用。

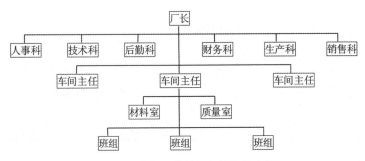

图 3-3　直线职能型组织结构示意图

（四）事业部制组织结构

事业部制组织结构首创于 20 世纪 20 年代，最初是由美国通用汽车公司副总经理斯隆创立，又称为"斯隆模型"，由于是分权制组织形式，也称为"联邦分权化"。它是在产品部门化基础上建立起来的一种分权管理组织结构。组织的最高层领导下设立多个事业部，各事业部有各自独立的产品市场、独立的责任和利益，实行独立核算。同时，事关大政方针、长远目标以及一些全局性问题的重大决策集中在总部，以保证企业的统一性。这种组织结构形式最突出的特点是"集中决策，分散经营"，即组织最高层集中决策，事业部独立经营。这是在组织领导方式上由集权制向分权制转化的一种改革（见图 3-4）。

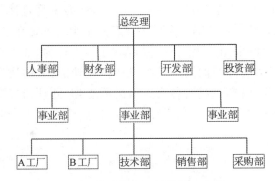

图 3-4　事业部制组织结构示意图

事业部制这种组织结构形式的主要优点是，组织最高层摆脱了具体的日常管理事务，有利于集中精力做好战略决策和长远规划；由于组织最高层与事业部的责、权、利划分比较明确，能较好地调动经营管理人员的积极性，提高了管理的灵活性和适应性，有利于培养管理人才。它的缺点是，由于机构重复，造成了管理人员的浪费；由于各个事业部独立经营，各事业部之间要进行人员互换就比较困难，相互支援较差；各事业部主管人员考虑问题往往从本部门出发，各事业部间独立的经济利益会引起相互间激烈的竞争，可能发生内耗；由于分权易造成忽视整个组织的利益、协调比较困难的情况，也可能出现架空领导的现象，从而减弱对事业部的控制。这种组织结构多适用于规模较大的公司组织。

经验说明，采用事业部制应当具备以下一些基本条件：

（1）具备按专业化原则划分事业部的条件，并能确保事业部在生产、技术、经营活动方面具有充分的独立性，以便能承担起利润责任。

（2）事业部之间应当相互依存，而不是互不关联地硬拼凑在一个公司中，这种依存性可以表现为产品结构、工艺、功能类似或互补，或用户类同，或销售渠道相近，或运用同类资源和设备，或具有相同的科学技术理论基础等。这样，各事业部才能互相促进，相辅相成，保证组织的繁荣发达。

（3）要保持、控制事业部之间的适度竞争、相互促进；过度竞争可能使组织遭受不必要的损失。

（4）组织要有管理各事业部的经济机制（如内部价格、投资、贷款、利润分成、资金利润率、奖惩制度等），尽量避免单纯使用行政手段。

（5）具有良好的外部环境。当世界经济景气，国内和行业经济呈增长势头时，组织采用事业部制，有利于主动创造新局面，开拓新领域，有助于组织的蓬勃发展；若国内外经济均不景气，发展缓慢，甚至停滞下滑，组织应当适当收缩，集中力量渡过难关。此时如过于强调事业部制，就会分散力量，不利于组织的整体利益与发展。

（五）矩阵型组织结构

矩阵型组织结构是把按职能划分的部门和按产品（项目、服务等）划分的部门结合起来组成一个矩阵，使同一个员工既同原职能部门保持组织与业务的联系，又参加产品或项目小组的工作，即在直线职能型基础上，再增加一种横向的领导关系。为了保证完成一定的管理目标，每个项目小组都设负责人，在组织最高主管直接领导下进行工作。这种组织结构的特点是打破了传统的一个员工只有一个上司的命令统一原则，使一个员工属于两个甚至两个以上的部门。矩阵型组织结构也可以称为"非长期固定性组织"，它是为完成某一项目，由各职能部门抽调人员组成项目经理部，该项目经理部包括项目所必需的各类专业人员。当项目完成后，各类人员另派工作，此项目经理部即不复存在。一般适用于外部环境变化剧烈、组织需要处理大量信息、分享组织资源要求特别迫切的情况（见图3-5）。

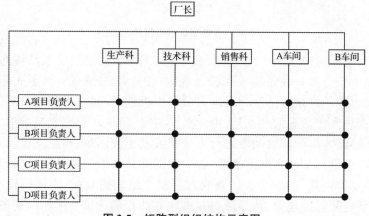

图3-5　矩阵型组织结构示意图

它的优点是,具有较大的机动性和适应性,能克服职能部门相互脱节、各自为政的现象;专业人员和专用设备能够得到充分利用;具有较大的机动性,任务完成即解散,各回原来的部门;各行各业人员为了一个目标在一个组织内共同工作可以互相启发、相互帮助、相得益彰,有利于人才的培养,克服"近亲繁殖";实现了集权与分权优势的结合。

其缺点是,由于这种组织形式实行纵向、横向联合的双重领导,如处理不当,会由于意见分歧而在工作中造成冲突和相互推诿;组织关系较复杂,对项目负责人的要求较高。克服缺点的办法是,授予项目经理全面的职权;独立预算;项目经理与职能经理共同制定进度与确定重点,如有矛盾,提交上一级解决。

◀ 概念应用 3-3 ▶

矩阵型组织结构

矩阵型组织结构的优点:

A. 克服职能部门相互脱节现象　　　B. 专业资源能够充分利用

C. 有较大的机动性　　　　　　　　D. 有利于形成团队和发挥团队的优势

E. 实现了集权与分权优势的结合

_____1. 项目经理是我们的直接管理者。在他的领导下,我们各负其责,使本项目从市场分析、新产品设计、生产计划,直至市场营销,全部在 4 个月内完成。

_____2. 完成这个任务让我重新认识了你,下一次我还是建议你们主任派你来跟我们合作完成公司的任务好吗?

_____3. 公司今年把人员按照其专业划分到不同的部门,当某一项目进行时,从不同的专业部门调集人员,组成一个强有力的项目组,进行项目实施。

_____4. 突发事件发生后,按照预案成立的应急工作组在处理相关事宜中发挥了突出的作用。

_____5. 通过召集方式成立的规划咨询委员会,集中了各方面的优秀专业人员,较好完成了城市规划咨询任务。

（六）组织设计趋势和新型组织结构

随着科学技术以空前的速度向前发展,国内外市场竞争更为激烈,人类社会政治、经济、社会等方面也发生了巨大变化。企业为适应环境变化和提高内部运行效率,创造出了一些新的组织结构,企业组织实践的发展使得人们对组织设计的模式有了新的认识。

1. 组织设计模式的趋势

随着现代技术使得管理精细化手段增强,由于扁平结构具有决策更有效率、决策效果更好、管理成本更低等优点,组织结构设计更趋向扁平化;但由于扁平化增加了上下级和同级间的监督、沟通和协调难度,锥型结构也还在实施中。这样,在组织结构设计中出现了机械式和有机式两种相对称的组织设计模式。

（1）机械式组织设计模式。机械式组织是综合运用传统设计原则的产物,包括直线型、职能型、直线职能型、事业部制等组织结构。机械式组织结构与传统意义上的金字塔型实体组织具有相同的特点,即有严格的层级关系、高度复杂化、高度正规化、高度集权化、有正式的沟通渠道。

（2）有机式组织设计模式。有机式组织是综合运用现代设计原则的产物,包括简单结构、矩阵型、多维立体型等组织结构。有机式组织结构与现代意义上的扁平型实体组织具有相同的特点,即强调纵向及横向的合作、职责不断调整、低度正规化、低度集权化、存在非正式沟通渠道。

2. 新型组织结构

新型组织结构可以统称为平台型或者类平台型组织结构。平台型组织是以客户需求为导向,以运营平台和业务赋能平台为支撑,以契约关系为纽带,以多中心＋分布式的结构形式,广泛整合资源,通过网络效应,链接各次级组织的组织形态。它的优点是能降低管理成本,最大限度整合相关资源,充分授权,高效决策,快速应对外部环境等,因此也是能实现规模经济和生态价值的一种组织形式。现实中的平台型组织有多维立体型组织结构、网络组织、簇群组织、虚拟组织。

（1）多维立体型组织结构。多维立体型组织结构是矩阵型组织结构形式和事业部制组织结构形式的综合发展。这种结构形式由三方面的管理系统组成：① 按产品（项目或服务）划分的部门（事业部）,是产品利润中心;② 按职能如市场研究、生产、技术、质量管理等划分的专业参谋机构,是职能利润中心;③ 按地区划分的管理机构,是地区利润中心。在这种组织结构形式下,每一个系统都不能单独做出决策,而必须由三方代表,通过共同协调才能采取行动。因此,多维立体型组织结构能够促使每个部门都能从整个组织的全局来考虑问题,从而减少产品、职能、地区各部门之间的矛盾。即使三者之间有摩擦,也比较容易统一和协调。这种类型的组织结构形式最适用于跨国公司或规模巨大的跨地区公司。

（2）网络组织。网络组织（Network Organization）是其中一种新的组织形式。它只有很精干的中心机构,通过契约关系作为建立和维持网络关系的基础,将组织的各项工作（包括生产、销售、财务等）,通过契约合同交给不同的专门组织去承担。中心机构只保留为数有限的职员,它的主要工作是制定政策及协调各契约方的关系。这种结构通过相对松散的契约纽带,以互惠互利、相互协作、相互信任、相互支持的机制进行协作,而各契约方之间不必有资本所有关系或行政隶属关系。网络组织结构是虚拟组织的一种,其组织过程就是创设"关系"、按照契约进行相应的生产经营运作。由于该结构可以利用社会上的资源使组织迅速发展起来,并有可以实现"强强"合作、运营成本低、灵活性强等特点,因而成为目前较为流行的一种新型组织结构形式。但正因为其"契约性"的特点,运用该种组织结构运营的风险较大,较适于核心技术难以仿制、有品牌效应、信誉较佳的组织之间。

（3）簇群组织。簇群组织（Cluster Organization）是另一种新的组织形式。它的特色是将公司员工组成为20—50人的"簇群",每个"簇群"包括不同专业人才,他们紧密合作,全力负责一个业务计划或主管一项商品。在这种组织结构下,企业废除中层管理人员,采用集体领导、集体负责制。每个员工需要同时担任多项职务;"簇群"内集思广益,沟通与决策素质得以提高。然而,这种组织结构对员工要求甚高,他们的配合和领导素质变得至关重要。

(4)虚拟组织。虚拟组织(Virtual Organization)是指当市场出现新机遇时,具有不同资源与优势的企业组织,为了共同开拓市场,或共同应对其他竞争者的竞争而形成的建立在信息网络基础之上的组织形态,是共享技术与信息、共同分担费用、共同联合开发、互惠互利的联盟体。虚拟组织可以看作一个企业组织网络,由于具有组织界限模糊、组成具有动态性和灵活性、以信息网络为基础、采用并行工程技术的特点,因此具有跨时空限制的速度和成本优势。

三、团队及其类型

所谓工作团队是指为了实现共同目标或使命而由相互依存和相互协作的个体组成的正式群体。当管理人员利用团队作为协调组织活动的主要方式时,其组织结构即为团队结构。这种结构的主要特点是:由于打破了部门的界限,可以促进员工之间的合作;可以快速地组合、重组、解散,提高组织的灵活性、决策速度和工作绩效;由于实现一定程度的自我管理,使管理层有时间进行战略性的思考。

企业在采用团队组织时可以有多种选择,既可选择临时性的组织,也可选择常设的或者永久的组织。

1. 项目团队——临时性团队

项目团队通常是为某个特定的项目或者业务目标,在一段特定的时间内组建的同一职能领域或者跨职能领域的团队。团队成员可以是专职的,也可以是兼职的。企业通过提供充分的资源支持团队实现预定的目标。由于具有灵活性并且不会破坏原有的组织结构,项目团队是企业中最普遍的团队形式,如问题解决团队、产品开发团队等。项目团队的不足之处是,它是一种临时性的团队,从学习型组织的角度考虑,团队运行过程中形成的"知识",容易由于团队的解散而"丢失"。

2. 过程团队——永久性团队

组织可以在原有职能结构基础上,将组建的团队固定下来,以完成组织某个业务过程。这种为了完成业务过程永久存在的团队就是过程团队结构。这种团队克服了临时性团队的不足,但在组织的职能结构中叠加永久性过程团队的方式,增加了组织的结构复杂性,很容易使组织的职能结构和团队结构之间出现目标不一致以及彼此之间的冲突。因此,如何有效地管理和发挥过程团队和职能部门的作用,即合理界定过程团队与职能部门的职责与分工,是一个重大挑战。

近年来在一些组织中出现了以过程团队取代职能部门的组织形式。这样的组织需要围绕过程而不是职能任务构造;过程团队的目标成为业绩目标和考评的依据;管理者要以引导的方式而不是日常控制和管理的方式提供全方位的领导。

还有一些人认为组织本身具有双重的需要:创造知识的需要和运用知识为客户创造价值的需要,因此,职能部门在组织中负责知识的开发,而过程团队负责为客户创造价值。这种过程团队与职能部门的关系中,过程团队负责执行创造价值的任务;职能部门主要负责:其一,总结当前知识、寻求新知识并把这些新知识传授给所有员工;其二,为在价值创造过程中运用这些知识提供准则和最佳做法。

四、委员会

委员会可以解释为从事执行某些方面管理职能的一组人。在现代社会的各种组织中,委员会正在作为一种集体管理的主要形式而被广泛地采用,在管理中,尤其是在决策方面扮演着愈来愈重要的角色。

存在于各种组织中的委员会,其形式和类型多种多样。它既可以是直线式的,也可以是参谋式的;既可以是组织结构的正式组成部分,有特定的职权和职责,也可以是非正式的,虽未授予职权,但常常能发挥与正式委员会职能相同的作用;既可以是永久性的,也可以是临时性的,达到特定目的后就予以解散。在组织的各个管理层次都可以成立委员会。在公司的最高层,一般称作董事会,他们负责行使制定重大决策的职权。在中下层,也有类型不同的各种委员会,负责贯彻落实上级决策,切实保证任务的完成。

尽管委员会的形式与种类比较多,但在委员会管理的利弊、如何成功地利用委员会等方面则是相通的。

(一) 委员会管理的优点

1. 集思广益

利用委员会的最重要理由,是为了取得集思广益的好处。委员会由一组人组成,其知识、经验与判断力均较其中任何一个人高。因此,通过集体讨论、集体判断可以避免仅凭主管人员个人的知识和经验所造成的判断错误。

2. 协调作用

部门的划分,可能会产生"职权分裂",即对某一问题,一个部门没有完全的决策权。只有通过几个有关部门的职权结合,才能形成完整的决策。此类问题当然可以通过提交给上一级主管人员解决,但也可以通过委员会把具有决策权的一些部门召集来解决。这样既可减轻上级主管人员的负担,又有利于促进部门间的合作。此外,委员会可以协调各部门间的活动,各部门的主管人员可通过委员会来了解其他部门的情况,使之自觉地把本部门的活动与其他部门的活动结合起来。

3. 避免权力过于集中

委员会做出的决策一般都是对组织前途有举足轻重影响的重大决策,通过委员会做出决策,一方面可得到集体判断的好处,另一方面也可避免个人的独断专行、以权谋私等弊端,委员之间起了权力互相制约的作用。

4. 激发主管人员的积极性

委员会可使下级主管人员和组织成员有可能参与决策与计划的制订过程。这样做可以激发和调动下级人员的积极性,以更大的热情去接受和执行这些决策或计划。

5. 加强沟通联络

委员会对传送信息有好处,受共同问题影响的各方都能同时获得信息,都有同等的机会了解所接受的决策,这样可以节约信息传递过程中的时间。

（二）委员会管理的局限性

委员会是由一组人来执行某项管理职能,它既有优越性,同时也有局限性。

1. 时效较差

委员会召开会议讨论问题,一般都要花费很多的时间和经费。委员会成员是平等的,所有成员都有发言和质询的机会与权力。这种组织形式决定了只有在每一个人都充分发表意见的基础上才可能形成集体决议。因此,综合大家的正确意见又常常导致决策的迟缓、时间的延误。又由于各成员的地位、经历、知识、角度均不同,许多问题争论不休、议而不决,结果有可能使最好的行动机会在争论不休和议而不决过程中悄悄丧失。

2. 决策妥协

委员会既然是不同部门、不同层次的代表,代表着各自不同的利益,委员会内部意见的争论和分歧就难以避免。当意见分歧较大时,常常为照顾各方利益,尊重各委员的意见,决策时不得不相互妥协,采用折中的方法,影响决策的质量。

3. 权责分离

委员会有一定的权限,它必须对权力使用的结果负责,这在理论上讲是没问题的。然而,在实际执行中委员会管理并不完全如此。委员会的决策是各种利益妥协的结果,因此,决策不可能反映委员会中每个人的意见,也不会反映每个人的全部意见。可以想象,任何人都不愿意对那些只体现自己部分利益的决策及其执行结果负责。不仅一般成员如此,即使委员会主席也会如此。这是委员会管理的一个重要缺陷。

（三）科学运用委员会管理

上面的分析表明,委员会管理有许多优点,但也有不少缺陷,怎样成功地运用,方能卓有成效地提高管理效率呢?

1. 职权和范围要科学

委员会的职权究竟是决策直线职能还是建议参谋职能,要根据目标与任务的需要来确定。职能不明确、不合理,盲目地赋予委员会过多的职能,都会给委员会管理带来混乱和低效率。

从实际执行情况看,委员会的工作消耗时间和费用较多,对那些繁杂、琐碎、具体的日常事务工作,不宜采用委员会的管理方式去处理,迟缓的决策常常会耽误日常工作。那些长远的、全局性的、战略性的问题,适宜用委员会的方式来决策,它对时间要求较宽松,需要运用各种专业知识详细论证,这与委员会的长处正好合拍。

2. 规模要适当

委员会的规模非常重要,人数太多,委员会开会时,每个人都难以有足够的时间和机会充分阐明自己的观点和意见,以及听取其他委员的观点和意见。因为人数以算术级数增加,而关系的复杂程度则是以几何级数增加,委员之间的信息沟通质量与委员会的人数成反比。委员会规模越大,信息沟通难度越大,信息沟通质量就越差,决策也就越困难;委员会规模越小,信息沟通效果越好。那么,似乎规模倾向于小一点,但规模过小就与委员会本身具有的优越性相违背。人数过少的委员会，不可能集合各种专业知识，不可能真正集思广益，不可能广泛代表各种利益。因此，委员会的规模要在"沟通难度"和"广泛"这两者之间取得平衡。

3. 成员要选择

委员会的组成成员要根据委员会的工作目的和工作性质来确定。比如，委员会的主要任务是提供咨询意见和建议方案，委员会成员就要尽可能选择与研究问题所涉及专业知识相关的理论研究人员和实际工作者。如果委员会的主要目的是协调各方面的利益，那么委员会的成员就应该选择能代表各方利益的负责人。不管委员会的目的和任务有何区别，其成员一般都要求具备独立思考和综合分析的才能，有较强的理解能力和表达能力，并富有合作精神。同时还要注意成员的组织级别比较接近，这样有利于他们在委员会中畅所欲言，广开思路，相互取长补短，形成正确的结论。

4. 主席要发挥好作用

委员会的主席非常重要，他的工作才能直接影响到委员会作用的发挥。因此，委员会主席的选择一定要慎重。一个好的委员会主席会精心计划会议内容、安排会议议程、检查会议材料、控制会议进程、引导会议讨论，直至形成正确的会议决议。如果主席引导得法，决议建立在大家集思广益、不偏不倚的基础上，也就易于为委员们所接受，委员会的工作效率就比较高。

五、影响组织结构选择的因素

管理职位及其结构的设计，其目的是合理管理组织人员的劳动。而需要管理的组织活动，总是发生在一定的环境中，受制于一定的技术条件，并在组织总体战略的指导下进行。组织设计必须考虑这些因素的影响。此外，组织规模及其所处阶段不同，也会对组织的结构形式提出相应的要求。

1. 组织结构与战略

在组织结构与战略的关系上，一方面战略的制定必须考虑组织结构的实现；另一方面，一旦战略形成，组织结构应做出相应的调整。适应战略要求的组织结构，能够为战略的实施，从而为组织目标的实现提供基本的保证。

不同的战略选择，在两个层次上影响组织的结构：不同的战略要求开展不同的业务活动，这会影响管理职务的设计；战略重点的改变，会引起组织的工作重点从而引起各部门与职务在组织中重要程度的改变，因此要求对各管理职务以及部门之间关系做相应的调整。

2. 组织结构与环境

环境对组织的影响程度是巨大的，每个组织都是社会的一个子系统，外部环境为组织提供资源投入，并利用其产出。把一个组织作为一个封闭系统来研究，只集中注意它的内部运作，不考虑环境的影响，这样比较简单易行，但会导致错误的结论。所以，研究组织问题，必须研究组织与外部环境的关系。组织与外部环境的关系为：外部环境因素可作用于组织，对其管理活动及生产经营活动产生影响；组织可以作用于环境，可以改变甚至创造适应组织发展所需要的新环境。

　　组织外部环境对组织内部结构产生的影响可以反映在三个不同的层次上,这就是职务与部门设计层次、各部门关系层次和组织结构总体特征层次。组织是社会经济大系统中的一个子系统,组织与其他社会子系统之间也存在分工问题,不同分工决定了组织内部工作内容、所需完成的任务、所需设立的职务和部门不一样。因此,组织外部环境会对组织的职务和部门设计产生影响。

　　而环境不同,对组织中各项工作的完成以及组织目标的实现也产生影响。因此,组织外部环境将影响到组织内各部门间的关系。外部环境是否稳定,对组织结构的要求也是不一样的:稳定环境中管理部门与人员的职责界限分明、工作内容和程序经过仔细的规定、各部门的权责关系固定、等级结构严密,而多变的环境则要求组织结构灵活、各部门的权责关系和工作内容需要经常做适应性的调整,等级关系不甚严密。组织设计中强调的是部门间的横向沟通而不是纵向的等级控制,因此,外部环境也会对组织总体结构特征产生影响。

　　3. 组织结构与技术

　　组织在工作中需要利用一定的技术手段来进行,技术水平不仅影响组织活动的效果和效率,而且会作用于组织工作的各个方面,尤其会对工作人员的素质提出要求。显然,信息处理的计算机化,必将改变组织中的会计、文书、档案等部门的工作形式和性质。

　　4. 规模与组织所处的发展阶段

　　组织的规模往往与组织的发展阶段相联系。随着组织的发展,组织活动的内容会日趋复杂,人数会逐渐增多,活动的规模会越来越大,组织的结构也需要随之调整以适应变化了的情况。美国学者托马斯·卡曼(Thomas Cannon)提出了组织发展五阶段的理论,认为组织的发展过程中要经历创业、职能发展、分权、参谋激增和再集权阶段。不同的发展阶段,要求有与之适应的组织结构形态。

　　(1)创业阶段。这个阶段决策主要由高层管理人员个人做出,组织结构相当不正规,对协调只有最低限度的要求,组织内部的信息沟通主要建立在非正式的基础上。

　　(2)职能发展阶段。这时决策越来越多地由其他管理人员做出,最高管理人员亲自决策的数量越来越少,组织结构建立在职能专业化的基础上,各职能间的协调需要增加,信息沟通变得更重要也更困难。

　　(3)分权阶段。组织采用分权的方法来对付职能结构引发的种种问题,组织结构以产品或地区事业部为基础来建立,目的是在企业内建立“小企业”,使后者按创业阶段的特点来管理。但随之出现了各种问题,如“小企业”成了内部的不同利益集团,组织资源转移,用于开发新产品的相关活动减少,总公司与“小企业”的许多重复性劳动使费用增加,高层管理人员感到对各“小企业”失去了控制,等等。

　　(4)参谋激增阶段。为了加强对各“小企业”的控制,公司一级的行政主管增加了许多参谋助手,而参谋的增加又会导致他们与直线人员的矛盾,影响组织中的命令统一。

　　(5)再集权阶段。分权与参谋激增阶段所产生的问题可能诱使公司高层主管再度高度集中决策权力。同时,信息处理的计算机化也使再集权成为可能。

第三节　人员配备

组织设计仅为系统运行提供了可供依托的框架。框架要能发挥作用,还需由人来操作。因此,在设计了合理的组织机构和结构的基础上,还需要为这些机构的不同岗位选配合适的人员。人员配备是组织设计的逻辑延续,要通过分析人与事的特点,谋求人与事的最佳组合,实现人与事的不断发展。

一、人员配备的任务、程序和原则

(一) 人员配备的任务

人员配备,就是利用合格的人力资源对组织结构中的职位进行不断填充的过程。它包括明确组织人才的需求,对现有的人力资源进行摸底、招募、选拔、安置、提拔、考评、奖惩、训练和培养等一系列活动。近年来,人力资源管理受到了很大的重视。

人员配备的直接任务是为组织结构中的各个职位配备合适的人员,应不仅要满足组织的需要,同时也必须关注组织成员个人的特点、爱好和需要,以便为每个人员安排适当的工作。因此,人员配备可以从组织和个人这两个不同角度考察。从组织的角度考察,人员配备必须保证组织机构的每个岗位都有合适的人选,注意组织后备干部队伍的建设,建立起员工对组织的忠诚感。

组织成员是否真心实意、自觉积极地为组织努力工作,会受到许多因素的影响。在进行人员配备时,应力求通过人员配备,使每个人的知识和能力得到公正的评价、承认和运用,使每个人的知识和能力不断发展、素质不断提高。

组织中任何一项管理职能的实施、任何一项任务或工作的完成都是由人来进行的。可以说,人是组织目标实现的直接推动力。因此,组织结构中各个职位的人员配备是每一组织都应十分关心的问题,因为它直接关系到组织的活动是否有效、组织目标能否实现。

(二) 人员配备的工作内容和程序

人员配备是一个系统的逻辑过程,这个过程受组织内外许多因素的影响。一般地,组织内部的影响因素主要有组织目标、技术特点、组织结构、组织所雇用的人员种类、组织风气、组织内部对主管人员的供求状况、报酬制度,以及各种人事政策等。外部影响因素则主要包括社会文化教育水平、处事态度、经济条件、直接影响人员配备工作的一些法令或条例,以及组织外部对主管人员的供求情况等。以上这些内外影响因素互相交织在一起,使人员配备显得格外复杂。尽管如此,仍可以按一定的系统的逻辑内容和程序步骤描述这一活动过程。

1. 确定人员需要量

人员配备是在组织设计的基础上进行的。人员需要量的确定主要以设计出的职务数量和类型为依据,职务类型指出了需要什么样的人,职务数量则说明了每种类型职务所需要的人员数量。

一个组织中人员的需要量基本上取决于组织的计划、组织结构的规模与复杂程度，以及组织的扩充发展计划和人员的流动率。组织结构设计完成后，其中所设计的各个职务，就是组织所需的人员数。然而这只是从静态方面来考察未来主管人员的需要量，在现实生活中，组织是随着所处环境的不断变化而不断调整的，组织环境的变化要求组织随时修正其目标和计划。与之相适应，所需的人员数也不是一成不变的，而是随着组织结构的变化而增减的。此外，人员的流动率，即由于退休、病休、死亡或降级、调离等原因造成的职位上人员的空缺，需要有新的人员来填充，这也是影响人员需要量的一个重要的动态因素。

2. 选配人员

对人员的需求分析除了数量，在质量上也有要求，即每一职位所要求的资格，二者结合起来，才能选出最合适的人员。为了保证担任职务的人员具备职务要求的知识和技能，必须通过面向组织外部的招募、选拔、安置，以及从组织内部调整和提拔，筛选出最适合的人选填充到各个主管位置上。

3. 考核及评价

对占据各个位置的管理者的职务履行情况进行考核和评价。

4. 制订和实施人员培养计划

要根据组织的成员、技术、活动、环境等特点，利用科学方法，有计划、有组织、有重点地进行全员培训，特别要加强对有发展潜力的未来管理人员的培训。

（三）人员配备的原则

为求得人与事的优化组合，人员配备过程必须依循因事择人、因才施用、动态平衡的原则。因事择人的原则，就是根据岗位要求，选择具备相应知识与能力的人员到合适的岗位，以使工作卓有成效地完成。因才施用的原则，要求根据人的不同特点来安排工作，使人的潜能得到最充分的发挥。人事动态平衡的原则，要求以发展的眼光看待人与事的配合关系，不断根据变化了的情况，进行适时调整，实现人与工作的动态平衡与最佳匹配。

二、管理人员的选聘

管理人员的选拔、培养和考评，是人员配备职能中最关键的核心，不仅直接影响到人员配备的其他方面，而且对整个管理过程的进行乃至整个组织的活动，都有着极其重要和深远的影响。管理人员的质量是任何一个组织不断取得成功的最重要的决定因素。"得人者昌，失人者亡"，这是古今中外公认的一个组织成功的要诀。因此，组织能否选拔和招聘到合适的管理人员，是关系到组织活动成败的关键。

（一）管理人员需要量的确定

一个组织中未来管理人员的需要量，基本上取决于组织的现有规模、机构、岗位设置与复杂程度，以及组织的扩充发展计划和管理人员的流动率。

（二）管理人员的来源

选聘管理人员的途径有两种：一是从组织内部提升（内升制），二是从组织外部选聘

（外求制）。

从内部提升是指随着组织内部成员能力的增强，在得到充分证实后，对那些能够胜任的人员委以承担更大责任的更高职位。实行内升制一般要求在组织中建立起详尽的人员工作表现的调查登记材料，以此为基础绘制出主管人才储备图，以便在一些管理职位出现空缺时，能够据此进行分析研究，从而选出合适的未来管理人员。

内部提升的优点是：有利于对选聘对象的全面了解，以保证选聘工作的正确性；被提升的组织内成员对组织的历史、现状、目标以及现存的问题比较了解，有利于被聘者迅速开展工作；有利于鼓舞士气，激励组织成员的上进心和工作热情，调动组织成员的积极性；可使组织对其成员的培训投资获得回报，获得比当初投资更多的培训投资效益。内部提升的缺点是：当组织内部人才储备的质或量不能满足组织发展的需要时，如果仍然坚持从内部提升，不仅会使组织失去得到一流人才的机会，而且又使不称职的人占据管理职位；由于组织成员习惯了组织内的一些既定的做法，不易带来新的观念，容易造成近亲繁殖；同时，因为提升的人员数量毕竟有限，若有些人条件大体相当，有的被提升，有的仍留在原来的岗位，没有被提升的人的积极性将会受到一定程度的挫伤。

从外部招聘是指根据一定的标准和程序，从组织外部的众多候选人中选择符合空缺职位工作要求的管理人员。外部招聘的渠道很多，可以通过广告、就业服务机构、一些管理协会或学校、组织内成员推荐等途径来进行。外部招聘的优点是：有比较广泛的人才来源满足组织的需求，有可能招聘到一流的管理人才；可避免近亲繁殖，给组织带来新的思想、新的方法，防止组织的僵化和停滞；可避免组织内没有提升的人的积极性受挫，避免造成因嫉妒心理而引起的情绪不快和组织成员之间的不团结；大多数应聘者都具有一定的理论知识和实践经验，因而可节省在培训方面所耗费的大量时间和费用。外部招聘的缺点是：组织内部员工的士气或积极性将会受到影响；应聘者对组织的历史和现状不了解，不能迅速开展工作；在招聘过程中不可避免地会过多地注重其学历、文凭、资历等，有时会导致对应聘者产生很大的失望。

管理人员的选聘无论是内升制还是外求制，都不是十全十美的，但在实际工作中，还是有一些一般的规律。一般说来，当组织内有能够胜任空缺职位的人选时，应先从内部提升；当空缺的职位不很重要，并且组织已有既定的发展战略时，应当考虑从内部提升。然而，当组织急缺一个关键性的管理人员，而组织内又无胜任这一重要职位的人选时，就需从外部招聘，否则将会导致组织处于停顿甚至后退状态。在通常情况下，选拔管理人员往往是采用内部提升和外部招聘相结合的途径，成功的企业大都主张采取内部提升和培养的方法，但一个组织选聘管理人员究竟是采用"内升制"还是采用"外求制"，要根据组织的具体情况而定，因地制宜地选择招聘的途径。

◅ 概念应用3-4 ▻

人员招聘的渠道

为以下的职位描述选择最主要的人员招聘渠道：

内部招聘渠道：

A. 内部提拔

外部招聘渠道：

B. 直接应聘　　　C. 广告招聘　　　D. 猎头公司　　　E. 代理公司

_____1. 一名班组长将在两个月内退休。

_____2. 我部门需要一位掌握先进网络维护技术的工程师,但公司范围内能胜任的人很少。

_____3. 公司办公室需要一位前台接待员从事前台接待工作。

_____4. 策划经理希望雇用新人,以便开拓新的策划思路。

_____5. 我们公司迫切需要一个既有经验又有创新精神的市场营销主管,以便克服公司原有的传统方式的束缚。

（三）管理人员选聘的标准

选聘管理人员,首先必须明确选聘的依据是什么,也就是根据什么标准来选聘。总的来说标准应该是德才兼备。但是从具体担任的管理职位来说,选聘的依据可以概括为以下两个方面：职位的要求,以及管理人员应具备的素质和能力。

（1）职位的要求。为了有效地选聘主管人员,首先必须对职位的性质和目的有一个清楚的了解。通常,组织结构设计的职位说明书对各职位已有了总的规定。

（2）管理人员应具备的素质和能力,包括个人素质和管理技能。管理技能即完成管理活动的本领,它的涉及面非常广。管理人员应该具备的管理技能包括技术技能、人际技能和概念技能三类。个人素质是指强烈的管理欲望、正直的品质、冒险的精神以及过去的经历。

（四）管理人员选聘的程序和方法

在组织未来所需管理人员的数量和要求已经明确,并且制定了选聘政策之后,就要开始实施具体的选聘工作。选聘可在组织内由各级负责人员配备的管理人员和人事部门主持进行,也可委托组织外的机构或专家对候选人进行评价。选聘的具体程序应包括哪些步骤,随组织的规模、性质以及空缺管理职位的特殊性和要求而有所不同。不过在设计步骤时,应考虑到时间、费用、实际意义及难易程度等因素。通过竞争方式选聘管理人员的主要程序和方法如下：

1. 公开招聘

选聘工作机构通过适当的媒介,向组织内外公布待聘职务的数量、性质以及对候选人的要求等信息,鼓励自认为符合条件的候选人踊跃报名。

2. 粗选

根据报名者的背景情况进行初步筛选。

3. 对粗选合格者进行知识与能力考核

对粗选合格者,进行细致全面的考核和评价,可以采用的具体考核方式有智力与知识测验、竞聘演讲与答辩、案例分析与实际能力考核。

4. 民意测验

在选配管理人员时，特别是选配组织中较高管理层次的管理人员时，可以进行民意测验以判断组织成员对其的接受程度。

5. 选定管理人员

在上述各项工作的基础上，综合考虑每个候选人的知识、智力和能力情况，结合民意测验反映的组织成员的拥护程度，根据待聘职务的性质，最终选聘既有工作能力又被同事和部属广泛接受的管理人员。

三、管理人员的考评

（一）管理人员考评的目的和作用

人员考评是为了确定占据职位的人员是否确实符合要求，值得进一步提拔还是应当加以调整，管理人员的培训和培养工作的效果，管理人员的薪酬应当依据什么基准确定等。此外，通过考评，还可以起到互相学习、促进组织内部沟通的作用。因此，管理人员考评的目的有两大类：一是将考评作为决定人事提拔、调整工资或进行奖励的依据，二是将考评作为激励和改进人员配备的手段。

（二）管理人员考评的内容

一般来说，为确定工作报酬提供依据的考评看重管理人员的现时表现，而为人事调整或组织培训进行的考评则偏重对技能和潜力的分析。然而，组织具体进行的人事考评，往往不是与一种目的有关，而是为一系列目的服务的。因此，考评的内容不能只侧重于某一方面，而应尽可能全面。公平的考评包括以下几个方面：

1. 贡献考评

贡献考评是指考核和评估管理人员在一定时期内担任某个职务的过程中对实现企业目标的贡献程度，即评价和对比组织要求某个管理职务及其所辖部门提供的贡献与该部门的实际贡献。

贡献往往是努力程度和能力强度的函数。因此，贡献考评可以作为决定管理人员报酬的主要依据。贡献评估需要注意以下两个问题：应尽可能把管理人员的个人努力和部门的成就区别开来，即力求在所辖部门的贡献或问题中辨识出有多大比例应归因于主管人员的努力；贡献考评既是对下属的考评，也是对上级的考评，是考评上级组织下属工作的能力。

2. 能力考评

能力考评是指通过考察管理人员在一定时间内的管理工作，评估他们的现实能力和发展潜力，即分析他们是否符合现任职务所具备的要求，任现职后素质和能力是否有所提高，从而能否担任更重要的工作。根据对管理人员的工作要求来进行能力考评，不仅具有方便可行、能够保证得到客观结论的好处，而且可以促使被考评者注重自己的日常工作，根据组织的期望改进和完善自己的管理方法和艺术，从而起到促进管理能力发展的作用。

（三）管理人员考评的程序与方法

公平的考评包括以下几个方面：

1. 确定考评内容

考评管理人员首先要根据不同岗位的工作性质，设计合理的考评表，以合理的方式提出问题，通过考评者对这些问题的回答得到考评的原始资料。

2. 选择考评者

考评表应由与被考评对象在业务上发生联系的有关部门的工作人员填写。主要有：

（1）自我填写。这有利于管理人员自觉地培养和提高自己的政治素质、业务水平和管理能力，增强工作的责任感，其评价结果还可用来作为上级对下级评价时的参考，从而减少被考评者对考评的不信任感。自我考评很易受个性的影响。此外被考评者由于担心上级考评不能客观地评价自己，因而会过多地谈论自己的成绩，而较少涉及自己的不足。

（2）上级填写。这是对管理人员考评中最常见的一种方式。一方面，由于被考评者的直接上级与被考评者的直接联系较多，因而能够从经常性的接触和观察中了解其各方面的状况；另一方面，作为上级来讲，一般比较理解考评的目的，熟悉考评的标准，而且责任心也比较强。这两方面结合起来，就使得上级考评一般能够对被考评者做出比较客观和公正的评价，但上级有时也不免带有主观成分。

（3）同事填写。即与被考评者一起工作的同事对其进行考评。由于工作关系，同事互相之间是最了解的，因此，同事考评的结果也较为客观和可信。这种方式常用的形式是小组评议。但同事考评受人际关系的影响比较大，容易出现"你好我好大家都好"的现象。

（4）下级填写。下级是从另一个角度对管理人员进行评价，下级更熟悉被考评者的领导方式、领导作风，因而在这些方面的评价也是比较客观和准确的。"民意测验"就是这种考评方式的一种具体形式。下级考评的缺点是，下级可能由于怕被"穿小鞋"而不愿讲真话。

3. 分析考评的结果，辨识误差

为了得到准确的考评结果，首先要分析考评表的可靠性，剔除那些明显不符合要求的表格，并对考评表的填写内容进行认真的分析。

4. 传达考评结果

考评结果应及时反馈给有关当事人。反馈的形式可以是上级主管与被考评对象直接单独面谈，也可以用书面形式通知当事人。

5. 根据考评结果，建立组织的个人档案。

四、管理人员的培训

对任何一个组织来说，无论是管理人员还是一般员工，都只有通过不断的学习、进步、充实和提高，才能适应组织内外环境日新月异的变化，才能胜任要求不断提高的各项工作，这一点已为越来越多的人所认识。管理人员的培训是人员配备职能中的一个重要的方面。其目的是要提高组织中各级管理人员的素质、管理知识水平和管理能力，以适应管理工作的需要，适应新的挑战和要求，从而保证组织目标的实现。由于管理人员是组织活动的主导力量，管理人员管理水平的高低直接决定着组织活动的成败，因而每一组织都应将对管理人员的培训工作看作一项关系到组织命运、前途的战略性工作来对待。应当把培训工作作为组织的一项长期活动的内容,建立起有效的培训机构和培训制度,针对各级各类管理人员的不同要求,采用各种方法进行培训,切实做好培训工作。

加强管理人员的培训,不但能充实组织的后备人才队伍,而且能够丰富管理者个人的知识,增强管理者个人的素质,提高管理者个人的技能,同时可以辨识个人的发展潜力,特别是对那些在培训中表现突出的管理人员,则可能意味着更多被提升的机会。由于培训为管理人员的发展和职务晋升提供了美好的前景,使他们的未来在一定程度上得到保障,从而增加了他们的职业安全感和对组织的忠诚感,促进了管理队伍的稳定。

(一) 管理人员培训的目标

为了提高管理队伍素质,促进个人发展的培训工作,必须实现以下四个方面的具体目标:

1. 传递信息

通过培训,要使管理人员了解组织在一定时期内的生产特点、产品性质、工艺流程、营销政策、市场状况等方面的情况,熟悉公司的生产经营业务。

2. 改变态度

通过对管理人员,特别是新聘管理人员的培训,使他们逐步了解组织文化,接受组织的价值观念,按照组织认同的行动准则从事管理工作。

3. 更新知识

为了使企业的活动跟上技术进步的步伐,使管理人员能够有效地管理具有专门知识的生产技术人员,可以利用培训的方法,对他们的科学、文化、技术知识进行及时的补充和更新。

4. 发展能力

管理人员培训的另一个主要目的,便是根据管理工作的要求,努力提高管理人员在决策、用人、激励、沟通、创新等方面的管理能力。

(二) 管理人员培训的方法

1. 理论培训

理论培训是提高主管人员理论水平的一种主要方法。尽管主管人员当中有些已经具备了一定的理论知识,但还需要在深度和广度上接受进一步的培训。理论培训有助于提高受训者的理论水平,有助于他们了解某些管理理论的最新发展动态,有助于在实践中及时运用一些最新的管理理论和方法。

2. 工作轮换

工作轮换是使受训者在不同部门的不同管理位置或非管理位置上轮流工作,使其全面了解整个组织不同的工作内容,得到各种不同的经验。作为培养管理技能的一种重要方法,工作轮换不仅可以使受训者丰富基础知识和管理能力,掌握公司业务与管理的全貌,而且可以培养他们的协作精神和系统观念,使他们明确系统的各个部分在整体运行和发展中的作用,从而在解决具体问题时,能自觉地从系统的角度出发,处理好局部与整体的关系。工作轮换包括非管理工作的轮换、管理职位的轮换等。

3. 设立副职和助理职务

副职的设立是要让受训者同有经验的管理人员一道密切工作,后者对于受训人员的发展给予特别的注意。这种副职常常以助理等头衔出现。有些副职是暂时的,一旦完成培训任务,副职就被撤销;有些副职则是长期性的。无论是长期的还是临时的,副职对于培训管理人员都是很有益的。这种方法可以使配有副职的管理人员起到教员的作用,通过委派受训者一些任务,并给予具体的帮助和指导,培养他们的工作能力。而对受训者来说,这种方法又可以为他们提供实践机会,观摩和学习现职管理人员分析问题、解决问题的能力和技巧。

4. 临时职务代理

当组织中某个管理人员由于出差、生病或度假等原因暂时不能上岗时,对于这种临时性的职务空缺(当然,组织也可有意识地安排这类空缺),组织可以考虑由受培训者临时代理该管理人员的工作。安排临时性的代理工作,具有和设立助理职务相类似的好处,它可以帮助受培训者体验高层管理工作,在代理期限内充分展示其管理才能,弥补其管理能力方面的不足。

5. 研讨会

研讨会是指各有关人员在一起对某些问题进行座谈或决策。通过举行研讨会,组织中的一些上级管理人员与受训者一道讨论各种重大问题,可以为他们提供一个机会,观察和学习上级管理人员在处理各类事务时所遵循的原则和具体如何解决各类问题,取得领导工作的经验。同时,也可以通过参与组织一些大政方针的讨论,了解和学习利用集体智慧来解决各种问题的方法。

人员配备是人力资源部门的具体工作,而管理人员在这方面也负有不可推卸的责任。人是组织中最重要的资源,是构成组织五要素中最重要的要素。组织活动的进行,组织目标的实现,无一不是由人所决定的。管理人员是否用人得当,是否能增强组织的凝聚力,都直接影响着自己的工作绩效以及组织的生存发展。人员配备主要涉及的是对人的管理,其重要性主要表现在:人员配备是组织有效活动的保证,人员配备是做好领导以及控制工作的关键,人员配备是组织发展的基本条件。因此,从管理是一个系统的观点来看,人员配备作为管理的一项职能是构成完备的管理系统不可缺少的组成部分。组织结构中需要配备的人员大体上可分为两类:一是各级管理人员,二是一般员工。由于这两类人员的配备所采用的基本方法和原则是相似的,而管理人员在组织中的作用更重要,因此我们将着重论述有关管理人员配备的内容、原则和方法。

第四节　组织力量的整合

要使设计合理的组织机构的各个要素能协调地为组织目标的实现做出贡献,要求组织的全体成员能和谐一致地进行工作。为此,需要整合组织中的各种力量,建立高效的信息沟通网络,处理好组织不同成员之间、直线主管与参谋之间以及高层管理人员之间的各种关系,使分散在不同层次、不同部门、不同岗位的组织成员朝同一方向、同一目标努力。

一、直线主管与参谋

组织中的管理人员是以直线主管或参谋两类不同身份来从事管理工作的。这两类管理人员，或更准确地说，与此相应的管理人员的两种不同作用，对组织活动的展开和目标的实现都是必需的。然而，在现实中，直线主管与参谋的矛盾经常是组织缺乏效率的重要原因。因此，正确处理直线主管与参谋的关系，充分发挥参谋人员的合理作用，是组织力量整合的一个重要内容。

（一）直线主管、参谋及其相互关系

由管理幅度的限制而产生的管理层次之间的关系便是所谓的直线关系。从直线关系形成的过程来看，低层次的主管是受高层次主管的委托进行工作的，因此必须接受他的指挥和命令。所以说，直线关系是一种命令关系，是上级指挥下级的关系。这种命令关系自上而下，从组织的最高层，经过中间层，一直延伸到最基层，形成一种等级链。链中每一个环节的管理人员都有指挥下级工作的权力，同时又必须接受上级管理人员的指挥。这种指挥和命令的关系越明确，即各管理层次直线主管的权限越清楚，就越能保证整个组织的统一指挥。直线关系是组织中管理人员的主要关系，组织设计的重要内容便是规定和规范这种关系。

参谋关系是伴随着直线关系而产生的。随着先进的科学技术和现代化的生产方法和手段在组织中的运用，组织活动的过程越来越复杂。组织和协调这个活动过程的管理人员，特别是高层次的管理人员越来越感到专业知识的缺乏。由于组织很难找到精通各种业务的"全才"，直线主管也很难使自己拥有本部门活动所需的各种知识，组织常借助设置一些助手，利用不同助手的专门知识来补偿直线主管的知识不足，来协助他们的工作。这些具有不同专门知识的助手通常称为参谋人员。因此，参谋的工作首先是为了方便直线主管的工作，减轻他们的负担。虽然随着组织规模的扩大，参谋人员的数量会不断增加，参谋机构会逐渐规范化。为了方便这些机构的工作，直线主管也许会授予他们部分职能权力，但是他们的主要职责和特征仍然是直线主管的助手，主要任务仍然是提供某些专门服务，进行某些专项研究，以提供某些对策建议。

直线主管与参谋是两类不同的职权关系。直线关系是一种指挥和命令的关系，授予直线主管的是决策和行动的权力；而参谋关系则是一种服务和协助的关系，授予参谋人员的是思考、筹划和建议的权力。

区分直线主管与参谋的另一个标准是分析不同管理部门和管理人员在组织目标实现中的作用。人们把那些对组织目标的实现负有直接责任的部门称为直线机构，而把那些为实现组织基本目标协助直线主管有效工作而设置的部门称为参谋机构。根据这个标准，人们通常把企业中致力于生产或销售的部门称为直线机构，而把采购、人事、会计等列为参谋机构。

这种分类方法有直观明确的好处，而且在一定程度上与职权关系角度的分类有某种吻合。比如，企业中生产、销售部门主管的主要工作内容是组织所辖部门的生产或销售活动，因此，他们的主要精力是用于处理部门内与直线下属的关系；而会计、人事等部门及其主管的主要活动则是记录生产与销售部门的资金运动或制定指导这些部门活动的财务、人事政策,因此主要精力是用于处理与这些直线部门发生的关系,为他们提供建议或服务。但是,这种分类可能会引起某些混乱。比如,企业中的物资采购、仓库保管、设备维修以及后勤、食堂等部门,显然不是企业的主要部门,不直接参与企业的产品制造或销售服务活动。因此,根据在目标实现中作用的标准来衡量,它们不能列为直线部门。但把它们列为参谋部门也是不适宜的,因为它们只是提供工作或生活上的服务,并无参谋与建议的任务。为了避免这种混乱,应该主要从职权关系的角度来理解直线主管与参谋:直线主管拥有指挥和命令的权力,而参谋则是作为直线的助手来进行工作的。

（二）直线主管与参谋的矛盾

从理论上来说,设置参谋职务不仅可以保证直线主管的统一指挥,而且能够适应管理复杂活动需要多种专业知识的要求。然而在实践中,直线主管与参谋的矛盾往往是组织缺乏效率的原因之一。考察这些低效率的组织活动,通常可以发现两种不同的倾向:或者虽然保持了命令的统一性,但参谋作用不能充分发挥;或者参谋作用发挥失当,破坏了统一指挥的原则。因此,在实际工作中,直线主管与参谋都有可能产生对对方的不满情绪。

从直线主管这方面说,他们需要对自己所辖部门的工作结果负责。因此,当参谋人员和部门对与自己有关的工作指手画脚、喋喋不休地议论和评论时,直线主管就有可能认为是干预了自己的工作,闯进了自己的领地,从而可能对他们产生不满。由于参谋人员只有服务和建议的权力,对直线主管的工作没有任何约束力,因此后者对他们的建议完全可以不予重视,只根据自己的认识和判断行事,并以所谓的"参谋不实际""参谋不了解本部门的特点""参谋们只知纸上谈兵"等作为借口。

直线主管对参谋作用的敌视和忽视会导致参谋不满。由于专门从事研究和咨询的参谋人员往往要比同层次的直线主管年轻,且受过更高水平的正规教育,组织重视他们的目的是利用他们的某些专业知识,因此他们理所当然地希望通过提出有见解的、能够被采纳的建议来证明自己的价值,作为进取的途径。当有人告诉他们,决策是直线主管的职能,他们的作用只是支持性的、辅助性的,从而是第二位的时候,他们自然会感觉到挫败甚至侮辱,从而产生对直线主管的不满。参谋人员为了克服来自低层直线主管的抵制,往往会不自觉地寻求上级直线主管的支持。在许多情况下,他们能够得到这种支持,并使之产生一定作用。上级主管会对直线下属施加一定压力,要求他们认真考虑参谋人员的建议。这样,就有可能使直线主管与参谋的矛盾朝着有利于参谋的方面变化。但是,这时可能会出现另外一种倾向,参谋们借助于上级直线主管的支持,不是向低层的直线主管推荐自己的建议、"推销"自己的观点,而是以指挥者的姿态指手画脚、发布命令,强迫他们接受自己的观点,因而可能重新激起低层直线主管的不满,重新激化直线主管与参谋的矛盾。这时,高层的直线主管可能会面临这样一个两难选择:是支持自己在工作中必须依赖的主要下属直线主管,还是继续支持参谋人员。在这个两难问题的解决中,参谋人员往往是牺牲品,因为高层主管几乎只有选择支持直线下属的可能。

引起直线主管与参谋矛盾的另一个可能原因是参谋人员过高估计了自己的作用。在某些正确的建议被直线主管采纳并取得了积极的成果以后,参谋人员会沾沾自喜,"贪天下之功为己有",认为组织活动的成绩主要应归功于自己。相反,如果建议在实施过程中遇到困难，没有取得预计的有利结果，这时有些参谋人员又会迫不及待地推卸责任，声明之所以未能取得有利结果，是因为直线主管曲解了他们的建议，或者没有完全按照他们的说法去做；建议是合理的，方案是正确的，但执行过程变了样。既然成绩要归功于参谋，失误要怪罪直线，那么直线主管漠视参谋的建议与作用也就不足为奇了。

（三）正确发挥参谋的作用

要解决直线主管与参谋的矛盾、综合直线主管与参谋的力量，就要在保证统一指挥与充分利用专业人员的知识这两者之间实现某种平衡。解决这对矛盾的关键是要合理利用参谋的工作，明确直线主管与参谋的关系，授予参谋机构必要的职能权力。同时，直线主管为了取得参谋人员的帮助，首先必须向参谋人员提供必要的信息条件。参谋的作用发挥不够或过分，都有可能影响直线甚至整个组织活动的效率。

（1）明确职权关系。无论是直线主管还是参谋人员都应认识到，设置参谋职务、利用参谋人员的专业知识是管理现代组织复杂活动所必需的。只有明确了直线主管与参谋各自的性质与职权关系的特点，直线主管与参谋才有可能防止相互之间产生矛盾或以积极的态度去解决已产生的矛盾。对直线主管来说，只有了解参谋工作，才有可能自觉地发挥参谋的作用，利用参谋的知识，充分吸收参谋建议中合理的内容，并勇于对这种行动的结果负责，而不是在行动出现了问题后去责怪参谋人员制订了理论脱离实际的计划。对参谋人员来说，只有明确了自己工作的特点，认识到参谋存在的价值在于协助和改善直线主管的工作，而不是去削弱他们的职权，才有可能在工作中不越权争权，努力提供好的建议，推荐自己的主张，宣传自己的观点，以说服直线主管接受自己的方案，并在方案实施并取得成绩以后不居功自傲，同时认识到没有直线主管的接受，再好的方案也只能是纸上谈兵。而直线主管对采纳何种方案，采取何种行动，要担负一定的风险，因此活动的成绩应首先归功于直线主管。总之，直线主管与参谋，越是明确各自的工作性质，了解两者的职权关系，就越有可能重视对方的价值，从而自觉地尊重对方，处理好相互间的关系。

（2）授予必要的职能权力。明确了参谋人员对管理复杂活动的必要性以后，直线主管会在理智上意识到必须充分利用参谋的专业知识和作用。但是，人并不是单纯的理性动物，影响人的行为的还有许多非理性的因素。为了确保参谋人员作用的合理发挥，授予他们必要的职能权力往往是必需的。明确职能权力是指直线主管把原本属于自己的指挥和命令直线下属的某些权力授给有关的参谋部门或参谋人员行使，从而使这些参谋部门或参谋人员不仅具有研究、咨询和服务的责任，而且在某种职能范围内具有一定的决策、监督和控制权。

（3）向参谋人员提供必要的条件。直线主管与参谋的矛盾往往主要是参谋人员的过分热心造成的，因此缓和他们之间的关系，首先要求参谋人员经常提醒自己"不要越权""不要篡权"，但同时直线主管也应认识到，参谋人员所拥有的专业知识正是自己所缺乏的，因此必须自觉地利用他们的工作。要取得参谋人员的帮助，必须首先帮助参谋人员的工作，向参谋人员提供必要的工作条件，特别是有关的信息情报，使他们能及时地了解直线部门的活动进展情况，以便他们能够提出有用的建议。一方面埋怨参谋部门不了解直线活动的复杂性，提出的建议不切实际；另一方面又不愿为参谋人员研究情况、获得信息提供必要的方便,是直线主管们应该注意避免的态度。

管理中直线职权与职能职权是相当重要的,其关系必然会影响到组织的运作,处理不好会引起冲突和更多的时间及效率的损失。职能职权的本质就是提供顾问和咨询,即调查研究并给直线管理者提供建议。组织中参谋人员发挥作用的方式主要有以下四种:

(1)参谋向他们的直线上司提出意见或建议,由后者把建议或意见作为指示传达到下级直线机构。这是纯粹的参谋形式,参谋与低层的直线机构不发生任何联系。

(2)直线上司授权参谋直接向自己的下级传达建议和意见,取消自己的中介作用,以减少自己不必要的时间和精力消耗,并加快信息传递的速度。

(3)参谋不仅向直线下属传达信息、提出建议,还告诉后者如何利用这些信息,应采取何种活动。这时,参谋与直线下属的关系仍然没有发生本质的变化。参谋仍然无权直接向直线下属下命令,只是就有关问题与他们商量,提出行动建议。如果直线下属不予理睬或不予重视,则需要由直线上司来发出行动指示。

(4)上级直线主管把某些方面的决策权和命令权直接授予参谋部门,即参谋部门不仅建议下级直线主管应该怎么做,而且要求他们在某些方面必须怎么做。这时参谋的作用发生了质的变化,参谋部门不仅要研究政策建议或行动方案,而且要布置方案的实施,组织政策的执行。这些职能权力通常涉及人事、财务等领域。

必须指出,参谋部门职能权力的增加虽然可以保证参谋人员专业知识和作用的发挥,但也有带来多头领导、破坏命令统一性的危险。参谋部门有了职能权力以后,企业中的分厂厂长或事业部经理除了有一个直线上司,可能同时还要接受好几个职能部门负责人的指导甚至是领导。这些职能上司的存在虽然是由解决复杂问题所必需的专业知识决定的,但同样不可忽视的是,多头领导往往会造成组织关系的混乱和职责不清。因此,组织中要谨慎地授予职能权力。

谨慎地授予职能权力包括两个方面的含义:首先要认真分析授予职能权力的必要性,只在必要的领域中使用它,以避免削弱直线主管的地位。其次要明确职能权力的性质,限制职能权力的应用范围,规定职能权力主要是用来指导组织中较低层次的直线主管"怎么干",而不是用于决定"干什么"的;主要用于解决"如何""何时"等问题,而不能用于解决"什么""何地""何人"等问题。为了避免命令的多重性,组织中较高层次的直线主管还应注意,在授予某些职能权力后,要让相应的参谋人员放手展开工作,而不能仍然频繁地使用已经授予的权力。

二、集权与分权

(一)集权与分权

组织不同部门拥有的权力范围不同,会导致部门之间、部门与最高指挥者之间以及部门与下属单位之间的关系不同,从而造成组织结构的不同。比如,同是按产品划分设立的管理单位,既可以是单纯的生产车间,也可以是一个拥有相当自主权的分权化经营单位(事业部甚至分公司)。这涉及组织的集权(Centralization)与分权(Decentralization)问题。前者多半发生在权力相对集中的组织中,后者则是分权化组织的主要特征。

权力通常被描述为组织中人与人之间的一种关系,特指处在某个管理岗位上的人对整个组织或所辖单位及人员的一种影响力,简称管理者影响别人的能力。权力主要来自三个方面:专长权、个人影响权与制度权(或称法定权)。这里关心的主要是制度权,它作为赋予管理系统中某一职位的权力,其实质就是决策权。制度权与组织中的管理职位有关,而与占据这个职位的人无关。

集权意味着决策权在很大程度上向处于较高管理层次的职位集中;分权则表示决策权在很大程度上分散到处于较低管理层次的职位上。集权与分权是相对的概念,不存在绝对的集权和分权。绝对的集权,意味着没有下层管理人员,就如同在一个医院内没有内科、外科等科室主管人员,仅有院长一样。职权的绝对分散,意味着没有上层的主管人员,如同没有院长的医院。实际上这两种组织结构都是不存在的。有层次的组织,就已经存在着某种程度的分权。为使组织结构有效地运转,还必须确定分权的程度。

（二）组织中的集权倾向

在管理实践中,必须区别不同的情况,有针对性地采取集权与分权的做法。令人遗憾的是,几乎所有的组织都普遍存在集权的倾向,所以,有必要对集权倾向产生的原因与弊端进行分析。

（1）组织的历史。权力是否集中或分散,常取决于组织创建的道路。如果组织是在自身较小规模的基础上发展起来的,则显示出鲜明的集权化倾向。因为组织较小时,大部分决策都是由最高主管直接制定和组织实施的,决策权的独揽可能已成为习惯。在这样的组织中,即使事业不断发展、扩大,最高主管仍愿意保留不应集中的大部分权力。因为一旦失去这些权力,主管便可能产生失去控制的感觉。此外,合并的组织尤其是通过兼并而形成的组织,很可能显示出权力分散的倾向。因为曾经独立的单位主张独立的要求特别强烈,可能需要经过许多年,合并后的组织领导人才敢大胆地减少分权。在某些情况下,合并后组织的首要影响可能是提高集权的倾向。出于政策的统一和快速行动的需要,合并的组织必然要求加速集权化过程。

（2）领导的个性。组织中个性较强和自信的领导者,往往希望所辖部门完全按照自己的意志来运行,集中控制权力则是保证个人意志被服从的先决条件,并以此提高自己在组织中的地位。

（3）政策的统一与行政的效率。集权化倾向的普遍存在至少有两个方面的好处:确保组织总体政策的统一与保证政策执行的高效率。

（三）过分集权的弊端

（1）降低决策的质量。大规模组织的主管远离基层,基层发生的问题经过层层请示汇报后再做出决策,这不仅会影响决策的正确性,更会影响决策的即时性。

（2）降低组织的适应能力。过分集权的组织,可能使各部门失去自适应和自调整的能力,从而减弱组织整体的应变能力。

（3）降低组织成员的工作热情。权力的高度集中,使得基层管理人员和操作人员的积极性、主动性、创造性下降,从而使组织的发展失去基础。

（四）分权的标志及其影响因素

考察一个组织分权的程度,不在于形式上是否按地域或按职能等进行划分,或者是否设立了更多的子部门或管理层次,其关键在于决策权或命令权是集中还是下放。如果一个组织内,更多、更重要的决定可由较低管理层次做出,较高管理层次有更多的职能运行会受较低管理层次决定的影响,较低管理层次做出的决定较少受较高管理层次的检查,这就意味着该组织采取较为分权的管理方式。

分权虽然是必要的,组织中也存在许多有利于分权的因素,但同时也存在着不少阻碍分权的因素。权力的分散可以通过两个途径来实现:改变组织设计中的权力分配(制度分权)与主管人员在工作中的授权。制度分权与授权的结果虽然相同,都是使较低层次的管理人员行使较多的决策权,即权力的分散化。但制度分权是在组织设计时,考虑到组织规模和组织活动的特征,在工作分析进而职务和部门设计的基础上,根据各管理岗位工作任务的要求,规定必要的职责和权限。授权则是担任一定管理职务的领导者,在实际工作中,为充分利用专门人才的知识和技能,或出现新增业务的情况下,将部分解决问题、处理新增业务的权力委任给某个或某些下属。另外,有必要指出,作为分权的两种途径,制度分权与授权是互相补充的。组织设计中难以详细规定每项职权的运用,难以预料每个管理岗位上工作人员的能力,同时也难以预测每个管理部门可能出现的新问题,因此,需要各层次管理者在工作中的授权来补充。

组织不同部门拥有的权力范围不同,会导致部门之间、部门与最高指挥者之间以及部门与下属单位之间的关系不同,从而造成组织的结构不同。比如,同是按产品划分设立的管理单位,既可以是单纯的生产车间,也可以是一个拥有相当自主权的分权化经营单位(事业部甚至分公司)。这涉及组织的集权与分权问题,前者多半发生在权力相对集中的组织中,而后者则是分权化组织的主要特征。

三、授权

授权(Empowerment)就是指上级给予下级一定的权力责任,使下属在一定的监督下,拥有相当的自主权。授权可以使高层管理者从日常事务中解脱出来,专心处理重大问题;可以提高下属的工作热情,增强下属的责任心,并提高工作效率;可以提高下属的才干,有利于管理人员的培养;可以充分发挥下属的专长,弥补授权者自身才能的不足。

授权的过程包括任务的分派、权力的授予、责任的明确、监控权的确立这些基本步骤。正确的授权要注意明确授权的目的,职、权、责、利相当,保持命令的统一性,正确选择授权者以及加强对授权者的监督控制。按照这个理解,分权是组织向其下属各级组织进行系统授权的过程。与分权相对应的是集权。对一个组织而言,分权与集权都是必要的,但为强调效率性,分权是值得提倡的。

◂ 概念应用3-5 ▸

授　权

授权的好处:

A. 使高层管理者从日常事务中解脱出来,专心处理重大问题

B. 提高下属的工作热情,增强下属的责任心,并提高工作效率

C. 提高下属的才干,有利于管理人员的培养

D. 充分发挥下属的专长,弥补授权者自身才能的不足

_____ 1. 本部门的程序性工作。

_____ 2. 本部门有关个人绩效评价的工作(评估、奖惩等)。

_____ 3. 危急关头的计划和任务。

_____ 4. 技术性事务。

_____ 5. 能够构建下属技能的工作。

四、正式组织与非正式组织

组织设计的目的是建立合理的组织机构和结构,规范组织成员在活动中的关系。设计的结果是形成所谓的正式组织,这种组织有明确的目标、任务、结构、职能以及由此决定的成员间的责权关系,对个人具有某种程度的强制性。合理、健康的正式组织无疑为组织活动的效率提供了保证。

非正式组织是伴随着正式组织的运转而形成的。在正式组织展开活动的过程中,组织成员必然发生业务上的联系,这种工作上的接触会促进成员之间的相互认识和了解,并开始工作以外的联系,频繁的非正式联系又促进了他们之间的相互了解。久而久之,一些正式组织成员之间的私人关系从相互接受、了解逐步上升为友谊,一些无形的、与正式组织有联系但又独立于正式组织的小群体便慢慢地形成了。这些小群体形成以后,其成员由于工作性质相近、社会地位相当、对一些具体问题的认识基本一致、观点基本相同,或者在性格、业余爱好以及感情相投的基础上,产生了一些被大家所接受并遵守的行为规则,从而使原来松散、随机性的群体渐渐成为趋向固定的非正式组织。

正式组织与非正式组织的突出区别表现为程序化和目标的不同。正式组织的设立、运作和解散都是经过程序化的过程的,而非正式组织则更多地体现非程序化的特征;正式组织和非正式组织都有自己的目标,但两者的目标可能一致,也可能不一致甚至相反。正式组织的活动以成本和效率为主要标准,要求组织成员为了提高活动效率和降低成本而确保形式上的合作,并通过对他们在活动过程中的表现予以正式的物质与精神的奖励或惩罚来引导他们的行为。因此,维系正式组织的主要是理性的原则。而非正式组织则主要以感情和融洽的关系为标准。它要求其成员遵守共同的、不成文的行为规范。不论这些行为规范是如何形成的,非正式组织都有能力促使其成员自觉或不自觉地遵守。对于那些自觉遵守和维护规范的成员,非正式组织会予以赞许、欢迎和鼓励,对那些不愿就范或犯规的成员,非正式组织则会通过嘲笑、讥讽、孤立等手段予以惩罚。因此,维系非正式组织的主要是接受与欢迎或孤立与排斥等感情上的因素。

由于正式组织与非正式组织的成员是交叉混合的,由于人们感情的影响在许多情况下要甚于理性的作用,因此非正式组织的存在必然要对正式组织的活动及其效率产生影响。

1. 非正式组织的影响

著名的霍桑实验向人们揭示了正式组织和非正式组织都是客观存在的事实,并由此

引发了管理者对非正式组织与正式组织影响的重视,尽管存在多种不同观点,但在非正式组织的存在及其活动既可对正式组织目标的实现起到积极促进的作用也可能对后者产生消极的影响方面基本达成一致。

非正式组织的积极作用主要表现在:

(1) 可以满足员工的需要。非正式组织是自愿形成的,其成员甚至在无意间加入进来。他们之所以愿意成为非正式组织的成员,是因为这类组织可以给他们带来某些需要的满足。比如,工作中或作业间的频繁接触以及在此基础上产生的友谊,可以帮助他们消除孤独的感觉;基于共同的认识或兴趣,对一些共同关心的问题进行谈论甚至于争论,可以帮助他们满足"自我表现"的需要;从属于某个非正式群体这个事实本身,可以满足他们"归属""安全"的需要等。组织成员的许多心理需要是在非正式组织中得到满足的。这类需要的满足,对工作的效率有着非常重要的影响。

(2) 易于产生和加强合作的精神。员工在非正式组织的频繁接触会使相互之间的关系更加和谐、融洽,从而易于产生和加强合作的精神。这种非正式的协作关系如能带到正式组织中来,无疑有利于促进正式组织的活动协调地进行。

(3) 帮助正式组织起到一定的培训作用。非正式组织对其成员在正式组织中的工作情况往往也非常重视。对于那些工作困难者、技术不熟练者,非正式组织的伙伴往往会给予指导和帮助。同伴这种自觉、善意的帮助可以促进他们技术水平的提高,从而帮助正式组织起到一定的培训作用。

(4) 规范成员的行为。非正式组织也是在某种社会环境中存在的,就像对环境的评价会影响个人的行为一样,社会的认可或拒绝也会左右非正式组织的行为。非正式组织为了群体的利益,为了在正式组织中树立良好的形象,往往会自觉或自发地帮助正式组织维护正常的活动秩序。虽然有时也会出现非正式组织成员犯了错误互相掩饰的情况,但为了不使整个群体在公众中留下不受欢迎的印象,非正式组织对那些严重违反正式组织纪律的害群之马,通常会根据自己的规范,利用自己特殊的形式予以惩罚。

(5) 正式信息通道的补充。非正式组织有十分畅通的信息渠道。这是正式组织重要的信息补充来源。当然这种信息也有两面性,因为错误的信息有可能形成流言蜚语的传播。

2. 非正式组织可能造成的危害

(1) 非正式组织的目标如果与正式组织冲突,则可能对正式组织的工作产生极为不利的影响,并能扩大抵触情绪。比如,正式组织力图利用职工之间的竞赛达到调动积极性、提高产量与效益的目标;而非正式组织则可能认为竞赛会导致竞争,造成非正式组织成员的不和,从而会抵制竞赛、设法阻碍和破坏竞赛的展开,其结果必然影响企业竞赛的气氛。

(2) 非正式组织要求成员一致性的压力,往往也会束缚成员的个人发展。有些人虽然有过人的才华和能力,但非正式组织一致性的要求可能不允许他冒尖,从而使个人的才智不能得到充分发挥,对组织贡献不能增加,这样便会影响整个组织工作效率的提高。

(3) 非正式组织的压力还会影响正式组织的变革,发展组织的惰性。这并不是因为所有非正式组织成员都不希望改革,而是因为其中大部分人害怕变革会改变非正式组织赖以生存的正式组织的结构，从而威胁非正式组织的存在。

3. 发挥非正式组织的积极作用

不管承认与否、允许与否、愿意与否，要有效实现正式组织的目标，就要积极利用非正式组织的贡献，努力克服和消除它的不利影响。

利用非正式组织，首先要认识到非正式组织存在的客观必然性和必要性，允许甚至鼓励非正式组织的存在，为非正式组织的形成提供条件，并努力使之与正式组织吻合。比如，正式组织在进行人员配备工作时，可以考虑把性格相投、有共同语言和兴趣的人安排在同一部门或相邻的工作岗位上，使他们有频繁接触的机会，这样就容易使两种组织的成员基本吻合。又如，在正式组织开始运转以后，注意展开一些必要的联欢、茶话会、旅游等旨在促进组织成员感情交流的联谊活动，为他们提供业余活动的场所，在客观上为非正式组织的形成创造条件。

促进非正式组织的形成有利于正式组织效率的提高。人通常都有社交的需要。如果一个人在工作中或工作之后与别人没有接触的机会，则可能心情烦闷，感觉压抑，对工作不满，从而影响效率；相反，如果能有机会经常与别人聊聊对某些事情的看法，摆脱自己生活或工作中的障碍，甚至发发牢骚，那么就容易卸掉精神上的包袱，以轻松、愉快、舒畅的心理状态投身到工作中去。

通过建立和宣传正确的组织文化来影响非正式组织的行为规范，引导非正式组织提供积极的贡献。非正式组织形成以后，正式组织既不能利用行政方法或其他强硬措施来干涉其活动，又不能任其自由。因为这样有产生消极影响的危险。因此，对非正式组织的活动应该加以引导。这种引导可以通过借助组织文化的力量，影响非正式组织的行为规范来实现。

注意做好非正式组织领导人物的工作，充分发挥他们的作用，使他们成为正式组织的重要助手。

不少组织在管理结构上并无特殊的优势，但却获得了超常的成功，其奥秘就在于有一种符合组织性质及其活动特征的组织文化。所谓组织文化是指被组织成员共同接受的价值观念、工作作风、行为准则等群体意识的总称。组织通过有意识地培养、树立和宣传某种文化，来影响成员的工作态度，使他们的个人目标与组织的共同目标尽量吻合，从而引导他们自觉地为组织目标的实现积极工作。如果说合理的结构、严格的等级关系是正式组织的专有特征的话，那么组织文化有可能被非正式组织所接受。正确的组织文化可以帮助每一个成员树立正确的价值观念、工作与生活的态度，从而有利于产生符合正式组织要求的非正式组织的行为规范。

延伸阅读

正式组织与非正式组织是组织类型划分的一种方法。划分组织类型的方法还有很多，组织理论近年来最富于创新的划分方法是实体组织与虚拟组织。实体组织就是一般意义上的组织，有确定的人员和组织结构。虚拟组织与实体组织的不同主要体现在：组织结构的虚拟性，构成人员的虚拟性，办公场所的虚拟性，以及组织核心能力的虚拟性。可以预见，虚拟组织将越来越多地出现在社会之中。

第五节 组 织 变 革

组织要改善和提高组织效能离不开组织变革。内外部环境的变化、资源的不断整合与变动,都给组织带来了机遇与挑战,这就要求组织关注组织变革。

要不断进行组织变革,就要构造学习型组织。学习型组织(Learning Organization)是指通过培养弥漫于整个组织的学习气氛,尽所有可能使每个成员和组织的创造性思维和行为能力得到最大的发挥,从而建立起来的一种有机、柔性、扁平、能持续发展的组织。学习型组织具有共同愿景、创造性思维、善于不断学习、扁平式结构、自主管理、管理者新角色的特点。学习型组织的建立需要遵循彼得·圣吉提出的"五项修炼",即自我超越、改善心智模式、建立共同愿景、团队学习、系统思考。

但组织是否或者如何进行变革,还要正确对待组织与环境的关系、组织变革的动力,以及认清组织变革的过程和组织变革的关键因素。

一、组织与环境

环境对组织的影响程度是巨大的,每个组织都是社会的一个子系统,外部环境为组织提供资源投入,并利用其产出。把一个组织作为一个封闭系统来研究,只集中于内部运作,不考虑环境的影响,这样比较简单易行,但会导致错误的结论。所以,研究组织问题,必须研究组织与外界环境的关系。组织与外部环境的关系:外部环境因素可作用于组织,对其管理活动及生产经营活动产生影响;组织可以作用于环境,可以改变甚至创造适应组织发展所需要的新环境。

比如,企业为提高产品质量,往往不是坐等和无选择地接受供应商提供的原材料和零部件,而是主动到众多的供应商中间去挑选,甚至主动向供应厂家提供技术、管理人才、资金援助,以获得高质量的原材料及零部件。目前,许多企业不惜耗费巨资做广告,目的也是激发起消费者对本企业产品的需求,改变企业的市场环境。

一个组织的结构必须与其环境相适应。这里,环境包含了组织所在国家的民族文化这一内涵。组织在相当大程度上与其所在国家的文化价值观保持一致,如意大利和法国的管理者倾向于设计严格的官僚行政机构,组织在集中化和正规化方面都很高;而印度的管理者偏好高度集权化和低正规化的组织;德国人则偏好正规化和分权化的组织;日本这样的国家广泛使用工作团队,这也可以从民族文化的角度进行解释。日本人具有高度的集体主义。在这种文化背景下,员工喜欢围绕工作团队构筑成有机组织;与之对比,在印度这样一个权力差距观念盛行的国家,员工以团队方式工作可能绩效很差,他们在机械式、权力统治的机构中工作,则会感觉更舒服。关于中国的管理者对"理想"组织的认识的调查研究发现,对结构形式的选择也与他们的文化相适应。中国的经理们提倡组织中的高度参与,反映了中国的文化价值观念,即允许工人正式参与计划的制订过程,并给予他们任免经理人员的一定权力。中国的经理们还有一种避免冲突和希望"保住面子"的倾向,这有助于培植具有清晰的职权线路和明确的标准作业程序的机械式组织。

另外,中国的经理们还有抑制内部竞争和个人冒险行为的倾向,这与中国传统的集体责任感价值观是一致的。

二、组织变革的动力

环境变化不仅影响到组织工作的绩效,而且往往是推动组织变革的主要力量。任何组织都是一个相对开放的系统,环境是组织生存与发展的土壤,环境变化往往是导致组织进行变革的一个最为直接的原因。能够激发组织变革的动力如下:

1. 全球经济一体化

世界经济一体化的趋势已经是我们每个人都可以亲身感受到的事实。各国合作生产已经成为新的全球模式,"全球的相互依赖"的经济格局已经形成。伴随着世界经济一体化进程的加快,对于许多国家来说,国外直接投资的增长速度已经超过了国内投资,跨越国界的金融交易增长速度超过了国内金融交易,跨国公司的海外经营活动不断膨胀,生产要素(资本、技术等)在国际范围内的流动加强,企业的经营战略也相应地发生了变化。单就组织而言,世界经济一体化所带来的影响也是多方面的。

首先,世界经济一体化引起企业经营战略的变化。国际化经营绝对不仅仅是企业经营范围的扩大,企业也不能把已有的生产经营策略自然而然地套用到国际经营活动中。伴随着企业国际化经营的进程,企业往往都要修正甚至制定新的发展战略。由于组织服从于战略,企业战略的变化必然会导致企业组织变化。

其次,世界经济一体化的事实使得远程协调控制工作变得越来越重要。我们再也无法把一个企业组织简单地理解为由一个围墙围起来的有着有效分工协作关系的人群。IBM 公司目前拥有众多雇员,这些雇员分散在全世界 105 个国家。如何将这些相距遥远的员工很好地协调起来,使他们能够围绕着企业共同的目标开展工作,遵循企业共同的价值观,维持和强化企业文化,是企业组织工作所面临的新任务。

最后,应注意不同文化的接触与交融。不同文化背景的企业成员一起工作,他们在思维方式、价值观念、生活习惯、宗教信仰乃至嗜好等方面的差异会反映在日常工作中,容易在上下级和同事之间引起冲突和纠纷。这些都向沟通、人员培训、授权、协调等组织管理工作提出新的挑战。

2. 知识经济社会的到来

知识经济给企业生产经营活动带来了持续而深远的影响。

第一,信息知识取代资本成为社会中的决定因素,价值增长主要靠增加知识来实现。知识的生产力已经成为生产力、竞争力和经济成就的关键,企业正转变为以信息或知识为基础的组织。甚至有人断言,下一个经济发展浪潮将来自以知识为基础的企业。在这样的企业中,晋升制度、奖惩制度等都将发生变化。人们在组织中的地位将更少地与其自身的经历、资历挂钩。那些能够掌握更多知识而且知识更新速度快的员工将更容易进入企业的领导岗位,并在企业中发挥更大的作用。

第二,企业组织工作的重要任务是战略性地开发和利用知识资源。信息是一种时效性很强的资源,它客观上要求企业接近信息源,及时准确地了解和掌握信息;尽量减少信息传递环节,保证信息传递的真实性;以最快的速度将信息转化为生产力,创造出竞争优势。在这种情况下,权力高度集中,内部沟通缓慢,决策迟缓的组织结构将无法适应今天企业竞争的需要,甚至将成为企业生存的障碍。

第三,知识经济加速了高技术企业的发展,信息产业、微电子产业、光电产业、生物工程产业、航天和航空技术产业、生态和环保产业、生物医学工程产业、海洋工程产业等新兴产业正在飞速发展,而传统的造船、化工、机械等产业却日渐萎缩。与传统工业企业相比,高技术企业具有人才密集、知识和技术密集、产品生命周期短、竞争激烈、风险大、发展迅速且容易造成组织规模膨胀等一系列新的特征。传统的组织理论主要依据工业企业的情况设计并不断发展完善,无法直接运用于服务性企业和高技术企业的组织管理工作中。

第四,信息技术的普遍运用正在改变传统的组织管理模式。例如,计算机取代了企业大量中层管理人员的工作,减少了企业的组织层次。由于信息技术的进步,原来需要一大批工作人员埋头处理许多天的分析工作,现在利用计算机和管理分析表格能在几小时内完成;计算机网络越来越多地应用于企业生产经营活动中,使企业通过电话线将分散在各地的销售部门连接在一起,企业的高层管理者可以随时随地了解企业当天在任何一个销售网点的产品销售情况。

3. 消费市场对企业的挑战更直观

市场需求是企业经营的出发点和归宿。利润最大化和经济性组织等说法都无法准确描述企业的实质,正确理解什么是企业的标准只有一个,即企业是创造顾客的组织。认真审视当今企业面临的市场环境,会发现一些明显的变化。

第一,生产者(企业)与消费者(顾客)之间的天平正在向消费者一端倾斜,这也许是20世纪工商领域中发生的一个最具实质性的转变。"顾客是上帝""消费者至上"已不再是企业为了装饰门面的标语,也不再是企业口头上的承诺,而是落实到企业行动上、落实到企业的经营战略上,甚至影响组织变革的指导思想。

第二,消费者需求越来越多样化。人们的消费观念发生了变化,强调突出个性的消费,购买行为和消费方式越来越多样化,使企业根本无法仅仅依据工业品市场和消费品市场制定经营策略。

第三,市场变化速度惊人。"市场空隙"和市场机会往往稍纵即逝。如果企业仍按常规那样层层汇报,反复商量,然后再层层下达,结果将是决策尚未制定出来,市场机会已经消失。

第四,对服务的重视大大超出对生产制造的重视。近些年来,许多学者都发现,企业利润已不再主要来自生产制造过程,而更多地来自服务、营销、策划、新产品开发等一系列非制造过程。道理很简单,企业生产制造过程的竞争优势往往来自先进的技术设备、低廉的成本、合理的生产组织等环节。这些优势会因别的企业的模仿而减弱甚至消失。但是,企业在非生产制造领域所形成的竞争优势,往往因为其中包含了大量的无形资产、创新和企业家的智慧而更加难以效仿。IBM公司不断公开声明自己"不是制造商,而是提供全面问题解决方案的服务企业"。

4. 企业竞争优势的新来源

环境的剧烈变化在很大程度上改变了企业传统的竞争方式,弱化了企业传统的竞争优势基础,并迫使企业本着创新的思想寻找新的竞争优势来源,以便在快速变化的经营环境中求生存。企业竞争优势新的来源基础是速度/时间、灵活性、质量/设计、信息技术、联盟/网络、快速创新改进、技能更新、服务增值等。

这从另一个侧面对企业组织提出了一系列新的要求。企业组织,不论是组织结构设计,还是组织工作的运行与管理,都必须反映上述各方面的要求,进而将企业的竞争优势建立在企业组织的基础上。

另外,劳动力、社会趋势以及世界政治的变化都是导致组织变革的动力。

三、组织变革的过程

组织变革是一个过程。为了科学、有效地进行变革,需要遵循一定的过程。目前对组织变革过程的研究主要包括四个方面。

1. 分八阶段进行的重大变革过程

(1) 形成紧迫感。通过研究有关市场和竞争激烈程度的真实状况,发现危机、潜在的危机或重大机遇,商讨对策,在组织内形成组织必须变化的紧迫感。

(2) 建立联合指导委员会。一旦决定进行变革,组织就应该建立一个联合指导委员会,规划、组织、领导组织的变革。

(3) 努力构思设想,制定相应的战略。在联合指导委员会领导下,提出变革的设想,指明组织变革的方向,并确定实现组织变革目标的战略。

(4) 传播改革设想。利用所能获得的传播媒介,不断传播新的设想和战略,让联合指导委员会以自己的言行告诉员工应该怎样做。

(5) 授权各级员工采取行动。通过消除变革的障碍、改变破坏改革设想的体制和结构,鼓励冒险,鼓励人们提出反传统的观念,采取不符合传统观念的行动。

(6) 创造短期收益。制订能使经营状况有明显改善或者取得收益的计划,创造短期收益,并大张旗鼓地奖励那些给企业带来收益的人。

(7) 以新计划、新观念和革新人物注入活力。利用已得到加强的信誉,改变互不相容和不符合变革设想的制度结构和政策,雇用、提拔和培养能实施改革设想的人,以新计划、新观念和革新人物给这一进程注入活力。

(8) 使新方法在企业文化中制度化。使新方法在企业文化中制度化,采取面向顾客和旨在提高生产力的行动,加强领导,改变领导工作作风,通过有效的管理改善经营状况,明确新行为同企业成功之间的关系,采取措施加强对领导人的培养和解决领导人接班问题。

2. 组织变革系统模型

组织变革系统模型主要可以分为输入、改革的目标因素、输出三大部分(见图3-6)。

(1) 输入。主要输入内部信息和外部信息。内部信息主要包括组织的长处和短处,外部信息主要包括外部的机会与威胁。输入应该与组织的战略相一致。

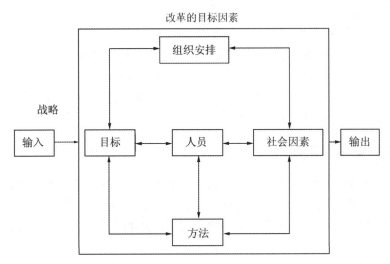

图 3-6　组织变革系统模型

（2）改革的目标因素。改革的目标因素有五个：人员、目标、组织安排、社会因素和方法。这五个因素以人员为核心，相互影响。人员主要是指人的知识、能力、态度、动机和行为。目标主要包括要达到的最终结果、优先考虑的事项、标准、资源、贯穿整个组织的联系。组织安排主要包括政策、程序、角色、结构、奖励和物资条件。社会因素主要包括组织文化、群体过程、人际关系、沟通和领导。方法主要包括工序、工作流程、工作设计和技术。

（3）输出。输出代表了一次变革的最终结果。

3. 组织变革三步骤模型

有的学者认为，成功的组织变革应该遵循以下三个步骤：解冻现状、移动到新状态、重新冻结新变革。

按照这一模型，现状可以看作一种平衡状态，要打破这一平衡状态，解冻就是必要的。解冻可以通过增强驱动力使行为脱离现有状态，减弱妨碍脱离现有平衡状态的力量，或这两种方法混合使用。

解冻一旦完成，就可以推行本身的变革。但仅仅引入变革并不能确保它的持久，新的状态需要再冻结。再冻结的目的就是通过平衡驱动力和制约力，使新的状态稳定下来。

4. 组织变革的活动研究

活动研究是指一种变革过程，这种过程首先是系统地收集信息，然后在信息分析的基础上选择变革行为。活动研究的重要性在于它为推行有计划的变革提供科学的方法论。

活动研究的过程包括五个阶段：诊断、分析、反馈、行动和评价。

（1）诊断。变革推动者在活动研究中通常是外部顾问，他们从组织成员那里收集变革需要的信息。这种诊断与医生了解病人到底患什么病相似。在活动研究中，变革推动者提出问题、与员工面谈、记录并倾听员工所关注的问题。

（2）分析。对诊断阶段所收集的信息进行分析。变革推动者把信息综合成三个方面：主要关心的问题、问题的范围，以及可能采取的行动。

（3）反馈。在变革者的推动下，让员工共同参与了解发现的问题。

（4）行动。变革者和员工采取具体行动来改进所发现的问题。

（5）评价。变革者评价行动计划的效果，他们以收集到的原始资料为参考点，对随之发生的变革进行比较和评价。

四、组织变革的关键因素

变革绝非易事。即使所有人都清楚组织中存在成本过高、产品质量低，或者不能满足顾客不断变化的需求的问题，但必要的变革可能会对管理者或组织内的员工形成威胁，因此组织就会产生惯性，促使其反对改变现状。因此，要成功地进行组织变革，就要了解组织变革的阻力。

1. 变革中个体的阻力

变革中的个体阻力来自人类的基本特征，如知觉、个性和需要。具体的阻力如下：

（1）习惯。人类是有习惯的动物。社会生活非常复杂，必须做出许多决策。为了应付这种复杂性，个体往往依赖于习惯和模式化的反应。因此，习惯成为变革的一个阻力。

（2）安全。由于变革会给个体带来不安全感，而安全需要是个体的基本需要之一，因此会对变革产生阻力。

（3）经济因素。变革必然导致产生新的工作岗位和新的工作规范，尤其是当报酬和生产息息相关时，工作任务和工作规范的改变会引起经济收入的下降，这会影响个体对变革的态度。

（4）对未知的恐惧。变革通常是用模糊和不确定性代替已知的东西，会导致个体的不适应性，从而产生阻力。

（5）选择性信息加工。个体通过知觉塑造自己认知的世界，这个世界一旦形成就很难改变。为了保持知觉的整体性，个体会有意对信息进行选择性加工，即只听自己想听的，而忽视那些对自己构建起来的世界形成挑战的信息，这会成为组织变革的阻力。

2. 变革中组织的阻力

组织中抵制变革的因素随处可见，主要有组织结构惯性、组织的变革点、组织群体惯性、组织已有的专业知识、组织已有的权力关系、组织已有资源的分配等。

（1）组织结构惯性。组织有其固有的机制保持其稳定性，如组织制度规范化提供了工作说明书、规章制度和员工遵从的程序。当组织面临变革时，结构关系就充当起稳定的反作用力。

（2）组织的变革点。组织由一系列相互依赖的子系统组成，一个子系统的变革必然会影响其他子系统，所以子系统中的有些变革有可能因为更大系统的问题而变得毫无意义。

（3）组织群体惯性。即使个体想改变他们的行为，群体规范也会成为约束力。

（4）组织已有的专业知识。组织中的变革可能会威胁到专业群体的专业技术知识。

（5）组织已有的权力关系。任何决策权力的重新分配,都会威胁到组织长期以来形成的权力关系。

（6）组织已有资源的分配。组织中控制资源的群体常常视变革为威胁,他们倾向于保持原本状态。

克服组织变革阻力的方法有:① 教育和沟通。通过与员工进行沟通教育帮助他们了解变革的理由,会使变革的阻力减小。② 参与。下属很难抵制他们自己参与做出的变革决策,在变革决策之前,应把持反对意见的人吸引到决策过程中来;如果参与者具有一定的专业知识,能为决策做出贡献,那么他们的参与就可以减少阻力,并提高变革决策的质量。③ 促进与支持。变革推动者可以通过提供一系列支持性措施来减少阻力。④ 谈判。变革的推动者处理变革的潜在阻力的另一个方法是,以某些有价值的东西换取阻力的减少。当变革的阻力非常强大时,谈判可能是一种必要的策略。⑤ 操纵和收买。操纵是指隐含的影响力,收买是一种包括了操作与参与的形式。⑥ 强制。强制是指直接对抵制者实施威胁和压力。组织变革的方法有结构变革、技术变革、物理环境变革、人员变革、组织文化变革。

环境与组织结构的关系可以帮助说明为什么现在许多管理人员将他们的组织改组为精干、快速和灵活的形式。全球的竞争、日益加速的产品创新,以及顾客对高品质和快速交货的要求,这些都是环境因素动态性的表现。机械式组织并不适于对迅速变化的环境做出反应。因此,管理者们改组他们的组织,以便使他们变得更有灵活性。任何组织都是在一定环境下生存和发展的。环境给组织提供资源,吸收组织的产品,同时又给组织许多约束。一个组织要保持持续的发展,它就必须适合其周围的环境。但是环境是在不断变化的,不断改进组织结构是管理人员的基本任务。环境总是处于变化之中,有时变化剧烈,有时变化缓慢。当环境变化到足以阻碍组织的发展时,就必须对组织进行调整和改革,以适应环境的变化。否则,组织结构将对管理工作造成阻碍,影响有效地达到组织目标。不适应环境是组织失败的主要原因之一。组织与它的环境是相互作用的,组织依靠环境来获得资源以及某些必要的机会;环境给组织活动某些限制,而且决定是否接受组织的产出。如果组织能够不断地提供环境所能接受的产品或服务,环境就会不断地给组织提供资源和机会。组织环境包括许多要素,其中最主要的是人力、物质、资金、市场、文化、政府政策和法律等。这些要素几乎包罗了各种组织的环境要素,当然有些组织对其中几种要素依赖的程度大些,而对其他要素的依赖程度小些,这是因为不同的组织对环境的要求不同。

在组织变革的讨论中,还应理解组织发展。组织发展就是指组织为适应内外环境的变化,建立在组织价值观之上的有计划变革的措施的总和,它寻求的是增进组织的有效性和组织员工的安全与满足。组织发展应重视人员和组织的成长、合作与参与等精神。从这个意义上讲,组织发展的最前端话题是建立学习型组织,即使组织将学习视为一种循环方式,一直不断学习,不断发展新的技术、智慧和能力。学习型组织的技能和能力有抱负、反省、交谈以及概念化。

◁概念应用3-6▷

组织变革的阻力

克服组织变革阻力的方法：

A. 教育和沟通　　　　　B. 参与　　　　　　　C. 促进与支持

D. 谈判　　　　　　　　E. 操纵与收买　　　　F. 强制

_____ 1. 听说你对公司的机构改革有一些很有见地的观点，你是否愿意参加到公司的机构改革团队中来？

_____ 2. 公司从本月开始，每个周二早上的例会都将面向全体员工宣讲和回答有关公司机构调整的问题，感兴趣的员工都可以参加。

_____ 3. 这是有关其他公司的机构改革的方案和成效，其关键就是设立了激励措施，保证其机构改革的实现。

_____ 4. 凡是达到公司要求的产品研发团队，公司将给予一定的研发启动资助。

_____ 5. 三个月内不能达到新的技术技能要求的员工，将面临下岗。

❑ 本章小结与提示

本章介绍了管理的第二个基本职能：组织。怎样设计组织？组织职能的范围是什么以及如何进行组织活动？这是本章主要回答的问题。管理人员的组织活动就是要使组织不断发展、完善，使之更加富有成效。本章从组织的概念出发，介绍了常见的组织结构、组织内人员的配备方法、组织中各种力量的整合、组织的变革方法。在本章的学习过程中，值得注意的问题如下：

1. 在组织的概念中除了要明确定义，还应该着重理解：(1) 组织包含目标与宗旨、人员与职务、职责与职权，以及协调四个要素。(2) 组织工作具有动态性与静态性相结合的特点。组织本身是在一定空间和时间内向各成员分配工作、统一行为的过程，也是随着组织内外环境的变化而不断调整的过程，这是组织动态性的表现。(3) 组织也是一种结构形式，把动态的合作关系以静态的形式相对固定下来。

2. 在组织设计过程中，应该：(1) 依据企业所处环境、可以利用的技术手段以及自身战略和发展阶段来规划和建立组织结构，明确各部分的相互关系，并提供组织结构图和职务说明书等文档。(2) 组织的结构依据企业的性质、不同的管理幅度和管理层次，以及部门化的发展要求，分为直线型、职能型、直线职能型、事业部制结构、矩阵型结构等几种常见的组织类型。

3. 人员配备的任务是为组织结构中的各个职位配备合适的人员，其过程遵循人员需要量考察、人员选配、考核与评价以及人员培养计划的制订与实施等过程来进行。管理人员的选聘依据不同的要求可以采用内部提升和外部选聘制,经由规范的选聘程序进行。上岗后,要对管理人员进行培训和考评,以期实现目标绩效。

4. 组织力量整合的重要方式是处理好直线主管和参谋的关系,以及适当使用集权和分权。同时,非正式组织对正式组织的运作有一定的影响,需要发挥非正式组织的积极作用,减轻其消极作用,要特别注意做好非正式组织领导人的工作。现在新信息、新技术和新观念层出不穷,要注意发挥联合指导委员会的作用。

5. 在内外部环境发生变化时,组织就要相应地做出改变,以适应环境的变化。组织变革的动力包括全球经济一体化、知识经济社会的临近、消费市场对企业的挑战以及企业竞争的新来源等。组织变革的过程分为八个步骤,可以从本章所介绍的两种系统模型中进行选择。在组织的变革当中,要注意克服变革中的阻力,促进组织的健康发展。

❑ 重点术语

组织概念　组织设计的要素　职务扩大化　职务丰富化　管理幅度　部门　事业部制　矩阵型组织结构　人员配备的工作程序　组织内部提升(内升制)　组织外部选聘(外求制)　直线关系　参谋关系　集权　分权　授权　非正式组织　克服组织变革阻力的方法　学习型组织

❑ 思考题

简答题

1. 影响组织结构设计的主要因素是什么?
2. 影响管理宽度的主要因素是什么?
3. 什么是职位丰富化?
4. 部门划分的方式有哪些?
5. 事业部组织结构的特征和主要优缺点是什么?
6. 矩阵式组织结构的优缺点是什么?
7. 扁平结构和锥形结构的利弊分别是什么?
8. 网络结构的特点是什么?
9. 团队有哪些结构类型?
10. 联合指导委员会的优缺点是什么?
11. 组织的环境怎样影响组织结构?
12. 组织所处发展阶段怎样影响组织结构?
13. 人员配备的任务是什么?
14. 管理人员的来源有哪些?
15. 管理人员培训的目标是什么?
16. 组织中怎样正确发挥参谋人员的作用?

17. 组织过分集权的弊端是什么？

18. 管理者怎么进行授权？

19. 什么是对待非正式组织的正确方式？

20. 什么是组织变革中的关键因素？

分析题

1. 是否做任何一件事都必须建立一个组织？

2. 分析过度分工与专业化所带来的弊端，并举例说明。

3. 京东集团和腾讯集团分别是哪种组织结构？

4. 职位设计的要求是什么？

5. 微信群形成的是正式组织还是非正式组织？组织是否需要重视微信群？

6. 职能权力和直线权力、参谋权力有什么区别？

7. 团队的优点是什么？

8. 组织力量整合的内容是什么？

9. 为什么基层管理人员的来源往往是内升的？

10. 组织对底层员工的配备重要还是对管理人员的配备重要？

11. 结合人员配备理论，分析中国特色的选人用人机制和文化的优势。

❑ 案例分析

J 公司是一家总部位于 B 市的物流集团公司，2010 年成立，最初以基于货车停车场进行车货匹配为主营业务，业务涵盖车货匹配、车场服务、金融服务等。经过几年的努力，在 B 市发展平稳后，2014 年 J 公司拓展物流服务业务，新增了城市配送、卡车租赁等业务，并将车场服务拓展为车后服务；2016 年启动物流科技平台驱动战略，致力于打造 B 市的物流资源共享平台，先后建成包括供应链管理（SCM）、资产管理（AMS）、客户关系管理（CRM）、运输管理（TMS）、财务管理（FMS）等应用系统的城市物流资源共享平台系统；2017 年借助物流资源互联网平台，开始进行全国扩张战略；2018 年新开发物流运营分析系统和物流实时化管理平台，彻底打通线上和线下信息渠道，助力企业实时查看和分析各项经营管理数据。至 2018 年年底，J 物流公司已覆盖全国 82 个城市，建立 137 家分（子）公司，成为菜鸟、京东、苏宁易购、双汇等诸多知名企业的优秀承运商，J 物流公司全国总人数达 20 700 人，其中物流运营人数为 8 100 人，占比最高为 39%；卡车销售人数为 5 840 人，占比为 28%；职能人员为 4 300 人，占比为 21%；科技研发人员为 870 人，占比为 4%；高级管理人员为 460 人，占比为 2%。

J 物流公司 2018 年集团组织架构如下图所示。

公司物流事业部下属公司分别为配送、专车、共配和冷链公司，分布在全国 61 个城市。其中，配送公司主要针对项目制大客户提供城市配送服务，并提供充足运力；专车公司为客户提供定制化、高品质配送服务；共同配送公司的客户群体主要为零散客户、小型企业和个体户。冷链公司主要为有冷藏需求的客户提供运输服务。

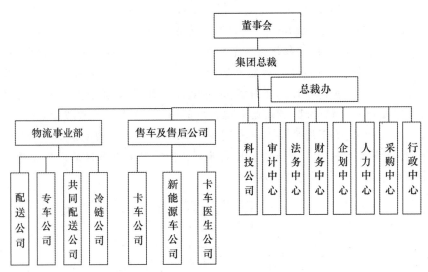

另外,售车及售后公司分为卡车、新能源车、卡车医生三个分公司,分布于全国20个城市,具有车辆销售、车辆运维服务功能,并进行司机招募,组成有效运力为物流团队输送运力资源。其中卡车公司主要销售常温货车;新能源车则主要提供新能源车辆;卡车医生打造卡车销售服务领域的4S店概念,是一种集整车销售、零配件、售后服务、信息反馈四位一体的卡车销售平台。

J公司物流事业部和售车、售后公司之间相互协助、制约,与科技公司一起,形成车辆销售、物流服务、物流科技开发三大核心为一体的供应链体系,从而使资金流得以闭环流动。具体过程是:首先,由卡车公司统一购买车辆,由各地子公司来承担车辆挂靠、车辆租赁、司机招募等管理工作。其次,物流各公司接收卡车公司输送的运力,即车辆和司机,通过合理匹配开展运输服务工作,在一定周期内获取运费来养活司机和车辆。同时受聘司机将缴纳一定数额管理费给卡车公司,以保证卡车公司持续稳定运行。科技板块为车辆和物流公司提供软硬件支持,自主研发车辆供应链管理、物流全数据化运营系统,业务团队使用该系统缴纳一定使用管理费用,使之收支平衡。最后,财务、审计等中心为车辆销售及采购、物流运费结算提供资金支持,比如车辆融资产品,即司机分期购买的卡车属J物流公司所有,司机五年内还清贷款方可进行过户,在司机还款过程中车辆进行融资抵押保证现金流;物流运费保理产品,即物流KA(大客户)项目甲方结算周期通常为90天,但司机需月结运费,即可申请运费保理产品,由金融产品覆盖结算时间差。各类金融产品的合理运用可以保证现金流最大化,实现资金闭环管理。

在J物流公司高速发展过程中,尤其在J公司拓展全国版图的过程中,由于物流事业部下的各个公司与售车和售后公司间复杂的关系,导致整体的组织沟通和激励的复杂性日益增加,公司高层逐渐意识到规范和标准的重要性,认为项目化管理是一个好的选择。在2018年年初,项目化管理提上了日程。即把每一个公司的物流服务产品看作一个项目,实施项目化的管理。为降低项目化管理的风险与冲突,J公司首先把公司中具有明确目标和进度要求的复杂任务从原有流程中分离出来,组成跨分公司的项目团队,制定项目里程碑和交付目标,按照项目管理技术和方法进行管理;在初步实现项目里程碑、完成交付后,再进行全面优化管理,从而更高效地达成项目目标。

J物流公司在项目化管理的背景下,以客户为导向进行物流资源重组,将每个订单或者批量订单的整个物流运营过程视为一个项目。为加强公司项目管理的规范性,需设立统一的项目化管理领导指挥系统,制定严格的运作程序,明确项目各责任主体及各关键阶段的工作任务,合理安排项目工作内容,充分激励项目团队,严格控制项目进度、成本、质量。为实现公司项目化管理目标,结合组织实际情况,运用项目管理知识体系,将组织架构进行了初次升级,如下图所示。首先明确项目化管理工作由高层领导下的"项目管理委员会"协调各项目组完成,下辖"项目管理办公室",项目化管理的细则由项目管理委员会指导项目管理办公室制定与实施。

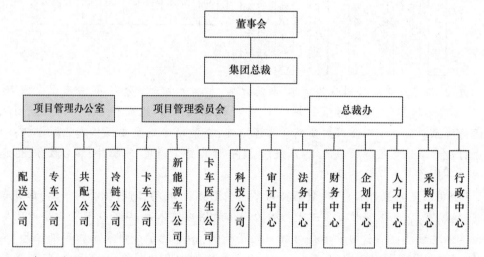

但在运作流程确立后,在项目管理实施过程中,出现了效率低下、资源分散、缺乏协调等问题,项目化管理实施效果不理想。

1. 项目同质,组织臃肿

J物流公司正式全面开展全国战略仅仅1年就在2018年又实施项目管理的团队模式,并没有打破业务体系拆分为物流和车辆两个板块,按照运输类型拆分为四个单独的产品运营,每个产品都有各自独立的一套组织架构和管理机构的组织模式。由于产品之间组织互相独立,但各物流产品内部机构及职能机构岗位职责属性类似,业务同质化严重,造成了机构重叠、臃肿,致使管理成本过高。

同时,J物流公司企业战略变化快于组织结构的变化。在公司的产品服务的规范化和标准化还未成熟的时候,就开始实施全国发展战略,随后又快速进入到项目制的整合战略。组织结构的调整没有跟上战略目标的快速变化,导致了本位主义,各自着手产品内部而忽略J物流公司集团的长远发展和整体利益。

2. 绩效不均,缺乏协调

各个分公司之间,同类型的工作管理幅度大相径庭,存在人员与工作之间分布不均衡的情况。由于工作性质相同但强度与薪酬不同,导致各分公司间矛盾频发,缺乏相互协调,增加员工沟通成本和效率。以B市为例,下表展示了三个物流产品在2018年的月均业绩及人员效率情况。

B 市常温产品人员效率情况

产品	总人数（人）	销售人员（人）	运营人员（人）	职能人员（人）	客户数（个）	车辆(台)（自营＋加盟）	月均收入（万元）	人效（万元/月）
配送	45	15	25	5	50	129	389.6	8.7
专车	17	6	10	1	217	63	134.8	7.9
共配	18	11	4	3	55	55	45	2.5

3. 权责不清，效率低下

与众多公司一样，J 公司物流业务也存在应收账款问题。J 公司应收账款中超期占款比例也巨大。产生的原因是，在某客户公司未能按约定付款时，没有专人跟进，全凭客户公司自觉。当总部发现这类问题时，各公司又互相推诿，物流公司认为这应该是由财务中心负责，因为财务管资金，财务中心认为这是物流公司的责任，因为合同是物流公司签订的，最终导致 J 物流公司的应收账款数额巨大，给整个集团公司运营管理造成十分被动的局面。

问题：

J 公司应该如何改进其组织结构？如果 J 公司向网络型组织结构演进，是否可行？具体方案如何设计？

● **案例分析要点：**

影响 J 公司结构选择的因素有企业战略、企业所处环境、企业采用的技术、企业规模与企业所处发展阶段。J 公司的战略不断在变化，所处竞争环境不断在变化，采用的技术不断在提升，规模也在不断扩大，组织结构需要适应这些变化进行调整。

J 公司组织结构调整时，还需要根据 J 公司的核心业务及整体业务流程特点、专业化分工特点、责权和集权分权特点进行组织结构设计。

具体可以是基于项目管理的矩阵式组织结构设计方案，也可以是基于双边市场的平台型（网络型）组织结构设计方案。

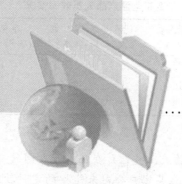

第四章

领　导

本章要点

(1) 领导与领导者。

(2) 领导者的权力构成。

(3) 领导者的素质要求。

(4) 管理与领导。

(5) 人性假设与领导风格的关系。

(6) 领导的行为理论。

(7) 领导的权变理论。

(8) 激励、需要与动机。

(9) 内容型激励理论。

(10) 过程型激励理论。

(11) 沟通与沟通过程。

(12) 沟通的方法与分类。

(13) 冲突。

第一节　领导与领导者

一、领导的定义

领导职能贯穿于管理工作的各个方面。管理的各种职能从根本上讲是为了保证组织既定目标的实现，因此需要对组织的各种要素和资源开展计划、组织、控制等工作，其中人力资源的运用在很大程度上能够直接或间接地决定组织目标的实现及其实现程度。所以，如何正确地领导组织成员，调动组织成员的积极性，有效实现领导与组织成员之间的信息沟通就成为管理的核心问题。管理人员通过计划、组织、控制职能是可以取得一定成果的，但主管人员在实施各项管理职能时，如果能够更有效地确保领导工作的正确进行，那么必定会获得更高质量的管理效果。因此，管理过程学派认为，领导是管理职能的基本组成部分，它侧重于对组织中人的行为施加影响，发挥领导者对下属的指挥、协调、激励和沟通作用，以便更加有效地完成组织的目标与任务。

组织的绩效是组织成员共同努力的结果。一个组织运营的绩效是由组织成员的各种行为决定的，而组织成员的工作和行为又受到领导者及其领导行为的引导、调节与控制。从这个意义上说，领导者的行为决定着组织的绩效，特别是从事组织战略决策的高层领导者，不仅决定着组织运营的绩效，而且直接决定着组织的兴衰成败。因此，组织要生存并取得成功，就需要有效的领导。组织的领导者应当而且必须对组织运营绩效负责，领导者的有效领导，取决于其组织的绩效，绩效高低是衡量领导者是否称职和才能大小的标准。这说明，作为组织的领导者，最重要的能力不仅是领导者的个人素质和个人才能，更重要的是将个人的领导素质和领导才能转化成组织绩效的能力。一个有效的领导者能够影响其下属，使下属现有的技能、才智和技术水平能够得到更充分的发挥，从而使组织取得更高的绩效。

传统的观念认为，领导是上级组织赋予领导者一定的职位与权力，领导者通过运用这些法定的权力，带领下属完成组织的任务，实现组织的目标，其核心是强调领导者的权力因素。而现代管理理论，特别是组织行为学理论则赋予领导一种全新的定义，即认为领导是在一定的条件下激励、引导和影响个人或组织实现组织目标的行动过程。

（1）领导一定要与群体或组织中的其他人发生联系。这些人包括下属和组织中的其他成员，他们都甘愿或屈服于组织领导的权力而接受领导者的指导。

（2）权力在领导和其他成员中的分配是不平等的。领导者具有指导组织中其他成员活动的权力，而组织中其他成员却没有指挥领导者的权力。领导者的权力主要包括制度权、专长权和个人影响权。

（3）领导者能够对组织成员产生各种影响。领导者具有指导下属活动的法定权力，不仅能够指导下属"做什么"，而且能够影响下属"如何做"。领导者能够通过影响被领导者，使其表现出某种符合组织期望的行为或表现。领导的本质就是组织成员的追随与服从。正是这些下属和组织其他成员的追随与服从，才使领导者在组织中的地位得以确定，并使领导过程成为可能。而下属和组织的其他成员追随和服从某些领导者指导的原因,就在于这些被他们所信任的领导者能够满足他们的愿望和需求,巧妙地将组织成员个人愿望和需求的满足与组织目标的实现结合起来。这些不仅在很大程度上表明领导不可避免地要与沟通、激励发生关系,也揭示了领导工作本身所包含的艺术性。

（4）领导的目的是影响被领导者为实现组织的目标做出努力,而不是更多地体现个人的权威。组织需要建立领袖的权威,但独裁的领导方式通常并不是最有效的领导方式。有效的领导者应当赋予被领导者在执行组织任务的过程中,发挥主动性和创造性的空间。领导是一个有目的的活动过程。这一活动过程的成效取决于领导者、被领导者和环境三种因素,即领导 = f(领导者,被领导者,环境)。领导者是领导活动的主体,领导者必须有下属的追随和服从。没有部下,领导者谈不上领导。成功和有效的领导活动还取决于有利的环境因素。领导者必须依据组织内外的环境因素,因地、因时、因人制宜地开展领导活动。

二、领导的作用

领导活动对组织绩效具有决定性影响,具体体现在指挥、协调、激励、沟通四个方面。

（1）指挥作用。有人将领导者比作乐队指挥。一个乐队指挥的作用是通过演奏家的共同努力形成一种和谐的声调和正确的节奏。在组织的集体活动中,需要头脑清醒、胸怀全局、高瞻远瞩、运筹帷幄的领导者,帮助组织成员认清所处的环境和形势,指明活动的目标和达到目标的途径。领导就是引导、指挥、指导和先导,领导者应该帮助组织成员最大限度地实现组织的目标。领导者不是站在群体的后面去推动群体中的人们,而是站在群体的前列,促使人们前进并鼓舞人们去实现目标。

（2）激励作用。组织是由具有不同需求、欲望和态度的个人所组成,因而组织成员的个人目标与组织目标不可能完全一致。领导的目的就是把组织目标与个人目标结合起来,引导组织成员满腔热情地为实现组织目标做出贡献。领导者要想使组织内的所有成员都最大限度地发挥其才能,实现组织的既定目标,就必须关心下属,激励和鼓舞下属的斗志,发掘、充实和加强下属积极进取的动力。

（3）协调作用。在组织实现其既定目标的过程中,人与人之间、部门与部门之间发生各种矛盾冲突及在行动上出现偏离目标的情况是不可避免的。因此,领导者的任务之一就是协调各方面的关系和活动,保证各个方面都朝着既定的目标前进。

（4）沟通作用。领导者是组织的各级首脑和联络者,在信息传递方面发挥着重要作用,是信息的传播者、监听者、发言人和谈判者,在管理的各层次中起到上情下达、下情上述的作用,以保证管理决策和管理活动顺利地进行。

◀ 概念应用 4-1 ▶

领导的作用

针对下列情况,确定是领导的何种作用:

A. 指挥　　　　B. 协调　　　　C. 激励　　　　D. 沟通

_____ 1. 希望你后天早上能给我一个全面的分析报告。

_____ 2. 小李觉得今天比昨天的工作可以减少一个人员,你认为呢?

_____ 3. 我知道你是非常有想象力的员工,希望你明天能有一个全新的解决方法提供给我。

_____ 4. 我能做的是,把为我们部门做出突出贡献的同仁的成绩展示给所有人看。

_____ 5. 今天,我把这一年的工作安排向各位汇报一下。

三、领导权力的构成

延伸阅读

作为管理活动的重要职能,领导与权力有着密切的关系。权力通常被看作组织中人与人之间的一种关系,是指处在某个管理岗位上的人对所有单位与人员的影响力。领导者拥有的影响下属的能力和力量包括:由上级组织赋予并由法律、制度明文规定的正式权力(权力性影响力),称为制度权;由于领导者自身某些特殊条件所具有的影响力(非权力性影响力)。这种权力所产生的影响,是组织成员发自内心的、长时期的敬重与服从,可分为专长权和个人影响权。具体来说,领导者影响力(或权力)可分为五种:

(1)法定权。这种权力来自领导者在组织中担任的职务,来自下级传统的习惯观念,即下级认为领导者拥有的职务权力是合理合法的,得到了社会公认,他必须接受领导者的影响。

(2)强制权。这种权力建立在下级的恐惧感上。下级认识到,如果不按照上级的指示办事,就会受到上级的惩罚。惩罚包括物质处罚、批评、调职甚至开除等。

(3)奖励权。下级认识到,如果按照上级的指示办事,上级会给予一定的奖赏,满足自己的某些需要。奖赏包括物质和精神奖赏两方面。奖励权来自下属追求满足的欲望,即下属感到领导者有能力奖赏他。

(4)专长权。由于领导者具有某种适合本组织需要的专业知识、特殊技能、知识创新能力或管理能力,因而赢得同事和下级的尊敬和服从。

(5)个人影响权。这种权力主要是来自个人的魅力,是建立在下属对领导者认可和信任的基础上的。由于领导者具有好的品质、作风,受到下属的敬佩和赞誉,愿意模仿和跟从他。拥有个人影响权的人能激起人们的忠诚和极高的热忱。

在上述五种权力中,法定权、强制权和奖励权属于职位权力,而专长权和个人影响权是由个人的才干和素养等决定的。要想成为一个有效的领导者,仅有前三种权力是不够的,还应具有专长权和个人影响权。而且不管运用哪种权力,都要注意运用权力的艺术,都必须慎重用权、公正用权,并注意例外处理。

四、领导者的素质

领导的素质有广义和狭义之分。狭义的素质通常是指对领导者先天心理和生理特征的评价,如身高、天赋、智商及气质等遗传性因素;广义的素质包括对领导者德、智、体方面的综合评估。

领导者究竟应该具有什么样的素质，这些素质是来自先天还是来自后天，与组织所处的环境有无关系，历来就是管理学者争论和研究的重点。古代学者大都运用遗传素质的观点来分析领导者的特性。古希腊哲学家亚里士多德就曾经说过："人从出生之日起，就决定了他们是治人还是治于人。"持有这种观点的人，完全把领导者的素质说成是与生俱来的，带有强烈的唯心主义的色彩。进入 20 世纪以来，对领导特性理论的研究有了深入的发展，提出了许多不同的观点。

（1）切斯特·巴纳德（Chester L. Barnard）认为，领导者应具有活力、持久力、决断力、说服力、责任感、知识和技能。

（2）林德尔·厄威克（Lyndall F. Urwick）认为，领导者应具有自信心、个性、活力、潜力、表达力、判断力。

（3）行为科学家亨利（W-Henry）认为，一个成功的领导者应具备 12 点品质：成就需要强烈；干劲大，工作积极努力，希望承担富有挑战性的新工作；用积极的态度对待上级，尊重上级，与上级关系较好；组织能力强，并有较强的预测能力；决断力强；自信心强，对自己的目标坚定不移；思维敏捷，富有进取心；竭力避免失败，不断接受新的任务，树立新的奋斗目标，驱使自己前进；讲求实际，重视现在，而不大关心不肯定的未来；眼睛向上，对上级亲近而对下级较疏远；对父母没有情感上的牵扯；忠于组织，恪尽职守。

（4）美国管理学家埃德温·吉赛利（Edwin E. Ghiselli）在 20 世纪 70 年代提出了影响领导效率的八种品质（个性）特征和五种激励特征。八种品质特征是：才能智力大小；独创性（创造与开拓）大小；果断性，决断能力强弱；自信心强弱；指挥能力大小；成熟程度高低；是否受下级爱戴和亲近；男性或女性。五种激励方面的特征是：对职业成就的需要；自我实现的需要；对权力的需要；对金钱报酬的需要；对安全（工作稳定性）的需要。吉赛利认为，影响领导效率最重要的因素有指挥能力、职业成就与自我实现的需要、才能、自信心、决断能力等；其次是对工作稳定性和金钱报酬的需要、同下级亲近、创造和开拓、成熟程度等；至于性别则关系不大。

还有其他一些类似的研究。按照领导特性理论的观点，领导者之所以成为领导者，是由于他们具有与众不同的优秀品质和特殊能力，研究领导问题主要就是研究领导者应该具有哪些优秀品质和能力，并据此来培养、选拔和考核领导者。

然而领导特性理论并未取得多大的成功，因为领导特性包罗万象，说法不一，而且互相矛盾。况且任何人都不可能具备所有这些特性。同时实验还证明了领导者并不一定都具有比被领导者高明的特殊品质，实际上他们与被领导者在个人品质上并没有显著的差异。此外，领导特性理论并不能使人明确一个领导者究竟应在多大程度上具备某种特性。

人们所认为的素质主要是指对领导者德、智、体方面的综合评估。"德"是指人的品格因素，包括个性心理品质、伦理道德和政治品德。良好的个性心理品质表现为领导者的事业心、责任感、坚强的毅力、创新与开拓意识等，是领导工作能否取得成功的首要条件。伦理道德表现为领导者能否正确地处理各种人际关系，严于律己，廉洁奉公，平等待人与可信赖性。领导者良好的道德观，能取得下属真诚的支持和拥护。政治品德表现为领导者在政治上能否与执政党、国家乃至高层领导在方针、政策、路线上保持一致，做不到这一点,就无法开展工作。"智"主要是指领导者能力素质,包括领导者的技术技能、人际关系技能和概念技能。技术技能是指领导者应该熟练掌握自身管辖区域内的本职业务,只有这样才能更好地开展工作,避免瞎指挥;人际关系技能是指领导者通过正确地处理各种人际关系,调动上下级的积极性;概念技能是指领导者的综合管理才能,包括决策能力、指挥能力、控制能力、协调能力等。一般认为,处于基层的领导者,技术技能最重要,随着职务的升迁与领导范围的扩大,应不断加强其人际关系和概念技能;而对高层领导者来说,其概念技能显得更为重要。"体"是指领导者的身体素质。健康的体魄能确保领导者承担和完成各项管理任务,精力充沛地投入工作。

五、管理与领导

管理与领导是人们通常容易混淆的概念。事实上,领导职能与管理职能、领导者与管理者是既相互联系又相互区别的。主要表现在:领导职能是管理职能的一部分,可以说管理职能的范围要大于领导职能;领导和管理活动的特点和着重点有所不同,领导活动侧重于对人的指挥和激励,更强调领导者的影响力、艺术性和非程序化管理,而管理活动更强调管理者的职责以及管理工作的科学性和规范性;如果把组织中的工作人员划分为管理人员和作业人员,那么从理论上分析,管理者应当是一名领导者,不管他处在什么层次,都或多或少地肩负着指挥他人完成组织活动的任务。但是另一方面,一个人可能是领导者,却并非是管理者,这是因为除正式组织,社会上还存在着形形色色的非正式组织。作为非正式组织的领袖,并没有得到上级赋予的职位和职权,也没有义务确立完善的计划、组织和控制职能,但是他们却能对其成员施加影响,起到激励和引导的作用,因此他们可以称为领导者。

六、对内部领导人才的管理

目前激烈的竞争特别是来自灵活的小公司的竞争,使大公司培养和激励内部有领导才能的员工变得越来越重要,因为这可以提高创新的水平和组织学习。学习型组织鼓励所有的员工识别机会和解决问题,从而使组织能够不断地试验、提高和增加为顾客提供新的、先进的产品和服务的能力。内部领导行为的水平越高,学习和创新的水平就越高。

组织如何才能促进企业内的学习,挖掘内部有领导才能的员工呢? 现在较为常见的是以下几种激发内部员工领导能力和进行高层人员管理的方式。

1. 产品支持者

激发内部有领导才能的员工的途径之一是鼓励个人承担产品支持者(Product Champion)的任务,即一位经理拥有一个项目的"所有权",对从产品的概念阶段到最终向顾客销售的过程进行领导和监督。3M 公司以其管理内部有领导才能的员工而闻名,它鼓励所有的管理者成为产品支持者,并能够识别新的产品创意。产品支持者负责开发产品的商业计划,然后带着商业计划来到 3M 产品开发委员会。这是一个由 3M 高层管理者组成的小组,他们评估计划的优势和弱点,决定是否应当资助这个计划。如果计划被接受了,产品支持者就负责产品的开发。

2. 臭鼬小组和新风险事业部

产品支持者角色的意义在于,感觉拥有一个项目的员工会表现得像外部企业家那样,他们会尽最大努力来使项目成功。这种拥有项目的感觉也可以通过使用臭鼬小组(Skunkworks)和新事业部来加强。臭鼬小组是一群从正常的组织运营中被审慎分离出来的内部领导群,这可以鼓励他们全身心地投入到新产品开发中去。这样做的原因是,如果这些人被分离出来,他们可以完全投入项目,开发时间就可以相对缩短,最终产品的质量也会提高。"臭鼬小组"这个术语是洛克希德公司首先提出来的,它成立了工程师小组来设计像 U2 间谍飞机这样的特殊飞机。这个小组任务的神秘性和其目标的投机性使得它被称为"臭鼬小组"。

大型的组织往往会变得层次众多、不灵活和官僚主义,这些特点对鼓励学习和试验来说是不理想的。认识到这个问题之后,许多公司采用了新事业部形式,将其从母公司中分离出来,以免被烦琐的审查所困扰,从而专门负责产品开发。新风险事业部(New Venture Division)是一个自治的部门,它被赋予开发和营销新产品所需的所有资源。从根本上讲,新风险事业部以类似于一个新企业的方式运行,部门经理成为负责产品开发的内部领导。这样设置的目的是鼓励高水平的组织学习,提高企业家的才能。

3. 奖励创新

为了鼓励管理者承担内部领导行为所带来的不确定性和风险,企业需要把绩效和奖励联系在一起。越来越多的公司根据内部领导们在产品开发过程中的贡献来奖励他们。如果内部领导们的项目获得成功,他们将被授予巨额的奖金,或者被授予股票期权;如果产品旺销甚至可以让他们成为百万富翁。例如,微软和思科系统公司把股票期权作为其奖励计划的一部分,通过授予股票期权把他们数百名员工变成了拥有数百万家产的富翁。除了钱以外,成功的内部领导们还可能被提升到最高管理层。例如,3M 的很多最高层经理都是因为其成功的记录而获得提升的。如果希望防止内部领导们离开组织而成为与组织直接竞争的外部领导的话,组织必须公平地奖励他们。

第二节　人性假设与领导风格

一、人性假设

人既是管理的主体即管理者,又是管理的客体即管理对象。作为管理者,他的人性观以及他对被管理者人性方面的基本认识,决定着他将追求的目标、为实现目标可能采取的行为以及对被管理者所采取的基本态度。因此,人性观历来是管理学中的一个重要课题。关于人性假设的理论很多,归纳起来主要有以下四种:

1. "经济人"假设

英国古典政治经济学的创始人亚当·斯密(Adam Smith),在其名著《国富论》(1776年)中提出了利己主义的人性观。他把资本主义社会看作一个人们相互交换的联合体,认为交换是"人类的本性",而人们交换的动机都是利己主义的,因此利己主义是"人类的本性"。作为管理者的资本家,其本性都是追求最大利润的,而作为被管理者的工人,其本性都是追求最高工资的。斯密上述对于人类本性的分析,对西方资产阶级早期的管理理论产生了广泛而深远的影响,很长一个时期被奉为西方管理上的一项基本指南。后来,美国行为科学家道格拉斯·麦格雷戈(Douglas M. McGregor)于 1957 年在其《企业中的人性面》一文中提出了著名的"X – Y 理论",对当时西方社会对于人性的两种主要认识进行了分析研究,其中的"X 理论"(Theory X)就代表了"经济人"的人性假设。

"X 理论"的主要观点有:

(1) 一般人都生性懒惰,尽可能地逃避工作;

(2) 一般人都缺乏雄心壮志,不愿承担责任,宁愿被人领导;

(3) 一般人都天生以自我为中心,对组织需要漠不关心;

(4) 一般人都天生反对变革,安于现状;

(5) 一般人都不怎么机灵,缺乏理智,易于受到欺骗和煽动。

在人际关系运动开始以前,"X 理论"被广泛接受,所以管理者对下属的管理方式往往处在两个极端:一是"严厉、强硬的"管理方法,包括强迫和胁迫(通常采用隐蔽的方式),严密的监督和控制;二是"温和、软弱的"管理方法,包括宽容、顺从下属的要求,以求相安无事。事实证明,管理方法不论是强硬的还是软弱的,都不能取得理想的效果。采用强硬的管理方法,会导致各种反抗行为,如限制产量、敌对情绪、怠工、组织工会等;采用软弱的管理方法,则常常导致放弃管理、对工作绩效漠不关心等。管理者进而采用"胡萝卜加大棒"的方法。随着人们对更高层次需要的强烈追求,"胡萝卜"已不能激发起人们的行为动机。因此,"经济人"的观点已经过时了。

2. "社会人"假设

"社会人"假设是由梅奥(Mayo)通过霍桑试验提出来的。他认为,人是"社会人",影响人生产积极性的因素,除了物质金钱,还有社会和心理的因素,包括人们对归属、交往和友谊的追求。人们在工作中形成的社会关系对工人的士气起着重大的影响,而工人的士气又直接影响着生产效率的高低。因此,作为管理者不能只把目光局限在完成任务上,而应当注意对工人的关心、体贴、爱护和尊重,改变对工人的态度和监督方式,建立起相互了解、团结融洽的人际关系和友好的感情,重视非正式组织的存在,鼓励上下级之间的意见沟通,以消除不满和争端。

"社会人"假设的提出无疑是对人性认识的一大进步。

3. "自我实现人"假设

"自我实现人"假设是以马斯洛(A. Maslow)的"需要层次理论"和美国哈佛大学教授克里斯·阿吉瑞斯(Chris Argyris)的"不成熟—成熟理论"为基础的。阿吉瑞斯对人的个性与组织的关系问题做过较多的研究,于 1957 年出版的《个性与组织:系统与个人之间的冲突》一书中,提出了一种新的人性假设理论——"不成熟—成熟理论",又称"人性成熟理论"或"个性与组织理论"。阿吉瑞斯认为,人是一个发展着的有机体,因而健康的个性都具有成长的倾向,这种个性成长的倾向包含多方面的内容,并且如同婴儿成长为成人一样,是一个从不成熟到成熟,即从被动到主动、从依赖到独立、从有限的行为方式到多样复杂的行为方式、从肤浅短暂且经常变化的兴趣到浓厚且持久专一的兴趣、从目光短浅到有长远打算、从服从附属地位到平等优越地位、从缺乏自觉到自动自发的连续发展过程。随着个性的成长,个人的自我世界扩大了,这就是自我的形成过程,就是自我实现的过程。一个人在这个发展过程中所处的位置,标志着他的个性的成熟程度,也体现出他的自我实现的程度。但是，由于传统组织在专业化分工、等级制度、统一指挥、管理幅度等方面的严格控制、呆板规定，使组织成员处于不成熟状态，致使其自我实现的要求得不到满足，引发了种种消极后果。因此，阿吉瑞斯主张，必须改善组织设计，为组织的每个成员创造更多的成功机会，实现组织目标与个人目标的统一。

麦格雷戈在此基础上提出了"Y理论"（Theory Y）。他认为人的本性并非像传统的"X理论"认为的那样，而需要一种新的理论做指导，这就是"自我实现人"假设，其主要内容如下：

（1）人们并非天生就厌恶工作，人们在工作中的体力和脑力的消耗，就像游戏或休息一样自然，工作对于人来说是一种满足。

（2）在适当的条件下，人们不但接受，而且能主动地承担职责。

（3）如果提供适当的机会，人们就能将个人目标与组织目标统一起来。个人自我实现的要求和组织目标的要求之间并不是对立的、矛盾的。

（4）人们并非天生就对组织的要求采取消极或抵制的态度，人们愿意也能够通过自我管理和自我控制来完成自己认同的组织目标。严格的控制和处罚并不是使人们努力达到组织目标的唯一手段，它甚至妨碍了个人的发展和成熟。

（5）大多数人都具有较高的解决组织问题的想象力和创造性，但在现代工业社会条件下，人们的智慧潜力只得到了部分发挥。

麦格雷戈提出的"Y理论"，要求管理者改变自己的管理方式和对员工的态度，应当相信人是可以信赖的，是能够自我管理的。组织应当创造一种环境条件，不断发掘员工的潜力，激励员工自觉发挥他们的积极性和创造性，在完成组织目标的同时也达到自己的个人目标，实现个人目标与组织目标的统一。"Y理论"在实践中的运用，提出了很多具体的管理方法，如授权、工作扩大化和丰富化、目标管理等，都收到了一定的成效。

4. "复杂人"假设

对于马斯洛、阿吉瑞斯、麦格雷戈等人主张的人性假设，西方有些管理学家也提出了不同的看法。例如，有些管理学家认为，他们把工作中的满足作为人们唯一的生活乐趣，而忽略了人们的经济动机。实际上，对人的本性是不能一概而论的，有的人适合于"X理论"，有的人则适合于"Y理论"。因此一些管理学家指出，人的内心世界是复杂多变的，要因人而异，简单地把人性划归为一种类型是不现实的。美国心理学家约翰·莫尔斯（J. J. Morse）和杰伊·洛希（J. W. Lorsch）应用"X理论"和"Y理论"，分别在两个工厂和两个研究所进行试验，结果是：在工厂里，采用"X理论"能取得较好的效果；而在研究所里，运用"Y理论"进行管理效果较好。这说明，"X理论"不见得一无是处，毫不可取；"Y理论"也不见得一切都好，可以到处应用。根据对这一结果的分析研究，莫尔斯和洛希提出了"复杂人"的人性假设，即所谓的"超Y理论"或权变理论。它认为，人的需要是复杂的，既不是纯粹的"经济人"，也不是纯粹的"社会人"或"自我实现人"。这种复杂性主要表现为以下几点：

（1）不同的人有不同的需要结构。有的人追求低层次的需要，有的人追求高层次的需要；有的人要求参与决策，愿意承担更大的责任；有的人则宁愿接受正规的组织结构及其规章制度的约束，而不愿意参与决策和承担责任。而且，各个需要层次之间又是相互作用的。例如，金钱意味着社会地位，地位又意味着尊重的需要得到满足，因而人们便认为，金钱的满足也是地位、尊重等需要的满足。

（2）人的很多需要不是生来就有的，而是在后天的环境影响下形成的。由于人的工作和生活环境总是不断变化的，因而人们已有的需要结构也会不断变化。可以说，人在一定时期的需要结构是已有的需要结构与环境条件相结合的产物。

（3）人对不同的组织或组织的不同部门会有不同的需要。例如，有的人在正式组织里有满足物质利益的需要，而在非正式组织里有满足人际关系方面的需要。

（4）一个人在组织中是否感到满足、乐于奉献，关键在于该组织的状况是否同他的需要结构相一致。如果两者是一致的，从而使他能在该组织中得到需要的满足，他便会为该组织效力；反之，他就不会效力。因此，组织状况对人的工作态度和积极性影响很大。

（5）由于每个人的需要和能力各不相同，因而他们对一定的管理方式就会产生不同的反应。也就是说，不存在一种符合任何人、任何环境的万能的管理方式，运用管理方式只能因人、因地、因时制宜。

根据上述人性假设，管理者必须具体了解不同员工之间在需要和能力方面存在的差异，并按照不同人的不同情况，采取相应的管理方式，才能取得预期的效果。管理方式必须灵活，富有弹性，保证管理方式同组织目标、工作性质和职工的个人条件相适应，以使每个员工都能获得胜任感。管理方式越是能达到这种适应，员工的责任感就越强，工作效率也就越高。

由于"复杂人"假设强调对人性的认识要根据具体情况具体分析，因此对实际工作具有更强的实用价值。

总而言之，许多管理学家发现，领导特性理论难以说明领导的有效性问题。于是自20世纪40年代之后，随着行为科学的兴起，对领导问题的研究重点转向了领导风格，形成了领导风格理论。

二、关于领导行为的理论描述

领导行为理论认为，领导是集体中的一种现象，所谓领导就是领导者推动和影响集体成员或下属，引导他们的行为按领导者预期的方向发展，为共同的目标而努力。因此，它必然涉及领导者与其下属成员之间的相互关系，这就要求人们不仅要考察领导者的个人特性，还必须着重考察领导者的行为对其下属成员的影响，找出领导行为中的哪些因素影响着下属成员的行为和集体的工作成效。也就是说，领导的作用是通过领导者的特定行为表现出来的，因而应把研究的重点转到领导行为上来。

1. 领导方式的理论描述

在各种领导行为中，根据控制或影响方式的不同，可以把领导方式划分为专制式、民主式和放任式三种基本的领导风格。这一理论是心理学家库尔特·勒温（Kurt Lewin）通过研究实验建立的。

（1）专制式领导。这种方式主要是靠权力和强制命令进行管理。其主要特点是：独断专行，从不考虑别人的意见，完全由领导者自己做出各种决策；不把更多的消息告诉下属,下属没有任何参与决策的机会,只能奉命行事;主要靠行政命令、纪律约束、训斥惩罚来维护领导者的权威,很少或只有偶尔的奖励;领导者预先安排一切工作程序和方法,下属只能服从;领导者与下属保持相当的心理距离。

(2) 民主式领导。民主式领导的主要特征是对将要采取的行动和决策同下属商量,并且鼓励下属参与决策。这种领导方式的具体特点是:各种决策都是由领导者和下属共同协商讨论决定的,决策是领导者和其下属共同智慧的结晶;分配工作时,尽量照顾到组织每个成员的能力、兴趣和爱好;对下属工作的安排并不具体,个人有相当大的工作自由,有较多的选择性与灵活性;主要运用个人权力和威信,而不是靠职位权力和命令使人服从;领导者积极参加团体活动,与下属无任何心理上的距离。

(3) 放任式领导。实行这种领导方式,领导者的主要特点是极少运用其权力,而是给下属以高度的独立性。

以上三种领导方式的领导特点存在明显差异。勒温根据实验得出结论:放任式的领导方式工作效率最低,只能达到组织成员的社交目标,但完不成工作目标;专制式的领导方式虽然通过严格管理能够达到目标,但组织成员没有责任感,情绪消极、士气低落;民主式领导方式工作效率最高,不但能够完成工作目标,而且组织成员之间关系融洽、工作积极主动、有创造性。

2. 利克特的四种领导基本方式

以伦西斯·利克特(Rensis Likert)为首的美国密歇根大学社会调查研究中心,从1947 年开始通过对大量企业的调查访问和长期研究,归纳出领导行为方式的四种类型。这些研究成果后来写进了《管理的新模式》(1961 年)和《人群组织》(1967 年)两部著作中。他们的研究成果通常被称为"密歇根研究"。

(1) 专制—权威式。领导者非常专制,这种领导方式的特征是:权力集中于最上层,上级对下属没有信心、缺乏信任,下属根本不能参与决策,也没有任何发言权,下属对组织目标没有责任感,组织内部几乎不存在相互协作关系;上级经常以威胁、恐吓、惩罚以及偶尔的奖赏来激发下属人员的工作意识;沟通采取自上而下的方式。

(2) 开明—权威式。采用这种领导方式的领导者对下属有一定的信任和信心,其特点是:领导者仍然是专制的,但采取了家长制的恩赐式领导方式;权力控制在最上层,但也授予中下层部分权力;领导人对下属有主仆之间的那种信赖关系,一般员工都不参与决策,但有时也能听取他们的某些意见;下属人员对组织目标几乎没有责任感,组织中极少有相互协作的关系;运用奖励和有形、无形的惩罚调动下属人员;有一定程度的自下而上的沟通。

(3) 协商式。这种领导方式的领导者对下属抱有相当大但并不是完全的信任,其特征是:沟通是上下双向的,但重要问题的决定权仍掌握在上层手中,下属只能对某些特定问题参与决策;大部分组织成员,尤其是上层人员对组织目标具有责任感;主要运用奖励,偶尔也运用惩罚手段激励下属人员。

(4) 群体参与式。在一切问题上,领导对下属人员都能完全信任,其特点是:上下之间对工作问题可以自由地交换意见,上级都尽力听取和采纳下属人员的意见,组织内形成了紧密的协作关系;以参与决策、经济报酬、自主地设定目标、自我评价等手段调动下属人员,因而组织的各类成员对组织目标都具有真正的责任感,实行集体参与、自我管理。

根据利克特的研究,由于员工参与管理的程度不同,以及在实践中相互支持程度的不同,生产率高的企业大都采取群体参与式的领导方式,生产率低的企业则大都采取专制—权威式的领导方式。因此,利克特主张,专制—权威式、开明—权威式的领导方式,应向协商式和群体参与式的领导方式转变。他认为,领导者的职责在于,要使每个成员都能在组织中真实地感受到尊重和支持,上下级之间形成相互信任、相互支持的关系,建立有效的协作,真心实意地让职工参与管理,以充分发挥他们的智慧和潜力,并保证决策得到迅速地贯彻实施,共同实现组织的目标。这时,群体的所有成员,包括主管人员在内都形成一种相互支持的关系,在这种关系中,所有成员感到在需求、愿望、目标与期望方面有真正的共同利益。因此,以利克特为首的"密歇根研究"又称为"支持关系理论"。

3. 斯托格弟和沙特尔的"四分图理论"

1945 年,美国俄亥俄州立大学工商企业研究所在罗尔夫·斯托格弟(Ralph M. Stogdill)和卡罗·沙特尔(Carroll L. Shartle)两位教授的领导下,开始了领导行为的研究。他们首先提出了 1 800 项标志领导行为特征的因素,然后经过反复筛选、归纳,最后概括为"抓工作组织"和"关心人"(体贴)两大主要因素。

"抓工作组织"的内容包括:设计组织结构,明确职责、权力,确定工作目标和要求,制定工作程序、方法和规章制度,给下属成员分配任务等。总之,"抓工作组织"是要求领导者运用组织手段,通过确定目标、分配任务、制定政策和措施,将其下属成员的行为纳入预定的轨道,以严密的组织和控制来提高工作效率。

"关心人"的内容包括:倾听下属成员的意见和要求,注意满足下属的需要,以友好、平易近人的态度对待下属等。总之,"关心人"要求领导者与其下属成员之间建立友谊、信任、体谅的关系,以良好的人际关系调动员工的积极性。

以上两个因素不是互相排斥的。只有将二者结合起来,才能实现有效的领导。

这两种因素可以有多种结合方式,形成不同的领导行为类型(见图 4-1)。图中强"工作组织"和强"关心人"是高效的领导方式。

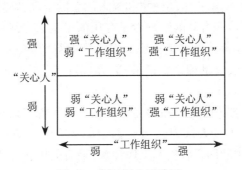

图 4-1 领导行为四分图

4. 管理方格理论

在俄亥俄州立大学提出的领导行为四分图的基础上,美国得克萨斯大学教授罗伯特·布莱克(Robert R. Blake)和简·穆顿(Jane S. Mouton)在他们的《管理方格》一书中提出了管理方格图(Managerial Grid)。他们将对生产的关心和对人的关心这两个方面的程度各划分为九等分：1 代表关心程度最小，9 代表关心程度最大，交叉形成 81 个方格。每一方格代表这两个方面以不同程度结合的不同的管理方式(见图 4-2)。

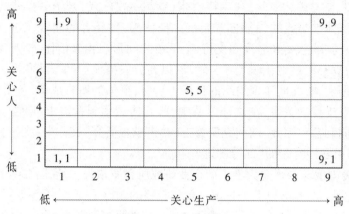

图 4-2　管理方格图

布莱克和穆顿在管理方格中列出了五种典型的领导方式：

（1）（1,1）为贫乏的管理。领导者对职工和生产都极不关心，领导效果最差。

（2）（1,9）为乡村俱乐部式的管理。领导者充分注意搞好人际关系，注意对职工的支持与体谅，导致和谐的组织气氛，但对任务、效率、规章制度、指挥监督很少关心。

（3）（9,1）为任务式的管理。领导者的注意力集中于任务的效率，但不关心人的因素，对下属的士气和发展很少注意。

（4）（9,9）为团队式管理。领导者对生产和人都极为关心，努力协调各项活动，生产任务完成得好，职工关系协调，士气旺盛，职工个人目标与企业目标相结合，形成一种团结协作的管理方式。

（5）（5,5）为中间式管理。领导者对人和生产都有适度的关心，保持完成任务和满足职工需要之间的平衡，追求正常的效率和令人满意的士气，倾向于维持现状。

管理方格理论对于培养有效的管理者是有用的工具，它提供了一个衡量管理者所处领导形态的模式，使管理者较清楚地认识到自己的领导方式，并指出改进的方向。但上述五种典型的领导方式仅仅是理论上的概括，在实际工作中，很难出现这样一些特殊的领导方式。

到底哪一种领导方式最佳呢？布莱克和穆顿组织了许多研讨会，绝大部分参加者认为(9,9)型最佳，但也有不少人认为(9,1)型最佳，还有人认为(5,5)型最佳。布莱克和穆顿指出，哪种领导方式最佳要看实际工作情况，最有效的领导方式不是一成不变的，要依情况而定。

领导者倾向于采用何种领导方式，往往与他们对人性的认识有关，也要视具体的工作环境而定。领导者在紧急状态下可能是十分专断的。如在有火灾情况下，消防队长很难花更长的时间同消防队员商量灭火的最好方式。而同科研人员打交道的领导者则可能在研究和实验过程中给科研人员以更充分的自由。

三、领导的权变理论

20 世纪 60 年代之后,随着权变理论的出现,又产生了领导的权变理论(Contingency Perspective)或情势理论。该理论认为领导行为的有效性不单取决于领导者个人的行为,并没有固定的有效领导类型,应当根据具体情景和场合(情势)采取不同的领导方式,即领导是一种动态的过程,其有效性将因被领导者的特点和环境的变化而异。该理论是在领导特性理论和行为理论的基础上发展起来的。

(一) 领导行为连续统一体理论

1958 年,罗伯特·坦南鲍姆(Robert K. Tannenbaum)和沃伦·施米特(Warren H. Schmidt)在《哈佛商业评论》上发表了《怎样选择一种领导模式》一文,提出了领导方式的连续统一体理论。他们认为,并不存在一种固定的理想领导模式。在领导者与下属的关系中,究竟应当给予下属多少参与决策的机会,是采取专制命令型更好一些,还是采取民主参与型更好一些,取决于多种相关因素,因而要采取随机制宜的态度。在专制独裁型和民主参与型两种极端的领导方式中间,存在着许多种过渡型的领导方式,这些不同的领导方式构成一个连续的统一体模型(见图4-3)。

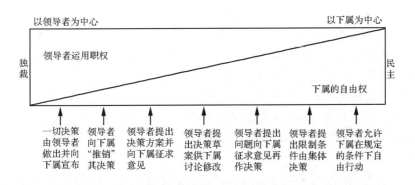

图4-3　领导行为的连续统一体模型

从图4-3 中可以看出,领导者的领导行为或作风可有多种选择,其中有两种极端类型的领导作风:一种以领导者为中心(在连续统一体的左边),这样的领导者具有独裁的领导作风,往往自己决定所有的政策,对下属保持严密的控制,只告诉下属他们需要知道的事情并让他们完成任务;另一种以员工为中心(在连续统一体的右边),这样的领导者具有民主的领导作风,允许下属对所从事的工作有发言权,不采取严密的控制,鼓励下属参与决策、自我管理。从左到右领导者行使越来越少的职权,而下属人员得到越来越多的自主权。模型中列举了七种有代表性的领导风格。

领导行为的连续统一体理论描述了从主要以领导为中心到主要以下属为中心的一系列领导方式的转化过程,这些方式因领导者授予下属的权力大小的差异而不同。这一理论很好地说明了领导风格的多样性和领导方式所具有的因情况而异或随机制宜的性质。

坦南鲍姆和施米特认为,对上述七种领导方式,不能说哪一种总是正确的或哪一种总是错误的。人们究竟应当采取哪一种领导方式,不能一概而论,应主要由以下三个方面的相关条件而定:

(1) 领导者方面的条件。包括领导者自己的价值观念、对下属的信任程度、领导者的领导个性(是倾向于专制的还是倾向于民主的)等。

(2) 下属方面的条件。包括下属人员独立性的需要程度,是否愿意承担责任,对有关问题的关心程度,对不确定情况的安全感,对组织目标是否理解,在参与决策方面的知识、经验、能力等。

(3) 组织环境方面的条件。包括组织的价值标准和传统、组织的规模、集体的协作经验、决策问题的性质及其紧迫程度等。

总之,必须全面考虑以上各方面的条件,才能确定一种适当的领导方式。但是,有人也批评这个模式只是描述性的,对实际工作没有很大的帮助。

◀ 概念应用 4-2 ▶

领导连续流

运用领导连续流匹配下列五种陈述的风格:

A. 一切决策由领导做出并向下属宣布

B. 领导者向下属"推销"其决策

C. 领导者提出决策方案并向下属征求意见

D. 领导者提出决策草案供下属讨论修改

E. 领导者提出问题向下属征求意见再作决策

F. 领导者提出限制条件由集体决策

G. 领导者允许下属在规定的条件下自由行动

_____ 1. "曹工,我想请你帮我到厂部开个技术会议,但如果你不想去就算了。"

_____ 2. "大家注意,以后必须时时保持车间操作台的整洁,现在就马上把操作台整理一下。"

_____ 3. "从现在开始要按照新的程序来做,还有谁对这个新程序有疑问吗?"

_____ 4. "我赞同你的改进意见,但我还要认真地想想再做最后的决定。"

_____ 5. "这两天我们可以轮休,你选择一天吧。"

(二) 费德勒模型

美国管理学家弗雷德·费德勒(Fred E. Fiedler)在大量研究的基础上提出了有效领导的权变模型,即费德勒模型(Fiedler Contingency Model)。他认为普遍适用于各种情景的领导模式并不存在,任何领导方式均可能有效,其有效性完全取决于领导方式与所处的环境是否适应,即有效的群体绩效取决于下属相互作用、领导者风格、情景以及下属状况对领导者的影响程度等。这是一个较为全面的领导理论。

费德勒认为,影响领导成功的关键因素之一是领导者的基本风格。费德勒以一种被称为"你最不喜欢的同事"(Least-preferred Co-worker,LPC)的问卷调查来反映和测定领导者的领导风格。他把领导方式分为两大类:以人为主(关系导向)和以工作为主(任务导向)。一个领导者如对其最不喜欢的同事仍能给予较高的评价,那说明他关心人,对人宽容、体谅,提倡人与人之间的友好关系,是宽容型的关系导向型领导,有民主式的领导风格,其 LPC 值就较高;如果对其最不喜欢的同事给予很低的评价,则是以工作任务为中心的领导者,领导风格是专制型的,惯于命令和控制,其 LPC 值就较低。

费德勒把领导的环境具体化为三种情境因素:

(1)领导者与下属的关系(Leader-member Relations),是指领导者与其组织成员的关系。如果双方高度信任、互相尊重、互相支持和友好,那么相互关系是好的;反之则是差的。

(2)任务结构(Task Structure),是指组织工作的程序化、明确化的程度,如工作的目标、方法、步骤等是否清楚,有无含糊不清之处等。如果工作是例行性的、明确、容易理解以及有章可循的,那么任务结构属于明确的或高的。

(3)职位权力(Position Power),是指领导者的职位所能提供的权力和权威是否明确、充分,在上级和整个组织中所得到的支持是否有力,对雇用、解雇、晋升和报酬等影响程度的大小等。

费德勒将三个环境变数组合成八种情况,对 1 200 个团体进行了观察,收集了将领导风格与工作环境情况关联起来的数据,得出了在各种不同的情况下的有效领导方式,其结果如图 4-4 所示。

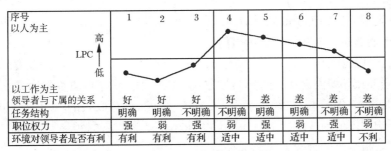

图 4-4　费德勒模型

费德勒认为,对于各种领导情境而言,只要领导风格能与之适应,都能取得良好的领导效果。在对领导者最有利和最不利的情况下(例如 1、2、3、8),采用任务导向型领导方式,其效果较好;在对领导者中等有利情况下(例如 4、5),采用关系导向型领导方式效果较好。另外,领导行为与领导者的个性是相联系的,所以领导者的风格是稳定不变的。要提高领导有效性的方法仅有两条途径:替换领导者以适应环境,或改变环境以适应领导者。

费德勒主张,要提高领导的有效性,应从两方面着手:一是先确定某工作环境中哪种领导者工作起来更有效,然后选择具有这种领导风格的管理者担任领导工作,或通过培训使其具备工作环境要求的领导风格;二是先确定某管理者习惯的领导风格,然后改变他所处的工作环境(在上下级关系、任务结构、职位权力等方面做些改变),使新的环境适合领导者自己的风格。同时,费德勒认为,第一种方法是传统的人员招聘和培训方式,而第二种方法(按照管理者自己固有的领导风格分配他们担任适当的领导工作)可能比第一种方法(让管理者改变自己的领导作风以适应工作)更容易做得到。这说明,组织设计和变革(改变组织环境)可能成为一种非常有用的工具,使得管理阶层的领导潜能得以更充分地被利用和发挥。

(三)途径—目标理论

途径—目标理论是由加拿大多伦多大学教授马丁·埃文斯(Martin G. Evans)等提出的。这种理论认为,领导者是使下属获得更好的激励、更高的满意程度和工作成效的关键人物,提出领导的主要职能是使下属在工作中获得满足需求的机会,并使下属清楚哪些行为能导致目标的实现并获得价值及奖励。简而言之,领导者应为下属指明达到目标的途径。

途径—目标理论是以期望理论和领导行为四分图为依据建立起来的。它把领导行为分为四种类型:

(1)支持型。这种类型的领导者考虑下属的需要,努力营造愉快的组织气氛,当下属受挫和不满意时,能够对下属的业绩产生很大的影响。

(2)参与型。这种类型的领导者在做出决策时征求、接受和采纳下属的建议,允许下属对领导决策施加影响,并以此来提高激励效果。

(3)指令型。这种类型的领导者发布指示,明确告诉下属做什么、怎样做。决策完全由领导者做出,下属不参与。

(4)成就型。这种类型的领导者设置富有挑战性的目标,希望下属最大限度地发挥潜力,对下属能够达到这些目标表示出信心。

通过实验和分析,埃文斯认为"高组织"和"高关心人"的组合不一定是最有效的领导方式,必须补充环境因素。在选择领导方式时应当考虑以下两方面的因素:

(1)职工个人的特点,如教育水平、灵敏感、责任心、对成就的需求等。自我评价较高并能够影响周围的人或事物的组织成员更乐于接受参与型的领导方式,而一些缺乏主见的人较喜欢指令型的领导方式。

(2)环境因素,包括工作性质、权力结构、工作小组等情况。在工作任务十分明确的情况下,一般要强调"高关心人"的领导方式;而在工作任务不是十分明确的情况下,则应强调"高组织"的领导方式。

(四)领导生命周期理论

领导生命周期理论是由美国管理学家科曼(A. K. Korman)于1966年首先提出,后经赫西(P. Hersey)和布兰查德(K. Blanchard)加以发展形成的。赫西和布兰查德认为,领导的有效性取决于工作行为、关系行为和下属的成熟程度。领导有效性的研究中之所以重视下属,是因为不管领导者做什么,其有效性都取决于下属的行为,是下属决定接受还是拒绝领导者,而很多领导理论都忽视或低估了这一因素的重要性。从这一点来看,该理论是一个重视下属的权变领导理论。

领导生命周期理论以领导的四分图理论和管理方格理论为基础,同时又结合了阿吉瑞斯的"不成熟—成熟理论"。它在前两者的二维结构的基础上,又加上了成熟程度这一因素,形成了一个由工作行为、关系行为和成熟程度组成的三维结构(见图4-5)。

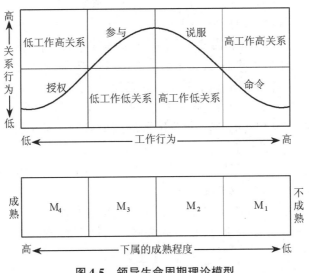

图4-5 领导生命周期理论模型

其中,工作行为是指领导者和下属为完成任务而形成的交往形式,代表领导者对下属完成任务的关注程度;关系行为是指领导者给下属以帮助和支持的程度;成熟程度是指人们对自己的行为承担责任的能力和意愿的大小,包括两个要素——工作成熟度和心理成熟度。工作成熟度是指一个人的知识和技能,如果一个人拥有足够的知识、能力和经验完成工作任务而不需要他人指导,那么其工作成熟度就高;反之则低。心理成熟度是指一个人做某事的意愿和动机,如果一个人能自觉地去做某事而无须太多的外部激励,那么其心理成熟度就高;反之则低。

由工作行为和关系行为相组合,形成四种情况,对应着四种领导方式。

(1)高工作低关系——命令式:领导者对下属的工作进行详细、具体的指导,告诉下属应该干什么、怎么干、何时干、何地干等,强调直接指挥。

(2)高工作高关系——说服式:领导者既给下属以一定的指导,又注意激发和鼓励其积极性。

(3)低工作高关系——参与式:领导者与下属就工作问题共同决策,领导者着重为下属提供便利条件,搞好协调沟通。

(4)低工作低关系——授权式:领导者提供极少的指导或支持,授予下属一定的权力,由下属自己独立地开展工作,完成任务。

同时,赫西和布兰查德又把成熟程度分为四个等级。

(1)不成熟(M_1):下属对工作任务缺乏接受的意愿和承担的能力,既不能胜任工作又不被信任。

(2)稍成熟(M_2):下属愿意承担工作任务,但缺乏足够的能力,他们有积极性,却没有完成任务所需的技能。

（3）较成熟（M_3）：下属有能力完成工作任务，但却没有动机，不愿去做。

（4）成熟（M_4）：下属既有能力，又愿意去做领导者分配给自己的工作。

赫西和布兰查德认为，随着下属从不成熟走向成熟，领导者不仅可以逐渐减少对工作的控制，而且还可以逐渐减少关系行为。当下属不成熟（M_1）时，领导者必须给予下属明确而具体的指导以及严格的控制，需要采取高工作低关系的行为，即命令式领导方式；当下属稍微成熟（M_2）时，领导者需要采取高工作高关系的行为，即说服式领导方式，高工作行为可以弥补下属能力上的不足，高关系行为可以保护、激发下属的积极性，给下属以鼓励，使下属领会领导者的意图；当下属比较成熟（M_3）时，由于下属能胜任工作，但却没有动机，或不愿意领导者对他们有过多的指示和约束，因此领导者的主要任务是做好激励工作，了解下属的需要和动机，通过提高下属的满足感来发挥其积极性，宜采用低工作高关系的行为，即参与式领导方式；当下属成熟（M_4）时，由于下属既有能力又愿意承担工作、担负责任，因此领导者可以只给下属明确目标、提出要求，由下属自我管理，此时可采用低工作低关系的行为，即授权式领导方式。

总之，领导生命周期理论揭示出，随着下属成熟程度的提高，领导者应相应地改变自己的领导方式。从另一方面来说，对于不同成熟程度的下属，领导者应该采用不同的领导方式。

领导生命周期理论，实际上是科曼通过父母对子女在不同的成长时期所采取的不同管理方式类比而来的：① 当人处在儿童时期，一切都需要父母的照顾和安排，此时父母的行为是高工作低关系。在这里要注意，疼爱不是高关系，高关系涉及尊重、信任、自立、自治等。② 当孩子进入小学和初中时，父母除安排照顾外，必须给孩子以信任和尊重，增加关系行为，即采取高工作高关系。③ 当孩子进入高中和大学时，他们逐步要求独立，开始对自己的行为负责，此时父母过多的安排照顾在孩子心中变成了干预，因此应采取低工作高关系。④ 当孩子成人走向社会、成家立业以后，父母即开始采取低工作低关系的行为。在组织中，随着下属成熟程度的提高，领导者对下属的管理也表现出类似的规律。由此，可以更好地理解、掌握该理论。

延伸阅读

◀概念应用 4-3▶

领导的生命周期理论

根据下述的员工的成熟水平，确定管理者的领导风格：

A. 低成熟度的员工，运用命令式的风格

B. 低到中等成熟度的员工，运用推销式的风格

C. 中等到高成熟度的员工，运用参与式的风格

D. 高成熟度的员工，运用授权式的风格

_____ 1. 小李以前从未独自承担过工作，但你知道只要给予一点点帮助，他就可以完成任务。

_____ 2. 我告诉过小王应该根据我的指令完成客户订单,但他一点也没有照着做,客户带着怨言将订单退给了我。

_____ 3. "小张,这个工作虽然你从未接触过,还有一定的难度,但希望你能通过完成这个工作拓展你的工作职责。"

_____ 4. 赵秘书的部分工作是,当复印纸用完后,填写复印纸领用单并把复印纸领来,过去他做得很好,现在复印纸没有了。

_____ 5. 小孙虽然比较年轻,但工作做得很优秀,与同事的关系也很好,但最近却发现他的工作质量在下降,还发生了与同事争吵的情况,你希望小孙回到以前的工作状态去。

（五）领导参与模型

领导参与模型(Leader-participation Model)是由维克托·弗鲁姆(Victor H. Vroom)和菲利普·耶顿(Phillip W. Yetton)提出的。这一模式试图确定出适合某些特定环境和情境的领导方式,这些不同的领导方式是由下属参与决策的程度决定的。它强调在各种决策活动中应允许下属参与,因此它也为决策,包括下属参与决策确定了标准和准则。

该模型认为,决策的有效性可用决策的质量和决策被接受程度来衡量。决策的质量客观上影响了下属的绩效,而下属对决策的接受程度又将影响他们对此决策的执行和负责任程度。为了提高决策效果,他们建议,根据七种不同的权变因素,在五种可供选择的领导方式中进行选择。

领导者在决定采用哪一种领导方式时,可以根据七种不同的情境因素,对下述七个问题进行回答:

（1）此决策是否有质量上的要求? 如果有此要求,那么领导者应当寻求提供一个能够达到所需质量的方案。

（2）是否有足够的信息做出高质量的决策? 如果没有,让下属在一定程度上参与显然是合适的。

（3）决策是否明确需要哪些信息以及如何获得?

（4）下属是否接受决策,对有效地执行此决策很重要吗? 如果是肯定的,那么就应当让下属更多地参与决策。

（5）下属对领导者单独做出决策的接受程度如何? 如果是否定的,那就应当让下属更多地参与决策。

（6）下属是否明确此决策与实现组织目标的联系?

（7）如果采用所选的方案,在下属中是否会引起矛盾?

前三个问题主要是针对如何确保决策的质量提出的,而后四个问题则强调下属对决策的接受程度。弗鲁姆和耶顿认为,对上述七个问题的不同回答可组合成各种情境,运用决策树的方法可相应地选择各种领导决策方式,如表 4-1 所示。其中,A_1、A_2 为集权方式或称独裁方式,C_1、C_2 为协商方式,G 为集体决策方式。

表 4-1　领导的决策方式

决策方式	定　　义
独裁方式 I（A_1）	领导者独自作决定
独裁方式 II（A_2）	领导者向下属取得资料,然后独自作决定,下属不一定被告知决策情况
协商方式 I（C_1）	领导者以个别接触的方式,让下属了解情况,征求下属的意见并获取信息,再由管理者自行做出决定
协商方式 II（C_2）	领导者和下属一起讨论问题,征求集体的意见和建议,但决定仍由管理者做出
集体决策方式（G）	领导者和下属共同讨论问题,一起提出并评估各种备选方案,最后由集体决定

领导理论的最新进展是关于维持型领导与变革型领导的研究。本节介绍的大多数领导理论涉及的都是维持型领导,他们通过明确角色和任务要求而指导或激励下属向着既定目标从事活动。还有另一种领导类型,他们鼓励下属为了组织的利益而超越自身的利益,并能对下属产生深远而不同寻常的影响,这是变革型领导。变革型领导者比维持型领导者更注重为组织的下属提供远见和使命感,通过逐步向下属灌输荣誉感,以赢得下属更多的尊重与信任;变革型领导比维持型领导以更简单明了的方式表达重要意图,使用各种方式强调努力的重要性,以传达对下属更高的期望;变革型领导更为关注组织内的每一个人,针对每一个人的不同情况给予培训、指导和建议。

◀概念应用 4-4▶

领导的权变理论

根据下述情境,确定管理者的领导风格:

A. 任务导向　　　B. 关系导向

_____ 1. 佳绩物流公司的老板黄先生,亲自负责指派下属的工作,并亲自决定雇用员工的合同期限,下属都认为黄老板是一个严厉的老板。

_____ 2. 老王在大学里是图书馆馆长,作为一名管理者,他时时关注下属员工的绩效,但同时也与下属员工保持着良好的关系。员工们认为,老王是一个好管理者。

_____ 3. 小张在大学的 MBA 课程班中学会了许多管理知识和能力,经常帮助下属员工做工作计划,但员工们对小张还是很随意。

_____ 4. 贺青是车辆维修车间的主任,善于使用奖惩的权力,对下属员工进行管理。

_____ 5. 同业俱乐部是成员通过推荐的方式加入的企业家俱乐部,委员会主席是王琛,由于其对自己企业管理的成效和对企业管理理论与实践的观点,受到俱乐部成员和员工的敬重。

第三节　激 励 理 论

领导者的激励、影响、指导和与下属交流的能力直接决定管理的效率,激励是领导工作的重要方面。在组织活动中,只有使所有参与活动的人都保持高昂的士气和工作热情,才能取得最好的效果。激励能使人的潜力得到最大限度的发挥。

有关激励的理论可分为内容型激励理论、过程型激励理论。内容型激励理论研究的是"什么样的需要会引起激励"这样的问题,它说明了激发、引导、维持和阻止人的行为的因素,旨在了解人的各种需要,解释"什么会使员工努力工作"的问题;过程型激励理论则研究"激励是怎样产生"的问题,解释人的行为是怎样被激发、引导、维持和阻止的,着重分析人们怎样面对各种满足需要的机会以及如何选择正确的激励方法,过程型激励理论解释的是"为什么员工会努力工作"和"怎样才会使员工努力工作"这两个问题。

一、激励

激励是指影响人们内在需求或动机,从而加强、引导和维持行为的活动或过程。所谓需要,是指人们对某种目标的渴求和欲望,它既包括基本的需求,如生理需求,也包括各种高层次的需求,如社交、成就等。所谓动机,是指诱发、活跃、推动、指导和引导行为指向一定目标的心理过程。激励主要是激发人的动机,使人有一股内在的动力,朝着所期望的目标前进的心理活动过程。简而言之,激励是调动人的积极性的过程。

为了引导组织成员为组织目标的实现做出有益的贡献,管理者不仅要根据组织活动的需要和个人素质与能力的差异,将不同的人安排在不同的工作岗位上,为他们规定不同的职责和任务,还要分析他们的行为特点和影响因素,有针对性地开展工作,创造并维持一个良好的工作环境,以调动他们的工作积极性,改变和引导他们的行为,使之符合实现组织目标的要求。这正是管理者的激励工作所需完成的任务。

激励是针对人的行为动机而进行的工作。企业领导者通过激励使下属认识到,用符合要求的方式去做事,会使自己的需求得到满足,从而表现出符合组织要求的行为。为了进行有效的激励,收到预期的效果,领导者必须了解人的行为规律,知道职工的行为是如何产生的,产生以后会发生何种变化,这种变化的过程和条件有何特点,等等。

人的行为是由动机决定的,而动机则是由需要引起的。当人们产生某种需要而未能满足时,就会引起人的欲望,它促使人处在一种不安和紧张状态之中,从而成为做某件事的内在驱动力。心理学上把这种驱动力叫作动机。动机产生以后,人们就会寻找、选择能够满足需要的策略和途径,而一旦策略确定,就会进行满足需要的活动,产生一定的行为。活动的结果如果未能使需要得到满足,那么人们会采取新的行为,或重新努力,或降低目标要求,或变更目标从事别的活动。如果活动的结果使作为活动原动力的需要得到满足,那么人们往往会被自己的成功所鼓舞,产生新的需要和动机,确定新的目标,进行新的活动。因此,从需要的产生到目标的实现,人的行为是一个周而复始、不断进行、不断升华的循环过程(见图4-6)。

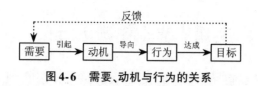

图 4-6 需要、动机与行为的关系

激励是一个适用于各种动机、欲望、需要、希望的通用术语。领导者激励下属，就是使下属的动机和欲望得到满足，从而使下属产生领导者所希望和要求的行为。这里的动机和欲望、希望和要求都属于心理或精神状态。激励过程本身是一个内部的心理过程。尽管它直接引起行为，却并不是能够直接观察到的。在任何情况下，我们都无法对激励加以直接测定，而只能通过观察人的行为来推断被激励的程度。这就意味着必须从工作效果上确定怎样才算激励。因此，必须联系人的行为研究激励。

◀概念应用 4-5▶

动   机

确定下述哪些是动机问题：

A. 是　　　　B. 不是

_____1. 王艳正在给客户做市场策划方案说明，发现公文包里没有带策划方案书。尽管王艳努力向客户说明市场策划方案，但由于没有提供文字说明，结果没能争取到这个市场策划案。

_____2. 由于你没能努力工作，你的绩效没有其他人高。

_____3. 我每天比公司的其他人工作的时间都长而且更加努力，但为什么我的企划案总是竞争不过他们的？

_____4. 如果我愿意，就可以得到更多的地位和财富，但我宁愿放松来享受生活。

_____5. 如果你能减少浪费就会更有效率。

二、内容型激励理论

（一）需要层次理论

美国心理学家马斯洛在 1943 年出版的《人的动机理论》一书中，提出了需要层次理论。他把人的需要归纳为五个层次，由低到高依次为生理需要、安全需要、社交需要、尊重需要和自我实现需要：

（1）生理需要（Physiological Need）：是指一个人对维持生存所需的衣、食、住等基本生活条件的需求。在一切需要中，生理需要是最基本、优先的。当一个人什么也没有时，首先要求满足的就是生理需要。

（2）安全需要（Safety Need）：是指对人身安全、就业保障、工作和生活的环境安全、经济保障等的需求。当一个人生活或工作在惊恐和不安之中时,其积极性是很难调动起来的。

(3) 社交需要(Social Need):是指人希望获得友谊、爱情及归属的需要,希望得到别人的关心和爱护,成为社会的一员,在他所处的群体中占有一个位置,否则就会郁郁寡欢。

(4) 尊重需要(Esteem Need):是指希望自己保持自尊和自重,并获得别人的尊敬,得到别人的高度评价。这种需要可分为两类:一类是那种要求力量、成就、信心、自由和独立的愿望;另一类是要求名誉和威信(别人对自己的尊敬和尊重)、表扬、注意、重视和赞赏的愿望。每一个人都有一定的自尊心。这种需要得到满足,就会使人感到自信、有价值、有力量、有能力并适于生存;若得不到满足,就会产生自卑感、软弱无能感,从而导致情绪沮丧,失去自信心。

(5) 自我实现需要(Self-actualization Need):是指促使自己的潜在能力得以实现的愿望,即希望成为自己所期望的人。一个人能够做什么,他就必须要做什么,这样才能最终感到愉快。当人的其他需要得到基本满足以后,就会产生自我实现的需要,就会产生巨大的动力,使人努力尽可能实现自己的愿望。

马斯洛需要层次理论的基本观点如下:

(1) 人的需要是分层次等级的,一般按照由低层次到高层次的顺序发展。生理需要是人最基本、优先的需要,自我实现是最高层次的需要。一般来说,人们首先追求满足较低层次的需要,只有在低层次的需要满足以后,才会进一步追求较高层次的需要,而且低层次需要满足的程度越高,对高层次需要的追求就越强烈。

(2) 人在不同的时期、发展阶段,其需要结构不同,但总有一种需要发挥主导作用。因此,管理者必须注意当前对员工起主要作用的需要,以便有效地加以激励。

(3) 五种需要的等级顺序并不是固定不变的,存在着等级倒置现象。一种情况是,有些人的需要可能永远保持着僵化或低下状态。也就是说,有些人可能只谋求低层次的需要而不再追求高层次的需要;另一种情况是,有些人可能牺牲低层次的需要,谋求实现高层次的需要。那些具有崇高理想和人生价值观的人,即使低层次的需要尚未得到满足,仍会追求高层次需要。一般来说,人的各种需要的出现往往取决于职业、年龄、性格、受教育程度、经历、社会背景等因素。

(4) 各种需要相对满足的程度不同。实际上,绝大多数人的需要只有部分得到满足,同时也有部分得不到满足,而且随着需要层次的升高,满足的难度相对增大,满足的程度逐渐减小。

马斯洛的需要层次理论揭示了人类心理发展的一种普遍特性。但也存在着一些不足之处,例如满足的含义不够明确。一种需要得到满足后,很难预测哪种需要会成为下一个必须满足的,等等。虽然如此,该理论仍不失为一种重要的激励理论,对管理工作具有重要的指导作用。

(二) 阿尔德弗的"生存、关系、发展理论"

阿尔德弗(C. Alderfer)通过大量的调查研究,于 20 世纪 70 年代

延伸阅读

初提出的一种需要理论,也是对马斯洛理论的一种修正。他把人的需要归结为生存(Existence)、相互关系(Relatedness)和成长(Growth),简称为"ERG理论"。

(1)生存的需要是人最基本的需要,包含了人的一切生理上的物质需要,人的衣食住行、报酬、工作环境等基本条件都包括在此种需要当中。

(2)相互关系的需要是指人际关系(社会交往)方面的需要,包括安全感、归属感、友情、受人尊重等方面的需要。

(3)发展的需要是指发展自己,使自己在事业、能力上有所成就和提高的需要。

阿尔德弗的ERG理论和马斯洛的需要层次理论比较起来,既有相似之处,又有不同之处(见表4-2)。

表4-2 ERG理论和需要层次理论比较

需要层次理论	ERG理论
生理需要	生存需要
安全(对物的)需要	
安全(对人的)需要	
社交需要	相互关系需要
尊重(受之于他人的)需要	
尊重(自己确认的)需要	发展需要
自我实现需要	

同时,阿尔德弗还提出了以下观点:

(1)人的各种需要一般来说是由低向高逐步发展的,而且低层次需要的满足程度越高,对高层次需要就越渴望,这是一种"满足—前进"的逻辑。但同时还存在着"受挫—倒退"现象,即当较高层次的需要受到挫折时,需要的重点就可能退到较低的层次。而且,各种需要也可能同时出现。

(2)人的所有需要并不是生来就有的,有些需要是通过后天的学习、培养之后才产生的,尤其是较高层次的需要。

由此可见,阿尔德弗对人的需要的研究并没有超出马斯洛的需要层次理论的范畴,只是马斯洛的理论揭示的是带有普遍意义的一般规律,而阿尔德弗的观点更侧重于带有特殊性的个体差异,二者对实际工作都具有一定的指导意义。

(三)赫茨伯格的"双因素理论"

美国心理学家赫茨伯格(F. Herzberg)等人于20世纪50年代末期在匹兹堡地区对200名工程师和会计师进行了大规模的访问谈话,调查被访者对工作感到满意和不满意的原因各是什么,调查的目的在于验证以下假设:人在工作中有两类性质不同的需要,即作为动物要求避开和免除痛苦,作为人要求在精神上不断发展、成长。赫茨伯格根据调查研究的成果,提出了"双因素理论"(Motivation-hygiene Theory),主要反映在《工作的激励因素》(1959年)和《工作与人性》(1966年)两部著作中。

赫茨伯格通过调查发现,使员工感到不满的往往是公司政策与管理方式、上级监督、工资、人际关系和工作条件等五种因素,是属于工作环境和工作条件方面的因素。这类因素不具备或强度太低,容易导致员工不满意,但即使充分具备、强度很高也很难使员工感到满意。因此,赫茨伯格将这类因素称为"保健因素"(Hygiene Factors),又称作"维持因素",因为这些因素有点儿类似卫生保健对身体健康所起的作用:卫生保健不能直接提高健康状况,但有预防效果。同样,保健因素不能直接起到激励员工的作用,但能预防员工的不满情绪。

此外,使员工对工作感到满意的往往是成就、赞赏、工作本身、责任和进步等五种因素,是属于工作本身和工作内容方面的因素。这类因素具备后,可使员工感到满意,但员工感到不满时却很少是因为缺少这些因素,因此赫茨伯格将这类因素称为"激励因素"(Motivation Factors),因为只有这些因素才能激发起人们在工作中的积极性、创造性,产生使员工满意的积极效果。

进一步的分析表明,保健因素之所以能导致人们的不满意,是因为人们具有避免不满意的需要;激励因素之所以能导致人们的满意,是因为人们具有成长和自我实现的需要。但这两类性质不同的因素是彼此独立的。

与此相关,赫茨伯格认为,满意的对立面不是不满意,而是没有满意;不满意的对立面也不是满意,而是没有不满意。保健因素是否具备、强度如何,对应着员工"没有不满意"和"不满意",因为保健因素本身的特性决定了它无法给人以成长的感觉,因此它不能使员工对工作产生积极的满意感;激励因素是否具备、强度如何,对应着员工"满意"和"没有满意",因为人的心理成长取决于成就,而取得成就就要工作,激励因素代表了工作因素,所以它是成长所必需的,它提供的心理激励促使每个人努力去达到自我实现的需要。

双因素理论在实际工作中得到了广泛的应用。最主要的形式就是工作丰富化,其中心思想就是通过增加工作中的激励因素来充分发挥员工的积极性和创造性。

赫茨伯格的双因素理论与马斯洛的需要层次理论有密切的联系,其保健因素相当于生理、安全、社会交往等低层次需要,激励因素相当于尊重、自我实现等高层次需要。

双因素理论也有一些不足之处,最主要的是赫茨伯格所调查的对象代表性不够。在美国,工程师和会计师的工资、安全、工作条件等都比较好,因此这些因素对他们自然不会起到激励作用,但这并不能代表一般员工的情况。实际上,对于激励因素和保健因素,人们的反应是不一样的,对一个人起激励作用的因素,对另一个人可能起保健作用;反之亦然。因此,在实际工作中要根据各人的不同情况,具体分析。

延伸阅读

（四）麦克利兰的"成就需要理论"

美国著名心理学教授戴维·麦克利兰(David C. McClelland)在1955年对马斯洛理论的普遍性提出了挑战,对该理论的核心概念"自我实现"有无充足的根据也表示怀疑。他经过二十多年的研究得出结论说,人类的许多需要都不是生理性的,而是社会性的,而且人的社会性需求不是先天的,而是后天的,得自于环境、经历和培养教育等。很难从单个人的角度归纳出共同的、与生俱来的心理需要。时代不同、社会不同、文化背景不同,人的需求当然就不同,所谓"自我实现"的标准也不同。马斯洛的理论过分强调个人的自我意识、内省和内在价值,忽视了来自社会的影响。

麦克利兰通过实验研究,归纳出三大类社会性需要:对成就的需要(Need for Achievement,nAch)、对(社会)交往的需要(Need for Affiliation,nAff)和对权力的需要(Need for Power,nPow),尤其对成就需要和权力需要进行了较为详细的论述。

麦克利兰认为,具有强烈成就需要的人渴望将事情做得更加完美,相信自己的能力,敢于做出决断,愿意承担责任,希望通过自己的努力获得成功,寻求能发挥独立处理问题能力的工作环境;他们对工作的结果非常关注,希望立即得到信息反馈,以便了解工作的成效;倾向于设定与自己能力相当的、中等难度的目标,对风险采取了一种现实主义的态度。权力的需求者热衷于"承担责任",喜欢竞争性强和存在地位取向的工作环境,希望影响他人,控制向下、向上的信息渠道,以便施加影响、掌握权力,他们对政治感兴趣,而不像高成就需要的人那样关心改进自己的工作。而归属的需求者寻求的是被他人喜爱和接纳,他们渴望友谊,喜欢合作,并希望彼此之间能沟通与理解。

麦克利兰指出,人的成就需要可以通过后天培养而得到加强,成就需要可以创造出富有创业精神的人物,他们会促进社会经济的发展,因此全社会都应当认识到这一问题的重要性,鼓励人们努力建功立业,取得成就。成就需要和权力需要都会使人们有杰出的表现,但二者还是有区别的。在高成就需要的人当中,很少产生率领众人前进的领导者,原因非常简单:成就需要强烈的人习惯于独自解决问题,不需要他人。一个高成就需要的人,未必能领导企业取得成就,因为经理的责任是激励众人取得成功,而不是只顾自己的工作成就。激发他人的成就感,需要有完全不同的动机和技巧。如果说成就需要对应着创业精神,那么权力需要就对应着各种领导,因为领导者的首要任务是影响别人,对权力的需要显然是他们的主要性格特征之一。

麦克利兰的理论是马斯洛理论的重要发展和补充,对指导组织的激励工作更具有现实的意义。

三、过程型激励理论

(一)期望理论

美国心理学家弗鲁姆(V. H. Vroom)于1964年在他的著作《工作与激励》一书中首先提出了比较完备的期望理论(Expectancy Theory),成为这一领域的主要理论之一。弗鲁姆认为,一种激励因素(或目标),其激励作用的大小,受到个人从组织中取得报酬(或诱因)的价值判断以及对取得该报酬可能性的预期双重因素的影响,前者称为效价,后者称为期望值(期望概率),可用公式表示为:

$$激励力(M) = 效价(V) \times 期望值(E)$$

其中,激励力是指一个人受激励的程度,愿意为达到目标而努力的程度。效价是指一个人对行动的结果能满足其需要的程度的估计,其取值范围可从 +1 到 −1。结果对个人越是重要,效价值越接近于 +1;结果对个人无关紧要、无所谓,效价值就接近于0;个人很不希望发生而要尽力避免的结果,其效价值就接近于 −1。期望值是指个人对行动会导致某一预期结果的概率估计,其取值范围从0到 +1。

弗鲁姆认为,效价和期望值都是个人的一种主观判断,即对人的行为的激励力涉及三部分心理过程:报酬本身是否能够吸引人们为之付出努力? 付出努力的行为是否能够取得预期的结果？努力和工作绩效的结果能否带来期望的报酬？

期望理论揭示出对人的行为的激励，实际上是一种很复杂的过程。管理者在向员工下达任务时，必须考虑工作本身的挑战性，使其效价能产生重要的刺激作用。同时，也要考虑任务的合理性，使人们通过努力可以完成，员工在取得绩效之后奖励又能及时兑现，这样才能使激励与绩效之间形成良性循环。

（二）公平理论

公平理论是研究在社会比较中个人所做出的贡献与他所得到的报酬之间如何平衡的问题，研究报酬的公平性对人们工作积极性的影响。

公平理论（Equity Theory）认为，当一个人做出了成绩并取得报酬以后，他不仅关心自己所得报酬的绝对量，而且关心自己所得报酬的相对量。也就是说，每个人都会自觉不自觉地把自己所获的报酬与投入的比率，同他人的收支比率或本人过去的收支比率相比较，如下所示：

$$(O/I)_A \longleftrightarrow (O/I)_B$$

其中，O（Outcome）代表报酬，如工资、奖金、提升、赏识、受人尊敬等，包括物质方面和精神方面的所得；I（Input）代表投入，如工作的数量和质量、技术水平、努力程度、能力、精力、时间等；A 代表当事人；B 代表参照对象。参照对象通常是自己的同事、同行、邻居、亲朋好友（一般是与自己状况相当的人）等，也可能是自己的过去。

与他人的比较称为社会比较或横向比较，结果分三种情况：

（1）如果 $(O/I)_A = (O/I)_B$，当事人会觉得报酬是公平的，他可能会因此而保持工作的积极性和努力程度。

（2）如果 $(O/I)_A < (O/I)_B$，这时当事人就会感到不公平，此时他可能会要求增加报酬，或自动地减少投入以便达到心理上的平衡。

（3）如果 $(O/I)_A > (O/I)_B$，说明当事人得到了过高的报酬或投入较少。在这种情况下，一般来讲当事人不会要求减少报酬，而有可能会自觉地增加投入量。但过一段时间后他就会因重新过高估计自己的投入而对高报酬心安理得，于是其投入又会恢复到原先的水平。还有另外一种情形，当事人开始可能心里一阵暗自高兴，但高兴之余，又会担心这种不公平会影响工作伙伴对自己的评价，从而影响自己在正式组织或非正式组织中的人际关系，因此会在以后的工作中谨慎小心，同样不利于调动其积极性。

与自己的过去比较称为历史比较或纵向比较，也分三种情况：

（1）如果 $(O/I)_A = (O/I)_B$，当事人就会认为基本公平，积极性和努力程度可能会保持不变。

（2）如果 $(O/I)_A < (O/I)_B$，当事人会感到不公平，其工作积极性会下降（减少投入），除非给他增加报酬。

（3）如果 $(O/I)_A > (O/I)_B$，一般来讲当事人不会觉得所获报酬过高，因为他可能会认为自己的能力和经验有了进一步的提高，其工作积极性不会因此而提高多少。

总之，当事人会采取多种方法，减小和消除与参照对象比较的差异，使之相等。

一般情况下，人们使用横向（社会）比较为多。

尽管公平理论的基本观点是普遍存在的，但在实际运用中很难把握。因为个人的主观判断对此有很大的影响,人们总是倾向于过高估计自己的投入,过低估计自己所得的报酬;对别人的投入和所得报酬的估计则与此相反。因此,管理者在运用该理论时应当更多地注意实际工作绩效与报酬之间的合理性,同时应帮助当事人正确认识自己与别人的投入和报酬。

许多组织为了避免职工产生不公平感,往往采取各种手段,在企业中造成一种公平合理的气氛,使职工产生一种主观上的公平感。或采用秘密的单独发奖金的办法,使职工相互不了解彼此的收支比率,以免职工互相比较而产生不公平感。

公平理论对报酬分配至少在以下四个方面提供了有价值的建议:按时间付酬时,收入超过应得报酬的员工的生产率水平将高于收入公平的员工;按产量付酬时,收入超过应得报酬的员工与那些收入公平的员工相比,产品生产数量增加不多,而主要是提高产品质量;按时间付酬,对于收入低于应得报酬的员工来说,将使生产的数量或质量下降;按产量付酬时,收入低于应得报酬的员工与收入公平的员工相比,产量高而质量低。

四、强化理论

美国心理学家斯金纳(B. F. Skinner)在20世纪50年代提出人的行为是其所获刺激的函数,即强化理论(Reinforcement Theory)。斯金纳通过实验研究得出结论,认为人的行为可分为三类:本能行为,这是人生来就有的行为;反应性行为,这是环境作用于人而引起的反应;操作性行为,这是人为了达到一定目的而作用于环境的行为。

操作性行为的产生是来自环境的刺激反复作用的结果。人具有学习的能力,如果以前的某种行为满足了其某种需要,那么在以后,人们为了满足同类需要,便会根据学到的经验重复此种行为,使这种行为的频率增加,这种状况即称作强化刺激。能增强这种行为发生频率的刺激物称作强化物。由于操作性行为会随着强化刺激的增强而增强,也会随着强化刺激的减弱而减弱,人们就可以通过控制强化物来控制行为,引起行为的改变。由于这一理论的中心思想在于通过强化刺激来改变人们的行为方向,故又称作行为改变理论。

管理人员可以通过强化手段,营造一种有利于组织目标实现的环境和氛围,使组织成员的行为符合组织的目标。强化可分成两大类:

(1)正强化。这是指奖励那些符合组织目标的行为,以便使这些行为得以进一步加强,重复出现,从而有利于组织目标的实现。正强化的内容可以多种多样,包括物质奖励和精神奖励,如增加薪金、提升职位、对其工作成果的承认和赞赏等。正强化工作要注意的是工作方法。正强化的科学方法是,应使其强化的方式保持间断性,强化的时间和数量也不固定。也就是说,管理人员应根据组织的需要和员工的行为状况,不定期、不定量地实施强化。那种连续、固定的正强化,久而久之会使组织的成员感到组织的强化是理所当然的,甚至会产生越来越高的期望,而失去强化本身的作用。

(2)负强化。就是惩罚那些不符合组织目标的行为,以便使这些行为减弱,甚至消失,从而保证组织目标的实现。这种强化方式能从反面促使人们重复符合要求的行为,达到与正强化同样的目的。负强化的方法也包括物质惩罚和精神处罚。不进行强化或者忽视,也是负强化可用的方法。与正强化不同的是,负强化要维持其连续性,即对每一次不符合组织目标的行为都应及时予以处罚,从而消除人们的侥幸心理,减少直至完全消除这种行为重复出现的可能性。

在管理工作中运用强化理论时,应遵循以下原则:① 要明确强化的目的或目标,明确预期的行为方向,使被强化者的行为符合组织的要求。② 要选准强化物。每个人的需要不同,因而对同一种强化物的反应也各不相同。这就要求具体分析强化对象的情况,针对他们的不同需要,采用不同的强化措施。可以说,选准强化物是使组织目标同个人目标统一起来,以实现强化预期要求的中心环节。③ 要及时反馈。为了实现强化的目的,必须通过反馈的作用,使被强化者及时了解自己的行为后果,并及时兑现相应的报酬或惩罚,使有利于组织的行为得到及时肯定,促使其重复,不利于组织的行为能得到及时制止。④ 要尽量运用正强化的方式,避免运用惩罚的方式。斯金纳发现,惩罚不能简单地改变一个人按原来想法去做的念头,至多只能教会他们如何避免惩罚。事实上,过多地运用惩罚,往往会造成被惩罚者心理上的创伤,引起对抗情绪,乃至采取欺骗、隐瞒等手段来逃避惩罚。

但是,有时又必须运用惩罚的方式。为了尽可能避免惩罚所引起的消极作用,应把惩罚同正强化结合起来。在执行惩罚时,应使被惩罚者了解受到惩罚的原因和改正的办法,而当其一旦有所改正时,即应给予正强化,使其符合要求的行为得到巩固。

◁概念应用 4-6▷

激 励 理 论

确定下列题目中管理者激励员工所涉及的激励理论:

A. 需要层次论　　　B. ERG 理论　　　C. 双因素理论
D. 公平理论　　　　E. 期望理论　　　F. 强化理论
G. 目标设定理论

_____1. 我通过让学生做有趣和富有挑战性的工作激励他们。

_____2. 我要确定你能公正地对待每位员工的绩效。

_____3. 我知道你愿意和大家在一起工作,因此就安排了这样的工作形式。

_____4. 我们公司现在提供了很好的工作条件、工资和福利,但工作绩效就是不让人满意。

_____5. 如果员工工作得不错,我就奖励他们带薪休假一段时间。

_____6. 我十分专注于赋予员工更多的责任,以提高他们的工作技能。

_____7. 我经常明确告诉员工要求他们做什么,并提出完成任务的严格期限。

_____8. 我将致力于给员工更多的自由,让他们管理自己的工作。

_____9. 以前总有人认为发火是解决问题的方法,我的办法是,我一般不去理会正在发火的人,这样经过一段时间后,没有人再在工作中发火了。

_____10. 我极其看重每个员工的价值,所以当员工取得预期的绩效时,我就提供能够激励他们的奖励。

五、当代激励理论的综合

图 4-7 反映了激励工作的全过程,也是前面各种激励理论的综合。事实上,在正确的激励工作中,需要的就是各种理论的融会贯通。

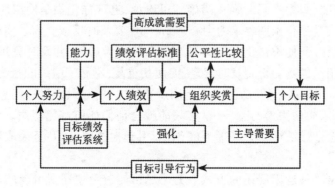

图 4-7　当代激励理论的综合

从图 4-7 中可以看出(从左至右):个人的努力首先受个人目标的影响,这表明在组织的工作中必须重视目标的指导行为。个人的努力能否实现,能否取得绩效,有赖于个人的能力和目标绩效评估系统的公正性、客观性。因此,知人善任、公平、公开,对于组织成员努力的影响是重要的。就绩效与奖励之间的关系而言,若个人感到自己所得的奖励来自自己的绩效,奖励将取得好的效果。在奖励和个人的目标之间,若奖励满足了个人的目标,个人的积极性将会大大提高。上图所描述的过程,既是组织成员个人努力、取得成绩、得到奖励、达到个人目标的过程,也是各种激励理论正确运用、选择的过程。这同时表明了激励工作充满科学性与艺术性,决不能采取“重赏之下,必有勇夫”的做法。

六、激励方法

在激励理论的指导下,领导者需要选择有效的激励方法,提高员工接受和执行目标的自觉程度(提高认识),激发被领导者实现组织目标的热情(端正态度),最终达到提高员工行为效率的目的。常用的激励方法可以归纳为以下九种:

(1)目标激励。通过在企业中全面推行目标管理(MBO),加强员工对组织管理的参与意识和行动,员工围绕企业的总目标,制定和落实个人目标和完成目标的措施,从而可以大大加强他们实现组织目标的责任感和积极性。

(2)支持性激励。支持性激励表现在领导活动中,领导者对下级尊重、信任、关心,千方百计创造条件满足他们的合理需要,并且积极为困难员工排忧解难。感情投资在现代管理中是一个非常重要的因素,它能密切上下级关系,增强员工的动力,振奋员工的精神。任何高明的领导者,都应当尽可能对下属采取更多的支持性激励手段。

(3)榜样激励。榜样激励的核心是在组织中树立正面典型和标兵,以他们良好的行为鼓舞员工,创造业绩。从心理学的观点看,任何人(特别是青少年)都有强烈的模仿心理,榜样的力量是无穷的。20世纪50年代以来,我国在各条战线上树立过像雷锋、李向群等一大批英雄模范人物,产生过巨大的影响,对精神文明与物质文明的建设都做出了巨大的贡献。但"榜样"的树立,应当坚持实事求是,不要"虚构"和"夸张",以免引起员工的逆反心理。

（4）评比、竞赛、竞争激励。竞争是市场经济的重要特点之一,组织中经常开展必要的评比、竞赛、竞争,能使员工的情绪保持紧张,提高士气,克服惰性。同时,通过评比竞赛,能使劳动者的业绩得到公正合理的评价,促使他们为企业做出更大的贡献。

（5）强化激励。强化激励就是运用斯金纳的强化理论来实施对员工的行为改造。领导者应该经常运用表扬、奖励(包括物质奖励和精神奖励)等正强化手段,鼓励员工,巩固和强化他们为组织创造更大的业绩,同时辅助以批评、警告、惩罚等负强化手段削弱某些员工的不良行为。在强化手段的运用上,要坚持以表扬和奖励为主的方法,避免由于惩罚过多所带来的负面效应。

（6）领导行为激励。领导行为激励强调领导者对下属的示范作用。人们常说身教重于言教,领导者作为企业各层次的主体,对其下属有巨大的影响力。从权力的概念分析,领导行为表现就是其专长权和个人影响权的具体体现。在我国,党和国家的好干部如焦裕禄、孔繁森等,他们在工作中的出色成绩与深远影响都与自身的行为和修养有着密不可分的联系,这充分证明了领导行为激励的重要性。

（7）员工持股激励。员工持股激励是在市场经济条件下,对员工激励的最根本的方法之一。在某些西方国家已经相当普遍,其出发点是实行产权多元化,鼓励员工在企业持股,利润共享。1993年在美国已有1万家公司的1 000万员工参加了员工持股。著名的威尔顿钢铁公司过去长期亏损,在全厂7 000多名员工用3.8亿美元买下公司的全部资产后,当年就实现扭亏增盈4 800万美元,其原因就在于员工持股增加了他们对企业的认同感,使他们迸发出巨大的工作热情和责任感,促使了企业效益的提高。

（8）危机激励。危机激励的实质是树立全体员工的忧患意识,做到居安思危,无论是在企业顺利还是困难的情况下,都永不松懈、永不满足、永不放松对竞争对手的警惕。日本学者小山秋义把这种激励方法称为"怀抱炸弹经营""置之死地而后生",唤醒全体员工的危机意识,确保企业立于不败之地。

（9）企业文化激励。企业文化是指一个企业全体成员所共有的信念和期望模式,推行企业文化有助于建立员工共同的价值观和企业精神,树立团队意识。美国、日本有许多企业全面推行企业文化,取得了非常成功的经验,不但增加了员工对企业的凝聚力和自豪感,而且提高了企业素质和整体实力。优良的企业文化也是组织必不可少的激励手段。

第四节　沟　　通

沟通是指信息与思想在两个和两个以上主体与客体之间传递和交流的过程。沟通可以在人与人之间进行,也可以在人与机器之间或机器与机器之间进行。沟通是信息的传递与理解,与管理的成效密切相关。在知识经济时代,沟通越来越显示出重要作用。

一、信息沟通过程

信息沟通是人与人之间传递思想、交流情报和信息的过程。对领导者来说,信息沟通的重要性至少有以下两个方面:首先,沟通是各个管理职能得以实施和完成的基础;其次,沟通是领导者最重要的日常工作。信息沟通是组织成员联系起来实现共同目标的手段,没有信息沟通就不可能进行群体或组织活动;信息沟通是组织同外部环境联系的桥梁,任何组织只有通过信息沟通才能成为与外部环境发生相互作用的开放系统。

信息沟通必须具备三个基本条件:沟通必须涉及两个人以上;沟通必须有一定的沟通客体,即信息等;沟通必须有传递信息的一定方法,如语言、书信等。

进行信息沟通还必须具备三个要素:发送者、接收者和所传递的内容。由信息的发送者发布的信息,经过编码(即语言、文字等符号转换)进入某种信息渠道(文件传递、电话、电视频道、广播、面谈等)进行传播,最后经过译码(对信息进行必要的加工处理)传递给信息接收者,这就构成了思想、意见或信息的沟通过程(见图4-8)。

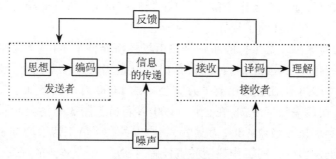

图4-8 信息沟通过程

图4-8所示的信息沟通的过程既适用于电话、电报等通信工具,也适用于机器与人以及人与人之间的沟通,在管理工作中主要指的是人际沟通,即存在于两人或更多人之间的沟通方式。

同机器相比,人与人之间的信息沟通有以下特点:沟通主要通过语言交流,但也有姿态、手势等非语言交流;沟通包括信息、思想、感情、观点的沟通;由于每个人的知识、经历不同,人与人之间的沟通常常受到复杂心理过程的影响,容易造成信息失真。

信息沟通由于受到各种因素的影响,容易发生障碍。在管理活动中,人们都希望明白无误地正确传递信息,克服沟通的障碍,提高沟通的效果。根据沟通的基本过程,沟通障碍产生的因素有三个方面。

1. 信息发布者对信息表达的障碍

信息发布者是信息沟通中的主体因素,起着关键性作用。要想提高信息传递的效果,必须注意:

(1)要有认真的准备和明确的目的性。信息发布者首先要对沟通的内容有正确、清晰的理解。在沟通之前,要作必要的调查研究,收集充分的资料和数据,对每次沟通要解决什么问题,达到什么目的,不仅自己心中要有数,也要设身处地地为信息的接收者着想,使他们也能清楚理解。

（2）正确选择信息传递的方式。信息发布者要注意根据信息的重要程度、时效性、是否需要长期保存等因素，选择不同的沟通形式。例如，对于有重要保存价值的文件、材料，一定要采用书面沟通形式，以免信息丢失。而对于时效性很强的信息，则要采用口头沟通，甚至运用广播、电视媒体等形式，以迅速扩大影响。

（3）沟通的内容要准确和完整。信息的发布者应当努力提高自身的文字和语言表达能力，沟通的内容要有针对性，语义确切，条理清楚，观点明确，避免使用模棱两可的语言，否则容易造成接收者理解上的失误和偏差。此外，信息发布者对所发表的意见、观点要深思熟虑，不可朝令夕改，更不能用空话、套话、大话对信息接收者敷衍搪塞。若处理不好，常常会引起接收者的逆反心理，形成沟通中不应有的壁垒和障碍。

（4）沟通者要努力缩短与信息接收者之间的心理距离。沟通是否成功，不仅与沟通的内容有关，而且也与信息发布者的品德和作风有很大的关系。一位作风民主、密切联系群众的领导者，常常会被下属看成是"自己人"，而愿意与其沟通，并自觉地接受他的观点和宣传内容。所以，信息发布者在信息接收者心目中的良好形象是至关重要的因素。

（5）沟通者要注意运用沟通的技巧。沟通的形式要尽量使用接收者喜闻乐见的方式，必要时可运用音乐、戏剧、小品等形式，寓教于乐，达到下属接收信息的目的。根据心理学中"权威效应"的概念，尽量使各个领域的权威、专家、名人参与信息发布，通过他们的现身说法，往往可以使信息传递更具影响，达到事半功倍的效果。

2. 由于信道选择产生的障碍

（1）尽量减少沟通的中间环节，缩短信息的传递链。在沟通过程中，环节和层次过多，特别容易引起信息的损耗。从理论上分析，由于人与人之间在个性、观点、态度、思维、记忆、偏好等方面存在巨大差别，因此信息每经过一次中间环节的传递，将丢失30%的信息量。所以，在信息交流过程中，要提倡直接交流。作为领导者要更多地深入生产一线，多作调查研究，对信息的传播和收集都会有极大的好处。

（2）要充分运用现代信息技术，提高沟通的速度、广度和宣传效果。现代科学技术的进步以及广播、电视与现代通信技术的发展，为管理沟通创造了良好的外部条件和物质基础。在沟通过程中，应该充分利用这些条件，提高沟通效果。例如，运用电话或可视电话召开各种会议，既可以克服沟通活动中地域和距离上的障碍，快速传递信息，又可以减少与会者旅途时间和财力上的损失。此外，利用广播、电视进行广告、新闻发布，比起传统的沟通手段，在速度和波及范围等方面也有无可比拟的巨大优越性。

（3）避免信息传递过程中噪声的干扰。组织中要注意建设完备的信息传递系统和信息机构体系，确保渠道畅通。无论是信息的发布者还是接收者，都要为沟通创造良好的环境，使信息发布者有充足的时间为信息发布做好充分的准备，也使信息接收者有更多的时间去收集、消化所得到的信息，真正做到学以致用。

3. 信息接收者方面的障碍

（1）信息的接收者要以正确的态度去接收信息。沟通的最终目的在于信息接收者对传递信息的接收和理解，否则沟通将失去意义。在管理活动中，作为领导者应当把接收和收集信息看作正确决策和指挥的前提，也是与下属建立密切关系、进行交流与取得良好人际关系的重要条件。而作为被领导者，应当把接收信息看作一次重要的学习机会。社会的发展要求人们不断地进行知识更新，而沟通就是一种主要手段。并且，通过沟通可以更好地理解组织和上级的决策、方针和政策，开阔视野，提高工作水平和工作能力。如果人们都能正确认识接收信息的重要性，沟通的效果就会大大提高。

（2）接收者要学会"听"的艺术。在口头传递信息的过程中，认真地"听"，不仅能更多更好地掌握许多有用的信息和资料，同时也体现了对信息传递者的尊重和支持，尤其是各级领导人员在听取下级汇报时，全神贯注地听取他们反映的意见，并不时地提出问题与下属讨论，就会激发下属发表意见的勇气和热情，把问题的探讨引向深入，并进一步密切上下级之间的人际关系。

二、沟通的分类

（一）按照通道不同，可以分为正式沟通和非正式沟通

1. 正式沟通

正式沟通（Formal Communication）一般指在组织系统内，依据组织明文规定的原则进行的信息沟通，具有严肃性、规范性。由于信息的发布者往往是代表组织本身，因此有一定的权威性。不足之处是信息采用层层传递的方法，速度较慢，并且具有刻板性。

2. 非正式沟通

非正式沟通（Informal Communication）是正式途径以外的沟通，信息发布者一般不代表组织和上级，主要是通过个人之间的接触进行的，是由社会成员在感情和动机上的需要而形成的信息交流，其传播的范围能远远超越部门和层次之间的限制，具有随意性、非正规性，并带有较强的感情色彩。由于非正式沟通不必受到规定程序或形式的种种限制，比较灵活方便。非正式沟通能够发挥正面作用的基础是组织中良好的人际关系。在相当程度内，非正式沟通对于信息沟通是必要的，但也要注意其负面影响。非正式沟通往往是人们常说的"小道消息"的发源地，传递速度较快，既可以为人们提供一些有用的情报，又容易失真，造成流言蜚语的传播。

（二）按传播媒体的形式划分，有书面沟通和口头沟通

书面沟通是以书面文字（现代还包括计算机、磁带、光盘等现代化媒体）的形式进行的沟通，信息可以长期得到保存。在组织中，一些重要文件，如合同、协议、规章、制度、规划等都要运用书面沟通。文字上要求准确、简练，避免在解释上出现二义性。

口头沟通是以口头交谈的形式进行的沟通，包括人与人之间面谈、电话、开讨论会以及发表演说等。口头沟通的特点是信息传递快，双向交流，信息能够立即得到反馈，是最常见的一种沟通形式。口头沟通也常常具有感情色彩，其在规范性方面不及书面沟通。

（三）按信息传播的方向划分，有上行沟通、下行沟通和横向沟通

上行沟通是指自下而上的沟通，即信息按照组织职权层次由下向上流动，如下级向上级汇报情况、反映问题等。这种沟通既可以是书面的，也可以是口头的。为了做出正确的决策，领导者应该采取措施如开座谈会、设立意见箱和接待日制度等，鼓励下属尽可能多地进行上行沟通。

下行沟通是指自上而下的沟通，即在组织职权层次中，信息从高层次成员向低层次

成员流动,如领导者以命令或文件的方式向下级发布指示,传达政策,安排和布置工作等。下行沟通是传统组织内最主要的一种沟通方式。

横向沟通主要是指同层次、不同业务部门之间以及同级人员之间的沟通。横向沟通符合过程管理学派创始人法约尔提出的"跳板原则",它能协调组织横向之间的联系,在沟通体系中是不可缺少的一环,具有业务协调的作用。

（四）按沟通网络的基本形式划分,有链式、轮式、Y 式、环式和全通道式沟通

沟通网络是指各种沟通路径的结构形式,直接影响到沟通的有效性。正式沟通可以有链式、轮式、Y 式、环式和全通道式五种网络形式(见图4-9)。

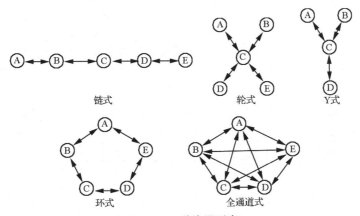

图 4-9　五种沟通形态

链式沟通属于控制型结构,在组织系统中相当于纵向沟通网络。网络中每个人处在不同的层次中,上下信息传递速度慢且容易失真,信息传递者所接收的信息差异大。但由于结构严谨,链式沟通形式比较规范,在传统组织结构中应用较多。

轮式沟通又称主管中心控制型,在该种沟通网络图中,只有一名成员是信息的汇集发布中心,相当于一个主管领导直接管理几个部门的权威控制系统。这种沟通形式集中程度高,信息传递快,主管者具有权威性。但由于沟通渠道少,组织成员满意程度低,士气往往受到较大的影响。

Y 式沟通又称秘书中心控制型,这种沟通网络相当于企业主管、秘书和下级人员之间的关系。秘书(C)是信息收集和传递中心,对上接受主管(D)的领导,这种网络形式能减轻企业主要领导者的负担,解决问题速度较快。但除主管人员,下级人员平均满意度与士气较低,容易影响工作效率。

环式沟通又称工作小组型沟通,该网络图中,成员之间依次以平等的地位相互联络,不能明确谁是主管,组织集中化程度低。由于沟通渠道少,信息传递较慢。但成员之间相互满意度和士气都较高。

全通道沟通是一个完全开放式的沟通网络,沟通渠道多,成员之间地位平等,合作气氛浓厚,成员满意度和士气均高。全通道沟通与环式沟通的相同之处在于,网络中主管人员不明确,集中化程度低,一般不适用于正式组织中的信息传递。

除此以外,在非正式组织中,还存在着一种"葡萄藤"式的沟通形式,沟通随处延伸。

沟通的类别还可以按照沟通的方法分为口头沟通、书面沟通、非语言沟通、体态语言沟通、语调沟通、电子媒介沟通等;按照是否进行反馈分为单向沟通和双向沟通。

◄概念应用 4-7►

沟 通 渠 道

请选择合适的沟通渠道:

A. 面对面沟通　　　　B. 会议　　　　　C. 演讲
D. 电话　　　　　　　E. 公告牌　　　　F. 信件
G. 报告书　　　　　　H. 时事通讯　　　I. 备忘录

_____1. 你想知道一封通过快递公司投递的重要信件是否已经在投递过程中。

_____2. 你需要向小李、小王、小张组成的工作团队解释他们要完成的工作任务。

_____3. 你的部门最近出现了上班迟到现象,你想解决这个问题。

_____4. 你的业绩超过了部门目标,你希望老板知道这件事。

_____5. 你想让员工尽量节约办公成本,减少不必要的开销。

三、沟通中的技术进步

现代信息技术的进步极大地提高了管理者与他人沟通的能力,同时使管理者能很快地获得信息,做出决策。对管理沟通具有重大影响的三个进步是互联网、企业内部网和群件。

(一) 互联网

互联网(Internet)指的是一种在全球范围内组织成员容易加入和使用、同公司内部及外部进行沟通的计算机网络系统。

管理者和公司可以将互联网用于不同的沟通目的:与供应商和承包商联系以便保持合适的存货水平;通知项目的进展情况和进度的变化;在公司内部,主要通过互联网与公司总部沟通;对潜在顾客进行广告宣传;向顾客推销商品和服务;获取其他公司,包括竞争对手的信息;向普通大众提供有关公司的信息;招募新员工。

万维网是具有多媒体能力的互联网中发展很快的商务区域。在万维网上,公司有可供潜在顾客访问的主页。在主页迷人的画面展示中,管理者对他们提供的产品和服务信息进行宣传,告诉顾客为什么购买、怎样购买以及到何处购买。通过网上冲浪和访问竞争对手主页,管理者可以看到他们的竞争对手在干什么。每一天,成千上万的新公司加入不断增长的万维网中。

无论如何,通过互联网进行沟通是新兴事物。所以,出于安全方面的考虑,一些管理者和组织还是不通过互联网处理某些业务交易。互联网产生和流行的真正原因是,它使成千上万的信息发布者和接收者能共享大量的信息。然而,缺乏安全的原因,妨碍了它在某些业务交易中的使用。就像管理者不愿向公众公布财务信息一样,顾客也想隐藏而不是公开自己的信用卡号码。然而,专家建议,互联网可以通过合理的设计,使财务、信用卡和商务文件相对安全。

只有时间才能证明互联网是否足够安全,才能让人们相信是否能够用它来安全地处理许多业务交易。在普渡大学进行名为"考斯特"计算机安全研究的人员认为,尽管在任何沟通形式中都无法做到绝对的安全,保持互联网良好的安全性还是可能的。另外,在担心互联网安全时,管理者要考虑到选择其他沟通媒介也存在安全问题。例如,太阳微系统公司的董事长和CEO麦可尼利说,他的电子邮件比通常的邮件更安全和不易被入侵者得到。通常的邮件只是投入一个没有上锁的邮箱。

除了互联网信息安全的挑战,管理者还面临另一个问题:如果公司员工在上班时间用互联网玩游戏和处理个人事务,公司的费用便增加了。

(二) 企业内部网

越来越多的管理者发现,支持万维网和互联网的技术可以用来创建一种沟通媒介,以在公司内部促进沟通。这些管理者正用互联网分享信息的技术来建立公司网络,以便在内部分享信息。这种网络称为企业内部网(Intranet)。企业内部网不仅在太阳微系统和数字设备公司这样的公司使用,而且在诸如雪佛兰、固特异、辉瑞、摩托罗拉、福特之类的公司中使用。

企业内部网让员工通过指尖(或键盘)获取许多信息,如产品目录、电话簿、操作手册、存货数目、产品说明书、顾客信息、高层管理者和董事们的自传、全球销售额、开会时间、年度报告、交货时间、最新收入、成本和利润情况等,这些仅仅是用企业内部网分享信息的部分例子。企业内部网可在各式各样的计算机上使用,以便所有组织成员可连接到一起。企业内部网可通过防火墙系统,即在进入网络时,要求使用者提供密码和其他一些可鉴别身份的东西,以防止黑客或竞争对手的入侵。

企业内部网的优势在于它作为沟通媒介的多功能性。即使是没有计算机软件和程序特长的人,也可将之用于不同的用途。尽管一些管理者抱怨互联网太拥挤,万维网太炫目,但有远见的管理者意识到,用互联网技术来构筑自己的计算机网络可能是互联网对组织效率最大的贡献。

(三) 群件

群件(Groupware)是一种类似莲花公司和数字设备公司的软件,这种软件可使群体和团队成员通过互享信息,提高沟通效果与工作绩效。

当符合一定的条件时,管理者在组织中可以成功地使用群件作为沟通媒介:

(1) 工作以群体或团队为基础,成员因群体绩效而得到奖赏。

(2) 群件有高层管理者的全力支持。

(3) 组织的文化强调弹性和知识共享,组织没有僵化的职权等级观念。

(4) 群件有着特别的用途,并被视为使群体和团队成员更有效工作的工具,而不是个人权力和利益的来源。

（5）员工能获得使用计算机和群件的适当培训。

当人们单独工作并根据个人的业绩获得报酬时，员工有可能拒绝使用群件，管理者有可能在一段时间里难以运用群件。在这种情况下，信息常常被视为权力的来源，人们不愿意通过群件和他人分享信息。

以三个在同一地区推销保险单，并根据每个人所售保单数量和顾客的忠诚度获取报酬的销售人员为例。他们的主管购买了群件并鼓励他们通过该软件共享销售、销售策略、顾客、投保人和索赔记录的信息。主管告诉销售人员，他们手头拥有所有的信息，这些信息能让他们更有效率，也能推销更多的保险单和给顾客提供更好的服务。

尽管他们受到使用软件的培训，但这些销售人员从不使用。为什么？他们都担心会把自己的秘密泄露给同事，从而减少自己的佣金。在这种情况下，销售人员本质上是相互竞争的，因此没有共享信息的动力，这时，用群件系统作为沟通媒介也许是一种不明智的选择。相反，假如销售人员是以团队为单位工作，奖金建立在团队绩效上，群件也许是一种有效的沟通媒介。

为给组织赢得竞争优势，管理者必须注意信息技术的最新进步，如群件、企业内部网和互联网。但是，在管理者没有仔细考虑有争议的进步是否能够改善群体、团队或整个组织沟通和工作情况时，不要随便采纳这些或其他一些技术。

第五节　冲突及其管理

一、冲突的定义

冲突是指主体间由于某种差异而引起的行为或心理的抵触、争执或争斗等相互对立状态，是不同主体或主体的不同取向对特定客体处置方式的分歧而产生的行为、心理的对立或矛盾的相互作用状态。人与人之间在利益、观点、掌握的信息或对事物的理解上都可能存在差异，就有可能引发冲突。冲突的形式可以从最温和、最微妙的抵触到最激烈的罢工、骚乱和战争。冲突具有以下本质特征：

（1）冲突不仅是客观问题，也是主观上的知觉问题。客观存在的人际冲突必须经由人们去感知，内心去体验，当人们真正意识到对不同主体行为比较中的内在冲突、内心矛盾后，才能知觉到冲突。

（2）冲突的主体可以是组织、群体或个人，冲突的客体可以是利益、权力、资源、目标、方法、意见、价值观、感情、程序、信息、关系等。

（3）冲突的各方既存在相互对立的关系，也存在相互依赖的关系，任何冲突事件是这两种关系的对立统一状态。人们对于冲突的管理是以冲突各方的相互依赖关系为基础，以相互对立关系状况的转化或诊治为重点，寻找矛盾冲突的正面效应并制约其负面效应，调整彼此的对立统一关系。

二、冲突的来源及类型

（一）冲突的来源

冲突的来源基本上分为三大类：沟通差异、结构差异、个人差异。

沟通差异（Communication Difference）是指冲突来自语意上的误解、歧义，以及沟通媒体的噪声干扰。多数的冲突来自沟通不当。例如，由于不同人员间所使用的术语、思考习惯不同，以及不良的沟通环境，使得沟通过程中形成差异，最终造成冲突。

结构差异（Structural Difference）是指来自组织结构本身的设计不良，而造成了整合困难。组织本身存在着水平和垂直的差异，个人会因为部门立场、目标、资源分配等不同意见发生争执。这种冲突并非由于个人之间的敌意而产生，而是对事不对人。例如，财务部和运营部可能因为成本问题而有不同意见，就是由于部门立场不同所致。

个人差异（Personal Difference）是指由于个人不同的成长历程、家庭教育背景等差异，造就个人独特的价值观及性格，对待事情思维方式及做法的差异引发冲突。例如，有些人认为"盗亦有道"，有些人认为"为求成功，可以不择手段"。

（二）冲突的类型

冲突的划分有多种方式。根据冲突的主体，可划分为成员与组织之间的冲突，以及团队成员之间的冲突。根据冲突的影响因素，可划分为认知性冲突和情感性冲突。根据冲突的效果，可划分为建设性冲突和破坏性冲突。根据冲突的性质，可划分为任务冲突和关系冲突。根据冲突涉及的范围，可划分为组织内部冲突与组织外部冲突。

三、冲突的管理

（一）管理者对待冲突的态度

管理者更注重冲突的效果。传统的观点往往只看到冲突的消极影响，把冲突当作组织内部矛盾、斗争和不团结的征兆，因而总是极力消除、回避或者掩饰冲突。但冲突不可避免地存在于一切组织中，保持适度的冲突，可以使组织的绩效得以提高。冲突与组织绩效间的关系如图 4-10 所示。

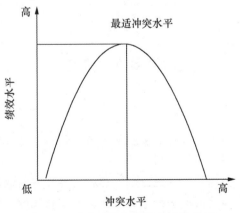

图 4-10　冲突水平与绩效水平的关系

从图 4-10 可以看出，当组织缺乏冲突时，组织成员会对组织内外的变化反应迟缓，组织成员容易自满，组织就缺乏创新与活力；当组织存在过多冲突时，组织成员间充满敌意，会造成组织的混乱、无序、不合作或分裂；只有当冲突适度，组织才会高效。所以，对管理而言，冲突并不一定是恶性的，适当的冲突可以对组织起到促进的作用。

（二）冲突管理的策略

管理者处理冲突的目的不是消除冲突，而是应该保持适度的冲突。冲突管理是为了实现个人或群体目标而对冲突进行协调解决的过程。其方式就是将企业整体目标与个人或群体目标相统一。汤玛斯（Kenneth W. Thomas）提出的冲突二维模式，按照自己和他人关心点的不同满足程度，以"合作"和"坚持"两个构面来看待冲突，"合作"是个人以满足对方的需求来修正冲突；"坚持"是指个人以满足自身的需求来修正冲突。根据"合作"与"坚持"的程度，将处理冲突的策略划分为回避、迁就、强制、妥协、协同五种类型。不同冲突策略的选择所得到的结果是不同的，对组织目标的实现和未来的发展也具有重要影响。

（1）回避。回避是一种"不坚持、不合作"的态度。如果冲突本身不是太重要，本身倾向是一种关系冲突而非实质冲突时，采取回避措施可在短时期内有效，从而避免过度激化的僵局。

（2）迁就。迁就是一种"不坚持、合作"的态度。迁就的做法是先抑制自己的需求，满足他人需求，以维持双方和谐关系。

（3）强制。强制是一种"坚持、不合作"的态度，迫使对方让步，满足自身需求。当矛盾需要立刻解决，或取得对方接纳并不重要时，往往会采取强制的策略。

（4）妥协。妥协是一种"中度坚持合作和坚持"的类型，需要双方各让一步。当双方势均力敌、僵持不下，或面对很大的时间压力时，妥协为最佳策略。

（5）协同。协同是"坚持、合作"的态度，以达到双赢为目的。和妥协不同，协同是彼此通过沟通了解双方的差异，努力找出共赢方案，使得各自利益最大化，但前提是建立互信的基础。

◀ **概念应用4-8** ▶

冲突管理的策略

确定冲突管理的策略

A. 回避　　B. 迁就　　C. 强制　　D. 妥协　　E. 协同

_____ 1. 对于某些员工反对实施新的审核流程的提议，不做任何解释性工作，按照规定的进程实施。

_____ 2. 通过与全体员工协商，达成一致后，再实施新的审核流程。

_____ 3. 采纳某些员工提出的不再实施新的审核流程的提议。

_____ 4. 对于某些员工反对实施新的审核流程的提议，既不坚持实施也不进行协商。

_____ 5. 对于某些员工反对的新的审核流程,进行进一步修改,然后实施。

（三）冲突管理的原则

管理者在面对组织冲突时,应首先遵循以下原则:

（1）正确认识冲突的作用。冲突在管理中是不可避免的,正确地解决与引导冲突可以为组织目标的实现发挥重要的建设性作用。管理者要倡导建设性冲突,避免破坏性冲突,把冲突控制在适当水平,树立以人为本的管理理念,全面了解和正确分析员工冲突的根源,在冲突的处理过程中达到合作共赢、共同发展的目的。

（2）充分发挥个人主观能动性。冲突的主体是人,企业管理者在冲突的处理过程中必须认真研究员工的心理、个性,确定冲突双方的分歧所在,合理有效地解决冲突。

（3）权变原则。权变的管理原则要求管理者在处理冲突时要因时制宜,具体问题具体分析,防止定势思维、先入为主的偏见,以达到更有效、更合理处理员工冲突的目的。

（4）公平原则。员工感到不公平通常是产生冲突的重要原因,因此要求管理者在处理冲突的过程中做到公平、公正,防止冲突的进一步恶化。

（四）冲突管理的具体措施

（1）提高管理人员的素质和技能。管理人员的素质和管理水平不仅影响冲突发生的频率,而且对冲突的解决效果具有重要影响。当一个管理者具备较好的技能和素质时,他能正确认识冲突,并选择恰当的策略来及时解决和运用冲突,达到员工与组织双赢的效果;而一个素质和管理水平较低的管理者可能会忽视冲突的影响,采取片面的解决方法,从而耽误冲突解决的最佳时机。管理者自身要能够包容冲突,正视冲突并积极运用冲突,同时他们也要善于与员工进行沟通,及时化解分歧。

（2）对员工的岗位职责进行清晰定位,建立完善的企业制度,促进企业内部员工公平竞争。岗位与岗位之间、部门与部门之间权责不清是引起组织内部冲突的重要原因,因此企业要进一步明确内部分工,形成完善的制度流程体系,营造良好的竞争环境,提倡公平竞争。

（3）建立顺畅的企业内部沟通渠道,形成员工冲突的处理、反馈机制。员工与组织之间信息的不完全常常是引起冲突的重要原因。因而建立顺畅的沟通渠道对于避免和解决冲突具有重要作用。要使整个组织成为一个全方位信息传递交流的关系渠道,每个成员都应成为该渠道中的一个结点,同时减少信息传递的间接层次,弱化等级观念,增强沟通双方的心理接受程度。同时,冲突的处理过程应该是一个信息处理与反馈的过程,管理者应该注意收集员工对于冲突处理的反馈意见,以求彻底解决冲突。

（4）制定冲突预警和应急机制。进行冲突形成机制分析,预防冲突的发生,把冲突消灭在萌芽状态,是冲突管理的上策。由于冲突爆发的时间、地点、条件、环境等难以完全预测,具有突然性,因此作为管理者应协助公司高层制定冲突的预警和应急机制。

（5）适时适度激发冲突,保持企业活力。管理者应积极引导冲突向有利于组织发展的方向转变,并激发建设性的组织冲突,增强企业活力和创造性。例如,奖励冲突,鼓励员工对现有状况提出批评、改进意见,对于提出创新性想法的员工给予奖励。

(6) 塑造良好的企业文化。塑造企业文化,培育组织内在的共同价值观,强化信息交流,增加共同的行为判断准则,突破以自我为中心和局部小团体的狭隘意识,树立组织整体意识,以健康向上的企业文化规范和引导企业成员的行为,形成一种企业组织整体合力,从而极大地减少破坏性组织冲突的产生,提高企业组织管理的效率。

❑ 本章小结与提示

什么是领导? 怎样获得良好的领导效果? 这是本章关注的主要问题。领导职能贯穿于管理工作的各个方面。本章从区别领导的基本概念出发,对领导过程中涉及的领导者、领导风格、领导行为理论、权变理论、激励理论、沟通以及冲突进行了介绍。在本章的学习过程中,值得注意的问题如下:

1. 对于领导的基本概念,除了明确领导的定义,还应该理解:(1) 领导具有制度权、专长权和个人影响权,其各类权力需要与群体中的其他人发生关系,产生影响,以达到组织的目标。(2) 由于组织中的领导要发挥指挥作用、激励作用、协调作用和沟通作用,其所具备的素质和要求就比较高。(3) 管理和领导是既有联系又有区别的概念,领导职能是管理职能的一部分,而两者又分别有所侧重。

2. 主要的人性假设包括"经济人"假设、"社会人"假设、"自我实现人"假设和"复杂人"假设。这四种人性假设都有自己不同的时代背景和理论基础,必须依据具体环境来分析。现代人的特点是更趋于个性化和重视自我价值的实现,这是在人性分析中需要注意的新问题。

3. 领导风格和领导行为理论是领导的基本理论问题,要灵活运用勒温的领导方式理论、利克特的四种领导基本方式、斯托格弟的"四分图理论"、布莱克的管理方格理论以及领导的五种权变模型,就要真正理解上述理论的特点和适用范围。

4. 激励是领导工作的重要一环。对人员的激励分为内容激励、过程激励两类。内容激励研究"什么样的需要会引起激励",包括马斯洛的需要层次理论、阿尔德弗的"生存、关系、发展理论"、赫茨伯格的"双因素理论",以及麦克利兰的"成就需要理论"等。过程激励研究"激励是怎样产生的",包括弗鲁姆的期望理论、亚当斯的公平理论以及斯金纳的强化理论等。在激励理论的实际应用中,有多种激励方法,比如目标激励、支持性激励、榜样激励、竞赛激励、强化激励、领导行为激励、员工持股激励、危机激励以及企业文化激励等。

5. 企业的运作和管理离不开及时、有效的沟通。信息沟通的过程、信息沟通的障碍所在以及沟通的分类都是需要掌握的内容。组织中有时会发生冲突,管理者要善于化解矛盾,促进组织的发展。冲突的处理办法有回避、迁就、强制、妥协、协作等。最后,信息技术的进步为更高效、快捷的沟通带来了机会。通过合理使用互联网、企业内部网和群件等方式,能够提高企业的沟通效率,实现信息共享。

❏ 重点术语

领导　领导者的权力　领导的作用　管理与领导　"复杂人"假设　领导的行为理论
领导的权变理论　激励　动机　双因素理论　期望理论　强化理论　沟通　沟通过程
非正式沟通　冲突　需要、动机与行为的管理　激励工作的全过程

❏ 思考题

简答题

1. 管理过程学派认为领导的作用是什么？
2. 领导的激励作用的目的是什么？
3. 一个有效的领导者需要有什么权力？
4. 管理和领导的关系是什么？
5. 管理学中，有哪几种人性假设？
6. "管理方格理论"中五种典型的领导方式是什么？
7. 途径—目标理论把领导分为哪几种类型？
8. 什么是领导的权变理论？
9. 为什么研究激励必须联系人的行为？
10. 需要层次理论的主要内容是什么？
11. 双因素理论的主要内容是什么？
12. 常见的激励方法有哪些？
13. 沟通的三要素是什么？
14. 由于信道选择产生的沟通障碍有哪些？
15. 信息发布者对信息表达的障碍有哪些？
16. 沟通有哪些分类？
17. 冲突的客体有哪些？
18. 冲突的来源是什么？
19. 冲突的类型有哪些？
20. 冲突管理的策略有哪些？

分析题

1. 网络型组织的领导不同于一般组织领导的作用主要是什么？
2. 对年轻的高知员工领导的作用是什么？
3. 你从所学领导方式及其理论中得到了哪些启示？
4. 奖金是激励因素还是保健因素？从这个角度看，利用奖金激励时应注意什么？
5. 根据强化理论，分析管理者是否应该惩罚员工？
6. 为什么说有效沟通不一定要达成共识？
7. 抖音是一种沟通方式吗？
8. 组织内必须避免冲突吗？

9. 新闻发布会的沟通方式与微信沟通方式的优缺点是什么?

10. 网红直播带货这种沟通方式的优缺点是什么?

11.《论语·子路》中的"其身正,不令而行;其身不正,虽令不从"体现了中国传统文化对于"激励"的一种理解,你是否同意这种说法? 为什么?

案例分析

　　A 公司是国内一家较早从事电动汽车车载电子刹车控制器件产品研发、生产、销售的高科技型企业,拥有智能刹车控制器件领域顶尖的专业研发团队,一流专家和应用服务团队,在技术、生产、检测领域拥有开拓创新的能力,公司产品通过了国际和国内的一系列标准和认证,目前年销售量居国内第一。

　　公司在职员工202人,其中博士学历员工12人,硕士学历员工38人,本科学历员工128人,其余本科以下学历员工是一部分的一线工人。公司本科以上的知识型员工中,男性员工122人,女性员工56人;其中,处于20—30岁的员工有58人,31—40岁的员工有114人,41岁以上的员工有6人。这些员工具有一般知识型员工共同的特点:有专业知识,拥有运用专业知识进行创新的能力,具有较高的个人素质。

　　公司领导意识到,公司要想拥有足够的发展后劲,就必须拥有高水平的知识型人才。因此,公司采取一系列措施加大对知识型员工的激励。具体的激励主要有薪酬激励、绩效激励、福利激励和培训激励。

　　1. 薪酬激励

　　公司的薪酬体系主要是两类。

　　(1) 年薪制。主要用于公司董事长、总经理和下属法人企业总经理等公司高级管理者。其年薪的计算公式为:

$$年薪 = 基薪 + 提成薪水 = 基薪 + 经营利润 \times 提成比例$$

基薪按照年基薪的1/12每月预发;提成薪水在公司财务年度经营报表经审计后核算。但实行年薪制的员工须支付一部分抵押金,若经营业绩不良,则用抵押金冲抵。

　　(2) 月薪制。主要用于与公司签订正式劳动合同的员工。基本计算公式为:

$$员工工资 = 基础工资 + 岗位工资 + 工龄工资 + 奖金 + 津贴$$

基本工资为员工提供基本的生活保障,在工资总额中占比为40%—50%,通常是参照当地职工平均生活水平、最低生活标准、生活费用价格指数和各类政策性补贴确定;岗位工资在工资总额中占比为20%—30%,通常是根据职务高低、岗位责任繁简、工作条件确定,公司的岗位工资以等级划分,适用于公司的高、中、初级员工;工龄工资是为了鼓励员工更为稳定地为公司服务,公司一方面按照员工在企业服务的年限确定工龄工资,另一方面也会根据工龄长短,分段制定工龄工资的标准;津贴包括交通津贴、伙食津贴、工种津贴、住房津贴、夜班津贴、加班补贴等。

　　2. 绩效激励

　　绩效激励主要是奖金、服务年资奖励、创造奖、功绩奖、全勤奖。

　　(1) 奖金。公司知识型员工的奖金主要包括年终绩效奖和十三个月工资两部分。年终绩效奖根据各部门工作任务、经营指标、员工职责履行状况、工作绩效考核结果确立;绩效考核由人力资源管理部门统一进行,与经营利润、销售额、特殊业绩、贡献相联系。年终绩效奖=基本月薪×(员工绩效等级×50%+员工部门绩效等级×50%)。对于知识型员工的绩效考核制度如下:

A. 特别优秀	B. 优秀	C. 普通	D. 需要努力	E. 差
专业技能高,准确执行上级指示、责任感强	良好技术素质和创新能力,能随机应变,协调能力好	熟练掌握技术,能遵守上级指示,有一定技术创新能力	正确掌握技术,有进取心,能随机应变	勉强能完成任务,技术能力一般
满分25分	满分20—24分	满分15—19分	满分10—14分	10分以下

(2)服务年资奖励。对员工服务满十、二十、三十年,且服务业绩和态度均优秀的,给予的奖励。

(3)创造奖。员工设计新产品或者从事有益业务的发明和改进,对提高效益节省成本做出贡献的奖励。

(4)功绩奖。对提高绩效有特殊功绩,或者遇到非常事故能随机应变、措施得当,避免遭遇损失的奖励。

(5)全勤奖。一年未请假、不迟到早退的奖励。

3. 福利激励

(1)社会福利:国家相关法律法规所要求的,按照国家政策为员工按时、足额交付,并按照国家规定进行休假。

(2)休假福利:根据《劳动法》规定,员工依法享有带薪法定节假日、婚产假、哺乳假、探亲假、工伤假等各种假期。另外,还可以根据员工的工作年限,依法享有5—15天不等的带薪年假。

(3)股票福利:公司高层员工享有满足一定条件之后可持有公司一定比例股票的权力,并享有相应的股票分红。

(4)其他福利:知识型员工还享有夏季高温补贴、冬季防寒补贴、法定节假日给予员工相应的过节费,为员工免费提供中餐,同时为有需要的员工提供免费的宿舍。

4. 培训激励

公司对知识型员工的培训制度分为两种:一种是新员工的入职培训,另一种是岗位在职培训。但员工流动还是频繁,更有一不顺心就走人的现象。

公司请管理专家进行咨询。专家对全公司知识型员工进行了访谈和问卷调研,得到如下的统计结果:

激励方式	激励要素	激励要素的含义	激励需求平均值	激励效果平均值
物质激励	工资、奖金	通过工作所取得的报酬	4.49	2.50
	福利、分享企业利润	有机会从企业的利润中获得一定的收益	3.96	3.30
	绩效考核	通过绩效体现劳动价值	4.28	2.32

（续表）

激励方式	激励要素	激励要素的含义	激励需求平均值	激励效果平均值
个人成长	职业生涯规划	有完整的职业生涯规划	4.63	2.91
	培训	各种形式的培训	4.55	2.95
	提升能力	通过老带新提升能力和素养	4.58	3.34
	晋升	职位的晋升	4.46	3.17
岗位和工作内容	工作成就感	从工作中得到满足	4.33	4.32
	工作内容丰富性	是否能从事不同的工作内容	4.10	3.80
	自主性	自主开展工作	4.36	4.22
	挑战性	是否需要努力才能完成工作	4.24	3.98
	重要性	从事的工作是否对于企业具有不可替代性	4.28	3.78
	参与式管理	有机会参与公司管理决策	4.56	3.11
工作环境	工作条件	企业的基本软硬件工作条件、环境	4.12	3.19
	人际关系	同事之间是否有和谐的人际关系	3.89	3.87
	领导者素质	领导者的教育背景和综合素质	3.99	3.29
	企业文化	企业文化的引导是否与职工价值观相吻合	4.08	2.80
	团队合作	是否有良好的团队协作氛围	3.96	3.67
	企业发展前景	公司是否具备良好的发展前景	3.55	3.81

问题：

（1）从调查表的统计能得到什么直接结论？

（2）如果你是管理咨询专家，会给公司管理者什么建议方案？

● **案例分析要点：**

（1）直接结论

对比分析"激励需求平均值"，可以得到对公司知识员工最有激励效果的五大因素。

对比分析"激励效果平均值"，可以得到员工最注重的五大因素。

计算出"激励需求平均值"与"激励效果平均值"的差值，可以得到员工对激励方式的满意程度排序。

（2）建议方案思路

分析上述结果可以得到公司在激励过程中，哪些做得好，哪些还有待改进。

根据内容型激励理论和过程型激励理论，提出改进的激励方案。

方案中具体的关键点包括：对知识型员工的薪酬等级进行职位和级别划分；完善知识型员工绩效考核制度，制定出量化标准，持续性、公开考评；完善知识型员工福利政策，如住房基金、员工持股、健康体检、团建等；健全知识型员工个人职业生涯规划；完善知识型员工培训系统；完善知识型员工晋升制度；提升知识型员工工作环境；营造良好的企业文化。

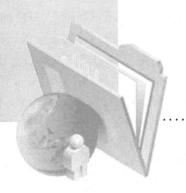

第五章

控　　制

本章要点

(1) 控制的定义及控制目标。

(2) 描述控制过程。

(3) 控制的重要性及控制的特点。

(4) 控制的类型，特别是区分三种不同类型的控制。

(5) 制定控制标准的步骤，尤其是要掌握控制重点的选择和制定标准的方法。

(6) 衡量实际工作的具体步骤和内容。

(7) 鉴定偏差并采取矫正措施的过程及注意事项。

(8) 有效控制应遵循的科学的控制原则及自我控制的意义。

(9) 控制方法及其运用。

(10) 危机与管理控制。

管理工作的控制职能是对业绩进行衡量与矫正,以便确保组织目标能够实现和为达到目标所制订的计划得以完成。控制工作与计划工作密切相关。事实上,有些管理学学者认为,计划与控制这两项职能是不可分割的。然而,我们认为从概念上对两者加以区分是明智的,因此本书在第二章和第五章分别论述。我们把计划工作与控制工作看作一把剪刀的两刃,少了任何一刃,剪刀也就没有用处了。一方面,没有了目标与计划,也就不可能控制,这是因为必须要把业绩同某些已定标准进行比较衡量;另一方面,控制是十分重要的。尽管计划可以制订出来,组织结构可以调整得非常有效,员工的积极性也可以调动起来,但是这仍然不能保证所有的行动都能按计划执行,不能保证管理者追求的目标一定能达到。因此,控制非常重要,它是管理职能环节中最后的一环。

　　控制工作是从总经理到班组长在内的每一位管理人员的职能。有些管理人员,特别是低层次的管理人员常常忘记实施控制的主要职责应由负责执行计划的每一位管理人员来完成。尽管各个层次的管理人员所控制的范围不同,但他们都负有执行计划的职责,因而控制是每个层次管理部门的一项主要管理职能。

第一节　控制目标与类型

一、控制的定义

　　计划提出了管理者追求的目标。组织提供了完成这些目标的结构、人员配备和责任,指挥提供了领导和激励的环境,而控制提供了有关偏差的知识以及确保与计划相符的纠偏措施。控制就是根据拟订的计划,对实现目标的进展情况进行确定或衡量的过程,与计划、组织、指挥和人员配备目标的实现密切相关。

　　控制可以定义为监视各项活动,以保证它们按计划进行并纠正各种重要偏差的过程。简单地说,控制就是用于确保结果和计划相一致的过程。所有的管理者都应当承担控制的职责,即便他的部门完全是按照计划运作。因为在管理者对已经完成的工作与计划所应达到的标准进行比较之前,他并不知道他的部门的工作是否进行得正常,而一个有效的控制系统可以保证各项行动完成的方向是朝着组织既定目标前进的。总之,控制系统越是完善,管理者实现组织目标就越是容易。

二、控制目标

　　管理控制并不是管理者主观任意的行为,它总是受到一定的目标指引,受到客观规律的制约。规律活动的突出特征是具有目标性,管理活动的目标性把战略或策略的制定者与执行者的行动统一起来,从而形成一个具有特定目的的组织。在组织的动态发展中,目标既是控制活动的起点和依据,又是控制过程循环发展的终点。目标贯穿于整个管理控制过程的始终。

　　在现代管理活动中,管理控制的目标主要有以下四个:

　　1. 限制偏差的累积

　　小的差错和失误并不会立即给组织带来严重的损害,然而时间一长,小的差错就会得以积累、放大,并最终变得非常严重。美国 Whistler 公司是一家制造雷达探测器的大型厂商,曾经由于需求日益旺盛而放松了质量控制。从此,次品率由 4% 上升到 9%,再到15%,直至 25%。终于有一天该公司的管理者发现,公司全部 250 名员工中有 100 人被完全投入到了次品修理工作中,待修理的库存产品价值达到了 200 万美元。

工作中出现偏差在很大程度上是不可完全避免的,关键是要能够及时获取偏差信息,及时采取有效的矫正措施。

2. 适应环境的变化

如果管理者能够建立起目标并立即实现,那么就不需要进行控制。事实上,制定目标之后到目标实现之前,总有一段时间。在这段时间内,组织内部和周围环境会有许多事情发生:竞争对手可能会推出新产品和新的服务项目,新材料和新技术可能会出现,政府可能会制定新的法规或对原有的政策进行修正,组织内部人员可能会产生很大的变动。这些变化不仅会阻止目标的实现,甚至可能要求对目标本身进行修改。因此,需要构建有效的控制系统帮助管理者预测和确定这些变化,并对由此带来的机会和威胁做出反应。这种环境预测越有效、持续时间越长,组织对外部环境的适应能力就越强,组织在激烈变化的环境中生存和发展的可能性就越大。

3. 处理组织内部的复杂局面

如果一个企业只购买一种原材料,生产一种产品,组织设计简单,并且市场对其产品需求稳定,那么管理者只需一个非常简单的系统就能保持对企业生产经营活动的控制。但在现实中大多数企业要选用很多原材料,制造多种产品,市场区域广阔,组织设计复杂并且竞争对手林立。他们需要复杂的系统来保证有效的控制。

组织内部的复杂局面使得授权成为必要,因为控制作用的价值依赖于它与计划和授权的关系。在前面我们讨论授权时发现,许多管理者认为授权是一件非常困难的事,其中主要原因是害怕下属犯错误而由他来承担责任,从而许多管理者试图靠自己做事来避免授权。但是,如果形成一种有效的控制系统,这种不愿授权的事情就可以大大减少。

4. 降低成本

低成本优势是企业获得竞争优势的一个主要来源,它要求积极建立起达到有效规模的生产设施,强化成本控制,减少浪费。为了达到这些目标,有必要在管理方面对成本控制予以高度重视,通过有效的控制可以降低成本,增加产出。

三、控制过程

建立控制标准、衡量偏差信息和采取矫正措施是控制工作的三项基本要素。它们相互关联,相互依存,缺一不可。控制标准是预定的工作标准和计划标准,是检查和衡量实际工作的依据。如果没有控制标准,衡量实际工作便失去了根据,控制工作也就无法进行。偏差信息是实际工作情况或结果与控制标准或计划要求之间产生偏离的信息。了解和掌握偏差信息是控制工作的重要环节。如果没有或无法得到这方面的信息,那么控制活动便无法继续开展。矫正措施是根据偏差信息,做出调整决策,并付诸实施。所以说,根据实际情况和需求,矫正实际工作,修正计划或标准,是管理控制的关键环节(见图 5-1)。

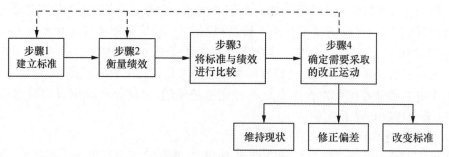

图 5-1　控制过程步骤图示

四、控制的地位与作用

如果我们将管理工作过程简略地看作 PDCA 循环的过程(P——Plan,计划;D——Do,实施;C——Check,检测;A——Action,处理、行动),那么控制工作在管理循环中的地位和作用可以用图 5-2 表示。

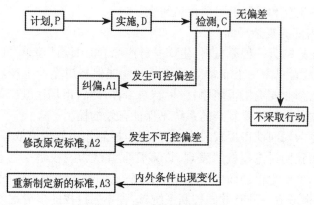

图 5-2　管理工作循环简图

控制工作通过检查或检测计划执行中所发生的偏差以及内外环境条件所出现的变化,进而采取处理措施,就可以促使管理工作过程成为一个闭环的系统。举例来说,一家企业制订了一个 10 年计划,计划在今后的 10 年内每年要增加 2% 的投资收益率。到年底时财务报表显示出投资收益率增加了 2%,管理者得到这一反馈信息后,认为可照原计划进行下去。第二年,投资收益率却减少了 1%,这表明管理者应当采取适当的纠正措施(如加强成本核算、减少不必要的开支、缩减管理费用等)来增加投资收益率。第三年年底投资收益率增加了 5%,超过了原来的计划。第四年仍保持这样的势头。这样,管理者就可能要考虑对原定的控制标准做些调整。这样,计划、控制、再计划、再控制,管理工作过程就不断循环往复下去。从这个意义上说,控制是联结管理过程循环的支点。没有这个支点,管理过程就不能实现循环。

一旦计划付诸实施,控制工作对于衡量计划执行的进度、揭示计划执行中的偏差以及指明纠正的措施等,都是十分必要的。但是,控制工作远不仅限于纠正计划执行中出现的偏差,在有些情况下,正确的控制工作可能导致确立新目标、提出新计划、改变组织结构、改变人员配备以及在指导和领导方法上做出重大的改变。真正的控制表明,纠正措施能够而且一定会把不符合要求的活动拉回到正常的轨道上来。因此,控制工作使管理工作成为一个连续的循环过程。在多数情况下,控制工作既是一个管理过程的终结,又是一个新的管理过程的开始。正因为如此,管理控制实质上可以看作管理者确保实际活动与规划活动相一致的过程。

美国著名的管理学家亨利·西斯克曾指出:"如果计划从来不需要修改,而且是在一个全能的领导人的指导之下,由一个完全均衡的组织完美无缺地来执行,那就没有控制的必要了。"就一般情况而言,由于企业所面临的环境处于不断地变化过程中、管理权力的分散和组织成员工作能力的差异,管理功能的实施不可能是完美无缺的,组织的战略计划也并不可能得到百分之百的执行。因此,优良的管理需要有效的控制。有效的管理控制,不仅能够保证组织成员的行为与计划在出现偏差时及时得以纠正,也能够修正、调整和更改计划,从而保证管理目标的实现。

五、管理控制的特点

不管是管理工作中的控制活动,还是物理、生物、经济及其他方面的控制,控制的基本过程和基本原理都是一样的。然而,管理控制又不同于物理、生物、经济及其他方面的控制,管理控制有其自身的特点。

(1)管理控制具有整体性。这包含两层含义:一是管理控制是组织全体成员的职责,完成计划是组织全体成员的共同责任,参与控制是全体成员的共同任务;二是控制的对象是组织的各个方面。确保组织各部门、各单位在工作上的彼此均衡与协调,是管理工作的一项重要任务。为此,需要了解掌握各部门和单位的工作情况并予以控制。

(2)管理控制具有动态性。管理工作中的控制不同于电冰箱的温度调控,后者的控制是高度程序化的,具有稳定的特征。组织不是静态的,其外部环境及内部条件随时都在发生着变化,从而决定了控制标准和方法不可能固定不变。管理控制应具有动态的特征,这样可以提高控制的适应性和有效性。

(3)管理控制是对人的控制并由人执行控制。管理控制是保证工作按计划进行并实现组织目标的管理活动,而组织中的各项工作要靠人来完成,各项控制活动也要靠人去执行。所以,管理控制首先是对人的控制。

(4)管理控制是提高职工工作能力的重要手段。控制不仅仅是监督,更重要的是指导和帮助。管理者可以制订纠正偏差计划,但这种计划要靠职工去实施,只有当职工认识到纠正偏差的必要性并具备纠正能力时,偏差才会真正被纠正。通过控制工作,管理者可以帮助职工分析偏差产生的原因,端正职工的工作态度,指导他们采取纠正措施。这样,既能达到控制的目的,又能提高职工的工作和自我控制能力。

六、控制类型

控制可以集中于组织的任何领域。大多数组织根据它们使用的物质资源、人力资源、信息资源和财务资源等来确定应用领域。物质资源的控制包括库存控制(库存既不能太多也不能太少)、质量控制(维持适当水平的产品质量)和设备控制(提供必要的机器和设备）。人力资源控制包括人员选择与安置、培训与提高、绩效评估与薪酬。信息资源的控制包括销售与营销预测、环境分析、公共关系、生产进度及经济预测等。财务控制包括管理组织的债务并使其不至于过多，确保企业永远拥有足够的现金以满足其债务要求但又不至于存有过量现金，并保证及时收到应收账款、支付应付账款。

在许多方面，对财务资源的控制是最重要的，因为财务资源与对组织中的其他所有资源的控制都有关系。过多的库存使得存货成本增加；人员选择不当则需要解雇和重新聘用，这些都会增加支出；不准确的销售预测会导致现金流中断及其他财务影响。财务问题会渗透到大多数与控制相关的活动中。

正如控制可以根据领域进行划分一样，图 5-3 显示了控制还可以根据组织系统的层次进行划分。运营控制关注组织将资源转变成产品或服务的过程；质量控制是运营控制的一种；财务控制关注组织的财务资源，监控应收账款以确保客户及时付款是财务控制的职责之一；结构控制关注组织架构的各要素如何为其既定目标服务，监控管理费用比率以确保人员支出不会过高是结构控制的职责之一；战略控制关注组织的公司层战略、业务层战略和职能层战略如何协助组织实现其目标，如果企业未能成功地实施其相关多元化战略，那么管理者就需要找出原因，或者改变战略，或者重新努力执行这一战略。

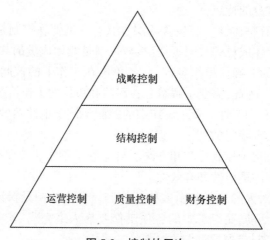

图 5-3　控制的层次

控制工作按不同标准进行分类，可以划分为不同的类型，其中最主要的是根据控制的侧重点不同，划分为前馈控制、现场控制和反馈控制三种类型。

（一）前馈控制

前馈控制又称预先控制或事前控制，它是在实际工作开始之前就进行控制。前馈控制是最渴望采取的控制类型，因为它能避免预期出现的问题。前馈控制以未来为导向，在工作之前对工作中可能产生的偏差进行预测和估计，采取防患措施，以便在实际偏差产生之前，管理者就能运用各种手段对可能产生的偏差进行纠正，将其消除于产生之前。如在企业中，制定一系列规章制度让员工遵守进而保证工作的顺利进行，为了生产出高质量的产品而对原材料质量进行控制等，都属于前馈控制。

1. 前馈控制的显著优点

（1）前馈控制是在工作开始之前进行的控制，因而能防患于未然，避免事后控制无能为力的弊端。

（2）前馈控制是针对某项计划行动所依赖的条件进行的控制，不针对具体人员，不会造成心理冲突，易于被员工接受并付诸实施。

2. 实施前馈控制的前提条件

（1）要对计划和控制系统做认真彻底的分析。

（2）为这个系统制定员工模型。

（3）注意保持该模型的更新，即应经常检查模型，以便了解已确定的投入变量及其相互关系是否仍能反映现实情况。

（4）经常收集投入变量数据并把它们输入到系统中去。

（5）经常评定实际投入数据与计划投入数据的差异，评估这些差异对预期最终结果的影响。

（二）现场控制

在工作正在进行时进行控制，叫作现场控制。在活动进行之中予以控制，管理者可以在重大损失发生之前及时纠正问题。现场控制主要有监督和指导两项职能。监督是按照预定的标准检查正在进行的工作，以保证目标的实现；指导是管理者针对工作出现的问题，根据自己的经验指导下属改进工作，或与下属共同商讨矫正偏差的措施，以使工作人员能正确地完成所规定的任务。管理者亲临现场观察就是一种最常见的现场控制活动。当管理者直接视察下属的行动时，管理者可以同时监督员工的实际工作，并在发生问题时马上进行纠正。

现场控制具有指导职能，有助于提高工作人员的工作能力和自我控制能力。但是，现场控制也有很多弊端。首先，运用这种控制方法容易受管理者时间、精力、业务水平的制约。管理者不能时时对事事都进行现场控制，只能偶尔使用或在关键项目上使用。其次，现场控制的应用范围较窄。对生产工作容易进行现场控制，而对那些问题难以辨别、成果难以衡量的工作，如科研、管理工作等，几乎无法进行现场控制。再次，现场控制容易在控制者与被控制者之间形成心理上的对立，容易损害被控制者的工作积极性和主动性。

（三）反馈控制

反馈控制又称事后控制，是在工作结束之后进行的控制。反馈控制把注意力主要集中于工作结果上，通过对工作结果进行测量、比较和分析并采取措施，进而矫正今后的行动。如企业对不合格产品进行修理，发现产品销路不畅而减产、转产或加强促销努力，学校对违纪学生进行处理等，都属反馈控制。在组织中应用最广泛的反馈控制方法有财务报告分析、标准成本分析、质量控制分析和工作人员成绩评定等。

反馈控制类似于成语所说的"亡羊补牢"。它的最大弊端是在实施矫正措施之前，偏差就已经产生。但是在实践中，有些情况下，反馈控制又是唯一可选择的控制类型。反馈控制能为管理者评价今后的计划制订与执行提供有用的信息。同时人们可以借助反馈控制认识组织活动的特点及其规律,为进一步实施前馈控制和现场控制创造条件,实现控制工作的良性循环,并在不断的循环过程中,提高控制效果。控制类型如图 5-4 所示。

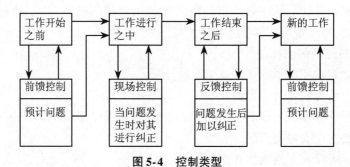

图 5-4　控制类型

◀ 概念应用 5-1 ▶

控 制 类 型

确定控制的类型:

A. 前馈控制　　　　　B. 现场控制　　　　　C. 反馈控制

_____1. 治病不如防病,防病不如讲卫生。

_____2. 在店内显眼的位置挂一本顾客意见簿,欢迎顾客提出意见和批评。

_____3. 在员工上岗前进行工作技能和态度的培训。

_____4. 让领班严密注视服务人员的行为,并对棘手问题的处理提供协助和建议。

_____5. 亡羊补牢,为时不晚。

七、控制的重要性

控制工作的重要性可从以下两个方面来理解:

(1) 提供必要的信息和反馈,从而使管理者放心地实施员工授权。控制工作能够为主管人员提供有用的信息,使之了解计划的执行进度和执行中出现的偏差及偏差的大小,并据此分析偏差产生的原因。一种有效的控制系统能够对员工绩效提供相关信息和反馈,从而使管理者愿意向自己的员工授权。

(2) 控制工作的重要性还表现在管理的四个职能中所处的地位及其相互关系。控制工作通过纠正偏差行为与其他三个职能紧密地结合在一起,使管理过程形成了一个相对封闭的系统。一旦计划付诸实施,控制工作就必须穿插其间进行。它对于衡量计划的执行进度、发现并纠正计划执行中的偏差都是非常必要的。

因此,控制是极为重要的,因为管理者只有通过控制这一唯一的方法,才能了解组织目标是否实现以及目标没有实现的原因。

（3）保护组织及其资产。在当今的环境中，自然灾害、财务丑闻、工作场所暴力、供应链中断、违反安全条例的行为等，都会给组织带来重大威胁。全面的控制措施和应急计划可以保护组织的资产。

第二节　制定控制标准

控制始于工作标准的建立。标准是所期望的业绩水准，构成控制过程的基础。标准被管理者用作评估业绩的基准。没有标准，控制就成了无目的的行动，不会产生任何效果。

控制是确保工作按计划进行的管理工作，控制职能一般在计划确定之后发挥作用。标准是对工作预期成果的规范，计划与标准都是按组织目标的要求编制的，并以实现组织目标为目的，二者密切相关。但一般来说，不能完全用计划来代替标准进行控制。在一个组织中，各部门或单位要对其成员及全部工作编制计划，各层次管理者在此基础上汇总、协调，编制出纵向管理计划。组织中的计划是各种各样的，而各种计划在详尽程度和复杂程度上又各不相同。如果直接用计划作为控制标准并对全部计划内容进行控制，会使控制工作因缺乏规范化而导致混乱，管理者也没有那么多的时间和精力，结果会降低控制效果。通常，人们是在一个完整的计划程序中选出众多关键点，把处于关键点的工作预期成果作为控制标准。计划、标准、控制与目标的关系如图 5-5 所示。

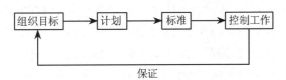

图 5-5　计划、标准、控制及目标的关系

一、确立控制对象

进行控制首先遇到的问题是"控制什么"，这是在决定控制标准之前首先需要解决的问题。组织活动的成果应该成为控制的重点对象。因此，管理者必须分析组织活动想要实现什么样的目标。一般来说，管理人员应该对影响组织工作成效的全部因素进行控制，但受资源有限、管理人员工作能力有限的影响，最为现实的做法是对影响组织目标实现的重点因素进行控制。因此，为了确保组织的预期成果，就必须在成果形成之前，对影响成果形成的各种因素进行分析，找出重点因素并把这些因素作为控制的对象。

1. 影响组织工作目标实现的重要因素

（1）环境特点及其发展趋势。组织在特定时期的管理活动是根据决策者对经营环境的认识和预测来进行和安排的。如果预期的市场环境变化没有出现，或者企业外部环境发生了某种无法预料和无力抗拒的变化，原来的计划就可能无法进行。因此，制订计划时所依据的对经营环境的认识和把握等各种因素应被作为控制对象，并列出"正常环境"的具体指标或标准。

（2）资源投入。组织经营成果是通过对资源的加工转换得到的。没有或缺乏这些资源,组织的经营活动就会成为无源之水、无本之木。投入的资源,不仅会在数量和质量上影响经营活动按期、按质、按量、按要求地进行,从而影响最终产品的正常实现,而且获取资源的费用也会影响活动的成本,从而影响组织的经营效果。因此,必须对资源投入进行控制,使之在数量、质量以及价格等方面符合预期经营成果的要求。

（3）组织活动。输入到生产经营中的各种资源不可能自动形成产品。组织的经营成果是组织活动转化的结果,是通过全体员工在不同时间和空间上利用一定技术和设备对不同资源进行不同加工劳动得到的。企业员工的工作质量和数量是决定经营成果的重要因素,因此必须使企业员工的活动符合预期结果的要求。为此,必须建立员工的工作规范,明确各部门和各员工在各个时期的阶段成果标准,以便对他们的活动进行控制。

2. 控制的对象

（1）人员。管理者是通过他人的工作来实现其目标的。为了实现组织的目标,管理者需要而且也必须依靠下属员工。因此,管理者要求员工按照所期望的方式去工作是非常重要的。为了做到这一点,管理者最简明的方法就是直接巡视和评估员工的表现。

在日常工作中,管理者的工作是观察员工的工作并纠正出现的问题。比如,一位车间小组长发现一位员工在操作机器不当时,就应该指明正确的操作方法,并告诉员工在以后的工作中按正确的方式操作。

管理者对员工的工作进行系统化的评估是一种非常正规的方法。这样每位员工的近期绩效都可以得到鉴定。如果绩效良好,员工应该得到奖励,如增加工资,从而使之工作得更好;如果绩效达不到标准,管理者就应该想办法解决,根据偏差的程度予以不同的处分。

（2）财务活动。每个企业的首要目标是获取一定的利润。在追求这个目标时,管理者借助于费用控制。比如,管理者可能仔细查阅每季度的收支报告,以发现多余的支出。管理者也能进行几个常用财务指标的计算,以保证有足够的资金支付发生的各种费用,保证债务负担不至于太重,并使所有的资产都得以有效的利用。这就是财务控制是如何减低成本并使资源得以充分利用的例子。表 5-1 概括了一些组织中常用的财务比率指标,管理者可以利用这些比率作为内部控制手段,考查组织在利用其资产、负债、库存等方面的效率。

表 5-1　常用财务比率指标

目　的	比　率	计算公式	含　义
流动性检验	流动比率	流动资产÷流动负债	检验组织偿付短期债务的能力
	速动比率	(流动资产－存货)÷流动负债	对流动性的一种更精确的检验
财务杠杆检验	资产负债比	全部负债÷全部资产	比值越高,组织的杠杆作用越明显
	利息收益倍比	税前利润÷全部利息支出	当不能偿付利息支出时,利润下降的程度
运营检验	存货周转率	销售收入÷存货	比值越高,存货资产的利用率越高
	总资产周转率	销售收入÷总资产	比值越高,组织利用全部资产的效率越高
盈利性检验	销售利润率	税后净利润÷销售收入	说明各种产品产生的利润
	投资收益率	税后净利润÷总资产	度量资产创造利润的效率

（3）作业。一个组织的成功,在很大程度上取决于它在生产产品或服务上的效率和效果。作业控制方法是用来评价一个组织转换过程的效率和效果的。

典型的作业控制包括:监督生产活动以保证其按计划进行;评价购买能力,以尽可能低的价格提供所需质量和数量的原材料;监督组织的产品或服务的质量,以保证满足预定的标准;保证所有的设备得到良好的维护。

（4）信息。管理者需要信息来完成他们的工作,不精确、不完整、过多的或延迟的信息将会严重阻碍他们的行动。因此,应该开发出这样一种管理信息系统,使它能在正确的时间,以正确的数量,为正确的人提供正确的数据。管理信息的方法在最近几年发生了很大的变化。技术进步,特别是网络技术的发展使管理者通过计算机就可以随时输入他们的要求,随时调出按地区划分的销售结果和所需的各类数据等。过去他们也许要花几天才能得到的数据,现在只需要几秒钟。

（5）组织绩效。为了维持或改进一个组织的整体效果,管理者应该关心控制。但是衡量一个组织的效果并没有一个单一的衡量指标。生产率、效率、利润、员工士气、产量、适应性、稳定性以及员工的旷工率等,都是衡量组织整体绩效的重要指标。

◄概念应用 5-2►

财务比率

根据下列数据,依据表 5-1 的计算方法计算下列相关比率:

损益表:

销售收入 = 10 612 752 元

销售成本 = 3 941 933 元

平均存货 = 1 733 766 元

资产负债表:

流动资产 = 9 843 115 元

总资产 = 35 732 686 元

流动负债 = 1 585 324 元

总负债 = 6 352 897 元

1. 流动比率 = _____

2. 速动比率 = _____

3. 存货周转率 = _____

4. 资产负债比 = _____

5. 总资产周转率 = _____

二、选择控制重点

（一）关键控制点

在简单的经营活动中，管理人员可以通过亲自观察所做的工作来实行控制。然而在大多数的经营活动中，由于受经营活动的复杂性及管理者时间和精力的限制，这种控制是不可能的。管理者必须选择需要特别关注的地方，以确保整个工作按计划要求执行。因此需要特别关注的控制点应当是关键性的，它们或是经营活动中的限制因素，或者能够比其他因素更清楚地体现计划是否得以有效实施。有了这些标准，管理人员便能管理一大批下属，从而扩大管理幅度，并可实现成本的节约和沟通方面的改善。

控制原理中一条最为重要的原理——关键点控制原理，可陈述为，有效控制要求关注那些关键因素，并以此对业绩进行控制。

（二）选择关键控制点的一些问题

由于良好的控制依赖于关键控制点，那么选择关键控制点的能力也就成为判断管理人员水平的一个标准。在选择的过程中，管理人员必须问自己：哪一点能最好地反映本部门的目标？当目标未能实现时，如何最好地展示给我？如何最好地衡量那些关键的偏差？谁将告诉我谁对这些失败负责？什么样的标准其成本最低？根据什么标准可使信息的获得更为经济？

（三）关键点的种类

许多计划的每项目的、每个目标、每种活动、每项政策、每项规程以及每种预测，都可以成为衡量实际业绩或预期业绩的标准，但在实际中，标准大致有实物标准、成本标准、资本标准、收益标准、计划标准、无形标准等。

（1）实物标准。实物标准都是非货币衡量标准，在耗用原材料、雇用劳动力、提供服务及生产产品的操作层次中使用。这些标准反映了每单位产出工时数、生产每马力所耗燃料吨数、货运的吨公里数、单位机器台时的产量等数量标准。实物标准也可反映品质，如轴承的硬度、公差的精密度、纤维的韧度和色彩的不褪色性等。

（2）成本标准。成本标准是货币形式的衡量标准，同物理标准一样普遍运用于操作层。成本是以货币价值来衡量作业造成的消耗，即作业消耗的货币价值形式。货币标准是广泛运用的衡量标准，例如生产每一单位产品的直接和间接成本、每单位或每小时的人工成本、单位产品的原材料成本、每小时机器成本、单位销售额的销售成本等。

（3）资本标准。有许多资本标准都是以货币形式来衡量实体项目的。它们与投资于公司中的资本有关而与经营成本无关，因此主要与资产负债表相关，而与损益表无关。对于新的投资和总体控制来说，最为广泛使用的标准就是投资收益率。资产负债表通常还披露其他资本标准，包括流动比率、资产负债比率、固定投资与总投资比率、速动比率、短期负债或债券与股票的比率以及存货周转率等。

（4）收益标准。收益标准是销售额的货币价值形式，包括每名顾客的平均销售额、在既定市场范围内的人均销售额等。

（5）计划标准。一个管理者有可能被分配去设置一个可变的预算方案、一个正式实施的新产品开发计划或一个改进销售人员素质的计划,这些就是计划标准。在评估计划的执行业绩时,可能不得不运用一些主观判断,但也可以运用时间安排和其他因素作为客观判断标准。

(6)无形标准。无形标准是既不能以实物也不能以货币来衡量的标准。管理人员能用什么标准来测定公司分部采购代理人或人事部主任的才干?主管能用什么标准来确定广告计划是否符合短期目标和长期目标?怎样确定公共关系计划是否取得成功?如何监督管理人员是否忠诚于公司的目标?办公室人员是否精明能干?对上述问题,要确定既明确定量又明确定性的目标和标准是很困难的。

企业中有不少无形标准。企业使用无形标准的一个原因在于没有对预期业绩的内容进行过充分研究。另一个更重要的原因是,在业绩涉及人际关系时,要衡量何谓"良好"、何谓"有效果",那是十分困难的。心理学家和社会统计学家提出的测试、调查和抽样方法已经使探索人的态度和动因成为可能,但是在许多对于人际关系的管理控制中还必须以无形标准、深思熟虑的判断和反复尝试为基础,有时候甚至以纯粹的直觉作为判断基础。

三、制定标准的方法

由于控制的对象不同,标准的类型也很多,这取决于所需衡量的绩效成果的领域。最理想的是以可考核的目标直接作为标准,但更多的情况往往是将某一计划目标分解为一系列的标准,例如将利润率目标分解为产量、销售额、制造成本、销售费用等。在工业企业中,最常用的控制标准有四种:时间标准(如工时、交货期等)、数量标准(如产品数量、废品数量)、质量标准(如产品等级、合格率)和成本标准(如单位产品成本)。组织中所有作业活动都可依据这四种标准进行控制。如对企业生产工作的控制,可检查产量是否达到数量标准、原材料规格及产品合格率是否达到质量标准、产品在时间上是否按期完成并如期交货、原材料成本及职工工资是否超出成本费用限制。这四种标准是相关的。对于一项工作,人们总是可以近似或准确地找出数量、质量、时间及成本间的内在联系。如对产品质量要求过高会导致成本上升并延长生产周期,大量生产会降低单位成本等。所以,在大多数情况下,只需运用1—2个标准便可达到控制目的,其他标准则是次要的、辅助性的。如生产控制往往注重质量和时间控制,而销售控制更多地侧重于成本和数量控制。

(一)制定标准的方法

一般来说,常用的制定标准的方法有三种:利用统计方法来确定预期结果;根据经验和判断来估计预期结果;在客观的定量发现的基础上建立工程(工作)标准。

(1)统计性标准。统计性标准,也叫历史性标准,是以分析反映企业经营在各个历史时期状况的数据为基础,为未来活动建立的标准。这些数据可能来自本企业的统计数据,也可能来自其他企业的统计数据。

利用本企业的历史性统计资料为某项工作确定标准的优点是简便易行;缺点是据此制定的工作标准,可能低于同行业的先进水平,甚至是平均水平。在这种条件下,即使企业的各项工作都达到了标准的要求,但也可能造成劳动生产率的相对低下、制造成本的相对高昂，从而造成经营成果和竞争能力低于竞争对手。为了克服这种局限性，在根据历史统计数据制定未来工作标准时，要充分考虑到行业的平均水平，并研究竞争企业的经验。

（2）根据专家经验和判断建立标准。实际上，并不是所有工作的质量和成果都能用统计数据来表示，也不是所有的企业活动都保存着历史统计数据。对于新从事的工作，对于统计资料缺乏的工作，可以根据专业人员的经验、判断和评估来为之建立标准。利用这种方法来建立工作标准时，要注意利用各方面人员如老职工、技术人员、管理人员的知识和经验，在充分了解情况、收集意见的基础上，科学地综合大家的判断，给出一个相对合理的标准。

（3）工程（工作）标准。工程（工作）标准是通过对工作情况进行客观的定量分析来制定的。例如，机器的产出标准是设计者计算的、在正常情况下的最大产出量；工人操作标准是劳动研究人员在对构成作业的各项动作和要素的客观分析的基础上，经过消除、改进和合并而确定的标准作业方法；劳动时间定额是利用秒表测定的受过训练的普通工人以正常速度按照标准操作方法对产品或零部件进行某个（些）工序的加工所需的平均必要时间。严格地说，工程（工作）标准也是一种用统计方法制定的控制标准。

（二）控制标准的制定要求

制定控制标准是一个过程。这一过程的展开，首先要选择好控制点，并从时间、实力、质量和成本等方面制定科学的控制标准。所制定的控制标准应该满足以下几方面的要求：

（1）要使控制便于对各部门的工作进行衡量。当出现偏差时，能找到相应的责任单位。如成本控制，不仅要规定总生产费用，而且要按成本项目规定标准，为每个部门规定费用标准等。

（2）建立的标准都应该有利于组织目标的实现。对每一项工作的衡量必须有具体的时间幅度、具体的衡量内容和要求。

（3）建立的标准还应与未来的发展相结合。例如，一个企业生产了某种产品后，就要密切注意产品第一个月的销售量，是可以长期发展这种产品，还是要等到时机成熟再大量生产。只有考虑了这些因素，才能制定有效的衡量标准。

（4）建立的标准应尽可能体现一致性。管理工作中制定出来的控制标准实际上就是一种规章制度，它反映了管理人员的愿望，也为人们指明了努力的方向。控制标准应是公平的，如果某项控制标准适用于每个组织成员，那么就应该一视同仁，不允许个别人搞特殊化。

（5）建立的标准应是经过努力后可以达到的。建立标准的目的，是用来衡量实际工作，并希望工作达到标准要求。所以，控制标准的建立必须考虑到工作人员的实际情况，包括他们的能力、使用的工具等。如果标准过高，人们将因根本无法实现而放弃努力；如果标准过低，人们的潜力又会得不到充分发挥。

（6）建立的标准应具有一定的弹性。标准建立起来后，可能在一段时期内保持不变。但环境却在不断变化，所以，控制标准应对环境变化有一定的适应性。特殊情况能够做到例外处理。

第三节 衡量实际工作

企业经营活动中的偏差如能在产生之前就被发现,则可帮助管理者预先采取必要的措施。这种理想的控制和纠偏方式虽然有效,但其现实可能性不会很大。因为,并非所有的管理人员都有卓越的远见,也并非所有的偏差都能在产生之前被预见。在这种限制条件下,最满意的控制方式应是必要的纠偏行为能在偏差产生以后迅速采取。为此,就要求管理者及时掌握能够反映偏差是否产生并能判定其严重程度的信息。用预定标准对实际工作成效和进度进行检查、衡量和比较,就是为了提供这类信息。

衡量实际工作是一项贯穿工作始终的持续进行的活动。控制活动应当跟踪工作进展,及时预示脱离正常或预期成果的信息,及时采取矫正措施。如果等到工作已经完成再衡量,那么即使有过失也难以补救。所以,在工作进行之中就需及时了解工作的进展并对其发展趋势加以预测,有时还需在开展工作之前对工作的将来进展情况进行估计。

为了能够及时、准确地提供能够反映偏差的信息,同时又符合控制工作在其他方面的要求,管理者在衡量工作成绩的过程中应注意以下几个问题:

(1)通过衡量成绩,检验标准的客观性和有效性。衡量工作成效是以预定的标准为依据来进行的,这就出现了一个问题:偏差到底是执行中出现的问题还是标准本身存在的问题?如果是执行中出现的问题,当然需要纠正;如果是标准本身的问题,则要修正和更新预定标准。因此,利用预先制定的标准去检查各部门、各阶段和每个人工作的过程,同时也是对标准的客观性和有效性进行检验的过程。

检验标准的客观性和有效性,是要分析对标准执行情况的测量能否取得符合控制需要的信息。在为控制对象确定标准的时候,人们可能只考虑了一些次要的非本质因素,只重视了一些表面的因素,因此,利用既定的标准去检查人们的工作,有时候并不能达到控制的目的。衡量过程中的检验就是要辨别并剔除那些不能为有效控制提供必需信息及容易产生误导作用的不适宜标准,找出控制对象的本质特征,从而制定出科学的控制标准。

(2)确定适宜的衡量频度。简单地讲,频度是指数量。有效的控制要求确定适宜的衡量频度,这就意味着,衡量频度不仅体现在控制对象的数量上(控制目标的数量上),而且体现在对同一标准的测量次数或频度上。对控制对象或要素的衡量频度过高,不仅会增加控制费用,而且会引起有关人员的不满,影响他们的工作态度,从而对组织目标的实现产生负面影响;但衡量和检查的次数过少,则有可能造成许多重大的偏差不能被及时发现,不能及时采取措施,从而影响战略和计划的完成。

适宜的衡量频度取决于被控制活动的性质、控制活动的要求,即主要取决于控制对象的重要性和复杂性。对于那些较为长期、较高水平的标准,适于采用年度的控制。而对产量、出勤率等短期、基础性的标准,则需要进行比较频繁的控制。例如,对产品质量的控制常常需要以件、小时、日等较小的时间单位来进行,而对新产品开发的控制则可能需要以月、年为单位。

(3)确立信息反馈系统。衡量实际工作情况的目的是为管理者提供有用的信息,为纠正偏差提供依据。然而，并不是所有衡量绩效的工作都是由主管部门直接进行的。因此，应该建立有效的信息反馈网络，使反映实际工作情况的信息既能迅速收集上来，又能适时传递给管理人员，并能迅速将纠偏指令下达给有关人员，使之能与预定标准相比较，及时发现问题，并迅速地进行处置。这里，被衡量的业绩信息通过一定的渠道传递给管理者的过程被称为反馈。它能告诉管理者哪些工作正在执行之中、已产生了哪种变化、已采取了哪些暂时的措施去调整、修改等。反馈信息可能包括质量、数量、市场占有率、顾客服务和财务信息。通过反馈获得的信息，对未来的计划和决策过程是非常重要的。

有两类反馈控制的形式。一类是可自我纠正的，而另一类是不能自我纠正的。自我纠正是指不需从外界采取纠偏措施进行干预就能自我调节。比如在炼钢厂，使用恒温系统来确保在各个生产过程中温度保持恒定不变。非自我纠正系统是指在纠正措施发生之前需要外界的干预。质量统计控制就是这样的例子。质量控制图的使用就是为了这个目的（见图 5-6）。

在图 5-6 中，让我们设定管道直径的预定标准为 5 厘米。由于机器的情况和其他因素，根据统计数据，可接受的偏差范围被设定在 5.05 厘米（上限）和 4.95 厘米（下限）之间。当管道直径超出这些范围时，被认为是失控了。这个时候，作业过程被停止，并在外界干预下进行必要的调整措施，从而使整个系统再回到控制之中。这里有一个允许的幅度，就是准许偏差存在的上限与下限的范围，在这个界限范围内，即便实际结果与标准之间存有差距，也被认为是正常的。

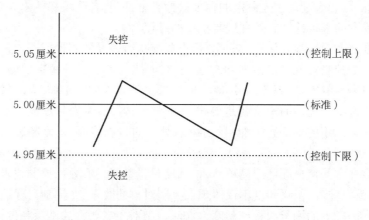

图 5-6　质量控制图

在这里，从管理控制工作职能的角度看，除了要求信息的准确性，还对信息的及时性、可靠性和适用性提出了更高的要求。

（1）信息的及时性。所谓及时有两层含义：一方面，对那些时过境迁就不能追忆和不能再现的重要信息要及时记录，例如工序质量的检验信息、班产量信息、生产调度信息、重要会议上的发言和最后决议等信息。另一方面，信息的加工、检索和传递要快，如果信息不能及时提供给各级主管人员及相关人员，就会失去它的使用价值，而且有可能给组织带来巨大损失。例如，产品订货会议上用户的需求信息，尤其是大用户对产品价格、数量、设计改动和交货期的特殊要求，这些信息必须以最快的速度传递给企业销售部门的主管人员甚至企业的最高领导人,以便他们抓住时机进行决策。

(2) 信息的可靠性。信息的可靠性除了与信息的精确程度有关外,还要与信息的完整性有一种正比关系。例如,市场上家用吸尘器的一时紧俏,还不能完全说明市场对这种消费品的长期大量需求。因而,对于拟从国外进口主机和生产线、急于扩大生产规模的企业来说,这种单一的信息通常是不可靠的。企业还必须收集有关消费者平均收入水平、消费结构、竞争企业的生产能力甚至宏观经济政策等多方面的现状信息和变化信息,并进行综合分析,才能做出正确判断。信息可靠性与完整性的关系证明,要提高信息的可靠性,最简单的办法和大多数情况下唯一的办法,就是尽可能多地收集有关的信息。但是这样又会出现与信息及时性的矛盾。因此,信息的可靠性是个程度问题。上层主管人员的重大决策都是以不完全信息为基础的,贻误了时机,再可靠的信息也没有用。

(3) 信息的适用性。信息适用性的第一个要求是,管理控制工作需要的是适用的信息,也就是说,不同管理部门对信息的种类、范围、内容、详细程度、精确性和需用频率等方面的要求是各不相同的。如果向这些管理部门不加区分地提供信息,不仅不利于做出正确决策,反而会加重管理部门信息处理工作的负担和费用,而且还会给这些管理人员查找所需的信息带来困难,造成时间的浪费甚至经济上的损失。事实上,信息不足和信息过多同样有害。

信息适用性的另一个要求是,信息必须经过有效的加工、整理和分析,以保证在管理者需要的时候能够提供尽量精炼而又能满足控制要求的全部信息。例如,反映实现利润情况的信息,可以把利润表示为销售收入、投资回收、总资金与上年同期相比的增减比率等,这就便于反映实现利润与企业经营的全面情况,从而发现经营中的问题,以便及时采取纠正措施。仅仅一个利润额的数字是说明不了多少问题的。

为了获得控制信息,管理人员在实际工作中可以采用亲自观察、分析报表资料、召开会议、口头报告、书面报告和抽样调查等方法去收集信息。

(1) 亲自观察。亲自观察能为管理者提供有关实际工作的第一手的、未经他人过滤的信息。它的覆盖面广泛,因为大大小小的工作活动都可以被观察,而且给管理者提供了寻查隐情的机会,获得其他来源所疏漏的信息,及时地发现并解决问题。走动管理是亲自观察的典型形式。

走动管理的基本思想是领导者通过深入基层、自由接触职工,进而在企业内部建立起广泛的、非正式的、公开的信息沟通网络,做到体察下情、沟通意见,共同为企业目标奋斗。目前,西方企业管理人员普遍认为,行动重于空谈,深入现场解决实际问题远比组织名目繁多的委员会和撰写冗长的研究报告更有意义。所以,一个运转有效的企业,其领导者很少坐在办公室里发号施令,而是深入现场和基层,发现问题,解决问题。这种新型的领导方式不仅会极大地提高管理的效率,而且会极大地促进上下级之间的思想交流和感情联系,有利于提高全体组织成员的士气,促进组织目标的实现。

但是,当衡量活动所需的信息量很大时,这种方式的局限性就会显现出来。亲自观察不仅需要花费大量的时间和精力,而且易受个人偏见的影响,不同的观察者对同一事件可能会形成不同的印象。此外,这种方式如果不能为员工正确理解,则会被认为是对员工不信任,从而招致他们的抵触。

（2）分析报表资料。利用报表和大量统计资料了解工作情况也是常用的方法。当前,计算机在组织中的广泛应用使得管理者越来越多地依赖统计报告来衡量实际工作。统计报告能提供大量的数据、图表,不仅一目了然,而且能显示各项指标之间的相互关系。但是这种方法所提供的信息也是有限的,它只能为一些可以量化的工作情况提供数字显示,而忽略了其他重要的、主观的因素。这种方法节省了时间,但获取的信息是否全面、准确,往往完全依赖于报表和统计资料的真实性和准确性。

（3）召开会议,让各部门管理者汇报各自的工作近况及遇到的问题,既有助于管理者了解各部门工作的情况,也有助于加强部门间的配合协作。

（4）口头报告。信息可以通过口头报告,如面对面或电话交谈获得。这种方法的优缺点与亲自观察相似。虽然信息被过滤了,但这种方法较为快捷,能够带来反馈信息,并且能借助表情、声调、言语等加深管理者对信息的理解。以往,口头报告的主要缺陷是难以形成信息文件以备以后参考。随着技术水平的提高,口头报告也能像书面报告一样被永久记录下来。

（5）书面报告。信息也可通过书面报告获得。和统计报告一样它来得缓慢,但更为正式。这种方法比口头报告更为综合、简洁,而且易于归档,便于查找。

（6）抽样调查。抽样调查是从整批调查对象中抽取部分样本进行调查,并把结果看成是整批调查对象的近似特征。这种方法可节省调查成本及时间。例如随机抽取几件产品来检查成批产品的质量;找几位车间成员谈话,了解整个车间的情况;等等。

除以上几种获取信息的方法,组织中也会存在很多无法直接测量的工作,只能凭借某些现象进行推断来获取信息。如从职工合理化建议的增多或许可以推断企业的民主化管理有所加强;职工工作热情下降可能是管理工作不当所致等。

事实上,各种获取信息的方法都有其优缺点,具体衡量实际工作时应综合利用不同的方法。这样做对确保信息的数量和质量是有益的。衡量实际工作情况的目的是为管理者提供有用的信息,为矫正偏差提供依据。由于组织中不同部门收集数据资料信息的目的是不同的,所以工作人员要对衡量工作所获得的信息进行整理分析,并保证在管理者需要的时候提供尽量精简、但能满足控制所需的全部信息。

第四节　鉴定偏差并采取矫正措施

对实际工作进行衡量之后,就应该将衡量结果与所建立的标准进行对比分析,通过比较可以确定实际工作绩效与标准之间的偏差。在得出比较结果之后,管理者便可以对实际工作进行评价,并依据偏差的程度和性质,分析其产生的原因,采取相应的措施:或维持现状,或矫正偏差,或修改标准。当没有偏差时,虽然不需采取任何矫正性措施,但对这样一个成功的控制循环也应分析其中的原因,以便积累经验,为今后的控制活动提供正面的借鉴。同时,管理者还应向具体工作人员及时反馈信息,必要时可给予适当的奖励,激励他们继续努力工作。

一、找出偏差产生的主要原因

解决问题首先需要找出产生差距的原因,然后再采取措施纠偏。所以,必须花大力气找出造成偏差的真正原因,而不能仅仅是"头痛医头、脚痛医脚"。例如,销售收入的明显下降,无论是用同期比较的方法,还是用年度指标来衡量都很容易发现,但引起销售收入下降的原因却不容易一下就抓准:到底是销售部门营销工作不力造成的,还是对销售部门授权不够引起的? 是生产部门不能按期交货、技术部门新产品开发进度太慢致使产品老化造成的,还是由于宏观经济政策调整造成的? 每一种可能的原因与假设都不容易通过简单的判断确定下来。而对偏差原因判断得不准确,纠正措施就会是无的放矢,不可能奏效。

实际上并非所有的偏差都会影响企业的最终结果。有些偏差可能是由于计划本身和执行过程中的问题造成的,而另一些偏差则可能是由于一些偶然的、暂时的局部性因素引起的,从而不一定会对组织活动的最终结果产生重要影响。因此,在采取纠正措施以前,必须首先对反映偏差的信息进行评估和分析。

在实践中,管理者出于各方面的原因时常只采取一些临时性的矫正措施,而不去分析偏差产生的真正原因。这种治标不治本的做法,也许会收效一时,但对长期的工作往往容易产生不良影响。为了从根本上解决问题,管理者必须把精力集中于查清问题的原因上,既要查内部的因素,也要查外部环境的影响,寻找问题的本质,以求治标治本之策。

评估和分析偏差信息时,首先要判断偏差的严重程度,判断其是否会对组织活动的效率和效果产生影响;其次要探寻导致偏差产生的主要原因。

二、确定纠偏措施的实施对象

在纠偏过程中,需要纠正的不仅可能是企业的实际活动,也可能是指导这些活动的计划或事先确定的衡量这些活动的标准。如大部分员工没有完成劳动定额,可能不是由于全体员工的抵制,而是由于定额水平太高造成的;承包后企业经理的兑现收入可高达数万甚至数十万,可能不是由于经营者的贡献超过工人数倍或数十倍,而是由于承包基数不恰当或确定经营者收入与利润的挂钩方法不合理造成的;企业产品销售量的下降,可能并不是由于质量低劣或价格不合理,而是由于市场需求的饱和或周期性经济萧条等造成的。因此,纠偏的对象可能是进行的活动,也可能是衡量的标准,甚至是指导活动的计划。

计划目标或标准的调整是由两种原因决定的:一种原因是最初制订的计划或标准不科学,过高或过低,对此有必要对标准进行修正。如果多数员工都能大幅度地超出标准或无人能达到标准,这常常说明标准本身有问题,而非实际工作的问题。另一种原因是所制订的计划或标准本身没有问题,但由于客观环境发生了预料不到的变化,或一些不可控制的因素造成的大幅度偏差,使原本适用的计划或标准变得不合时宜,这时也有必要重新调整原有的计划或标准。

三、选择适当的纠偏措施

针对产生偏差的主要原因,在纠偏工作中采取的方法主要有:第一,对于由工作失误而造成的问题,控制工作主要是加强管理、监督,确保工作与目标的接近或吻合;第二,若计划或目标不切合实际,控制工作主要是按实际情况修改计划或目标;第三,若组织的运行环境发生重大变化,使计划失去客观的依据,控制工作主要是启动备用计划或重新制订新的计划。此外,管理人员可以运用组织职能重新分派任务来纠正偏差,还可以采用增加人员、更好地选拔和培训下属人员,或是最终解雇、重新配备人员等办法来纠正偏差。除此以外,管理人员还可以用更高明的领导方法,如对工作做出更全面的说明和采用更为有效的领导方法来纠正偏差。

具体的纠偏措施有两种:一种是立即执行的临时性应急措施;另一种是永久性的根治措施。对于那些迅速、直接地影响组织正常活动的急迫问题,多数应立即采取补救措施。例如,某一种规格的部件一周后如不能生产出来,其他部门就会受其影响而出现停工待料。此时不应花时间考虑该追究什么人的责任,而要采取措施确保按期完成任务。管理者可以凭借手中的权力,采取如下行动:要求工人加班加点,短期突击;增添工人和设备;派专人负责指导完成;等等。危机缓解以后,则可转向永久性的根治措施,如更换车间管理人员,变更整个生产线,或者重新设计部件结构等。现实中不少管理者在控制工作中常常局限于充当"救火员"的角色,没有认真探究"失火"的原因,并采取根治措施消除偏差产生的根源和隐患。长此以往,必将置自己于被动的境地。

在纠偏措施选择和实施过程中需要注意的问题是:

(1)使纠偏方案双重优化。使纠偏方案双重优化的第一重优化是指考虑纠偏工作的经济性问题。如果管理人员发现纠偏工作的成本大于偏差可能带来的损失,管理人员将会放弃纠偏行动。若要纠偏,应使纠偏的成本小于偏差可能带来的损失。第二重优化是在此基础上,通过对各种纠偏方案的比较,找出其中追加投入最少、成本最小、解决偏差效果最好的方案来组织实施。

(2)充分考虑原先计划实施的影响。由于对客观环境的认识能力提高,或者由于客观环境本身发生了重要变化而引起的纠偏需要,可能会导致对部分原先计划甚至全部计划的否定,从而要求对企业活动的方向和内容进行重大的调整。这种调整类似于"追踪决策"的性质。

追踪决策是相对于初始决策而言的。初始决策是指所选定的方案尚未付诸实施,没有投入任何资源,客观对象与环境尚未受到决策的影响和干扰,因而是以零为起点的决策。进行重大战略调整的追踪决策则不然。企业外部的经营环境或内部的经营条件已经由于初始决策的执行而有所改变,是"非零起点"。因此,在制订和选择追踪决策的方案时,要充分考虑到伴随着初始决策的实施已经消耗的资源,以及这种消耗对客观环境造成的种种影响和人员思想观念的转变。

(3)注意消除组织成员对纠偏措施的疑虑。任何纠偏措施都会在不同程度上引起组织的结构、关系和活动的调整,从而会涉及某些组织成员的利益。不同的组织成员会因此对纠偏措施持不同的态度。当纠偏措施属于对原先的计划进行重大调整的时候,虽然一些事先就反对原先计划的人会幸灾乐祸,甚至夸大原先决策的失误,更多的人对纠偏措施可能会持怀疑和反对的态度。原先计划的制订者和支持者会害怕计划的改变意味着自己的失败,从而公开或暗地里反对纠偏措施的实施;执行原决策、从事具体活动的基层工作人员,则会对自己参与的、已经形成或开始形成的活动结果怀有感情,或者担心调整会使自己失去某种工作机会,影响自己的既得利益而极力抵制任何重要的纠偏措施的制定和执行。因此,控制人员要充分考虑到组织成员对纠偏措施的不同态度,特别是要注意消除执行者的疑虑,争取更多的人理解、赞同和支持纠偏措施,以避免在纠偏方案实施过程中可能出现的人为障碍。

四、有效控制的原则

控制是一项很重要的管理职能,控制工作的基本运行过程和原理具有普遍性。有效控制必须具备一定的条件,遵循科学的控制原则。

(一) 控制应该同计划与组织相适应

管理的各项职能是相互关联、相互制约的。控制是为了保证计划得以顺利实施,这就要靠组织中的各单位、各部门及全体成员来执行。所以,控制系统和控制方法应当与计划和组织的特点相适应。不同的计划有不同的特点,因而控制所需的信息各不相同。例如,对成本计划的控制主要是各部门、各单位甚至各种产品在生产经营过程中发生的费用;而对产品销售计划的控制主要是销售产品的品种、规格、数量和交货期。控制工作越是考虑到各种计划的特点,就越能更好地发挥作用。

同样,控制还应当反映组织结构的类型和状况。组织结构既然是明确企业内每个人应当担任什么职务的主要依据,它也就成了明确计划执行的职权和产生偏差的职责的依据。为此,控制必须反映一个组织的结构状况并由健全的组织结构来保证,否则只能是空谈。健全的组织结构有两方面的含义:一方面,要能在组织中将反映实际情况和工作状态的信息迅速地上传下达,保证联络渠道的畅通;另一方面,要做到责权分明,使组织结构中的每个部门、每个人都能切实担负起自己的责任。否则,偏差一旦出现就难以纠正,控制也就不可能实现。

(二) 控制应该突出重点,强调例外

控制要突出重点,不能只从某个局部利益出发,要针对重要的、关键的因素实施重点控制。作为管理人员,都希望对自己所管理的人员和工作活动进行全面的了解和控制。但组织中的工作活动往往错综复杂、涉及面广,谁也无法对每一方面甚至每一件事均予以控制。因此,找出或确定最能反映经营成果的关键因素并加以控制是一种有效的控制方法。

控制也应强调例外。控制工作着重于计划实施中的例外情况,可使管理者把精力集中在需要他们注意和应该加以注意的问题上。但是,仅仅注意例外情况是不够的。有时,管理费用高于预算5%可能无关紧要,而产品的合格率下降1%却可能使所有产品滞销。所以,在实际管理工作中,例外原则必须与控制关键问题的原则结合起来,注意关键问题上的例外情况。

（三）控制应该具有灵活性、及时性和经济性的特点

灵活的控制是指控制系统能适应主客观条件的变化,持续地发挥作用。控制工作是随时变化的,其依据的标准、衡量工作所用的方法等,都可能会随着情况的变化而变化。如果事先制订的计划因为预见不到的情况而无法执行,而实际的控制系统仍在如期运转,那将会在错误的道路上越走越远。例如,假设预算是根据一定的销售量制定的,如果实际销售量远远高于或低于预测的销售量,原来的预算就变得毫无意义了,这时就要求修改甚至重新制定预算,并根据新的预算制定合适的控制标准。

控制工作还必须注意及时性。信息是控制的基础,为提高控制的及时性,信息的收集和传递必须及时。如果信息的收集和传递不及时,信息处理时间又过长,偏差便得不到及时矫正。更有甚者,实际情况已经发生了变化,这时采取的矫正措施不仅不能产生积极作用,反而会带来消极的影响。如何解决由于时滞给控制带来的困难?较好的办法是采用前馈控制,采取预防性控制措施,使实施的最初阶段就能按照标准进行。一旦发现偏差,就要对以后的实施情况进行预测,使控制措施针对将来,这样即使出现时滞现象,也能有效地加以更正,以保证控制的及时性。

为进行控制而支出的费用和由控制而增加的收益,都直接与控制程度相关。这就是说,控制工作一定要坚持适度性的原则,以便提高经济性。所以,从经济性角度考虑,控制系统并不是越复杂越好,控制力度也不是越大越好。控制系统越复杂、控制工作力度越大,所需信息反馈的数量和频率就会越大,这将占用更多的时间、精力、资源和资金,从而导致整个控制系统的成本增加。另外,由于控制力度的加大,可能出现的不利偏差就会减少,损失也会减少,从而体现出控制所带来的收益。这两类费用的相互关系可由图 5-7 来表示。通过该图可以看到,控制量的多少有一个最佳水平,在这一水平下可以使控制总成本最小。因此,无论是控制系统的设计,还是控制系统的运转,都要服从经济性的要求。但是选择一个绝对最优的控制水平几乎是不可能的,因此,经济性也只能是一个相对的概念。

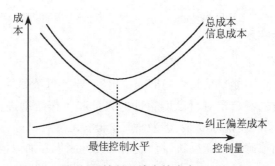

图 5-7　控制系统中的成本

（四）控制过程应避免出现目标扭曲问题

组织在将规则程序和预算这些低层次的计划作为控制标准时,最容易发生目标与手段本末倒置的问题。本来,规则程序和预算只是组织实现高层次计划目标的手段,但在实际控制过程中,有关人员对这些手段的关注可能超过对实现组织目标的关注,或者忘

记了这些手段性措施只是为实现组织目标服务的,以致出现了为遵守规定或完成预算而不顾实际控制效果的种种刻板、僵硬和扭曲的行为。控制的功能障碍也就由此产生。当人们丧失了识别组织整体目标的能力时,往往会出现"不是组织在运用控制职能,而是控制在束缚着组织"的不正常现象。因此,管理者在控制工作过程中特别要注意次一层级控制标准的从属性和服务性地位,这点对于成功、有效地实施控制至关重要。

（五）有效的管理控制需要将财务绩效控制与非财务绩效控制有机地结合起来

有效的管理控制系统应该是一个综合性的完整控制体系,它能将企业各方面的情况以整合、一体的方式反映给高层管理者及有关人员,使他们对组织的绩效有全面的把握。近来出现的平衡计分卡法,就是将传统的财务评价与非财务方面的经营评价结合起来,从与企业经营成功关键因素相关联的方面建立绩效评价指标的这样一种综合管理控制系统。这种方法涵盖了财务绩效、顾客服务、内部业务流程及组织学习和成长能力四个主要的绩效评价领域。在这四个评价领域,管理者要确定出组织力争实现的关键绩效指标。一般而言,每个领域的评价指标限定在五项之内,这样就一共会有 20 项绩效控制指标。其中,财务指标集中反映组织活动对改善短期和长期财务绩效的贡献,具体包括净收益、投资回报率等传统的绩效指标。顾客服务指标则衡量诸如顾客如何看待这个组织以及顾客保持率、顾客满意度等。业务流程指标集中反映内部生产及业务工作的绩效统计状况,如订单履约率、单位订货成本等。最后一个角度是考察组织学习和成长的潜力,它侧重于评价组织为了未来的发展而对人力资本及其他资源进行管理的状况,具体衡量指标包括员工队伍稳定状况、业务流程改进程度以及新产品开发水平等。平衡计分卡法对这些衡量绩效各个角度的指标进行一体化的设计,确保各指标间相互配合,并使企业当期的行动与长期的战略目标联结起来。这样,平衡计分卡法就有助于促使管理者将注意力集中在决定一个组织未来成功的关键性战略绩效指标上,同时也有助于管理者将这些绩效指标清晰地传达至整个组织中,使有关人员关注组织的总体运营情况,而不仅仅关注眼前的财务指标实现情况。

（六）控制工作应该培养组织成员的自我控制能力

职工在生产和业务活动的第一线,是各种计划、决策的最终执行者,所以职工进行自我控制是提高控制有效性的根本途径。在所有用来实施控制的方法中,自我控制是实施控制的最好的方法。这个方法将实施控制的责任从上级转移到了下级。当员工参与到控制系统的规划与执行中时,他们就不大可能抵触它。管理中的参与方式鼓励了这种控制,并成为有效的激励因素。比如,要提高产品质量,仅靠工商部门监督和新闻报道是不够的,重要的是企业改善管理、加强控制;而在企业中,光靠管理者重视和完善控制制度也是不够的,广大职工应加强质量意识,并对产品生产的每个环节严格把关,这才是提高产品质量的最终保证。

自我控制具有很多优点。首先,自我控制有助于发挥职工的主动性、经济性和创造性。自我控制是职工主动控制自己的工作活动,是自愿的。这样,他们在工作中便能潜心钻研技术,对工作中出现的问题会主动设法解决。其次,自我控制可以减轻管理人员的负担,减少企业控制费用的支出。再次,自我控制有助于提高控制的及时性和准确性。

实际工作人员可以及时准确地掌握工作情况的第一手材料,因而能及时准确地采取措施,矫正偏差。自我控制是减少控制网络系统和官僚作风的最好途径。大量研究已经证明,比较成功的管理者都能允许下级计划自己的工作和实施自我控制。

当然,鼓励和引导职工进行自我控制,并不意味着对职工可以放任自流。职工的工作目标必须服从于组织的整体目标,并有助于组织整体目标的实现。管理者要从整体目标的要求出发,经常检查各单位和职工的工作效果,并将其纳入企业全面控制系统之中。

第五节　控制的方法

控制职能可以通过预算控制、会计技术控制、质量控制、生产控制和库存控制等得到应用。下面介绍几种基本的控制方法。

一、预算控制

预算主要是一种计划方法,但是它也履行控制职能。预算为不同部门、组织的不同层次和不同时期的绩效衡量提供了依据。预算有四个主要目的:它能帮助管理者协调资源与项目(因为它们使用同一个标准,通常是用货币衡量);它有助于管理者阐述已经确立的控制标准;它为组织的资源和期望提供指导路线;它使得组织能够评估管理者和组织单位的绩效。大多数组织会利用三种类型的预算,即财务预算、经营预算和非货币预算。三种预算的种类及预算说明如表 5-2 所示。

表 5-2　预算的种类及预算说明

预算的种类	预算说明
财务预算:	现金的来源与使用:
现金流或现金预算	每月、每周或每天所有现金收入的来源和现金支出
资本支出预算	主要资产如工厂、设备或土地的成本
资产负债表预算	当其他所有预算都实现时,预测组织资产和负债
经营预算:	用财务术语描述的计划经营目标:
销售或收入预算	正常经营下组织希望获得的收入
支出预算	在未来时期组织预计的支出
利润预算	销售或收入与支出的预计差额
非货币预算:	用非财务术语描述的计划经营目标:
劳动力预算	可以利用的直接工时
空间预算	不同职能部门可利用空间的面积
生产预算	未来时期生产的产品数量

预算控制的好处是,能把整个组织内所有部门的活动用可考核的数量化方式表现出来,以便查明其偏离标准的程度并采取纠正措施。预算控制的缺点是,过度预算,即详细的费用支出预算剥夺了管理者为管理其部门所需的自由;过多地根据预算数字来苛求项目计划无疑会导致控制的不灵活,那么预算的作用将会被削弱或变得无效,尤其是长期预算。

为了使预算控制良好运行,首先,管理者应牢记,预算仅仅是所设计的工具而不能用于代替管理,它有局限性。其次,预算的制定和管理必须得到高层管理者的全力支持。再次,确保所有与预算有关的管理者都能参与预算的准备和制定,而不仅仅是被迫接受已定的预算。最后,要想使预算控制有效,管理者要关注他所在部门在预算内的实际业绩和预测业绩方面的信息。这些信息必须能及时得到,否则,要避免预算偏差就为时太晚。

二、会计技术控制

会计技术控制包括责任会计、成本会计、标准成本会计、直接费用和比率分析等。例如,在责任会计中每一位管理者的责任都明确,会计记录的设置对于这些责任是合适的。在成本会计中,成本会计的方法主要是对成本进行详细分析,并显示为提供某一产品和运营某一部门所耗费的成本。成本会计使用标准成本为衡量工具,每个产品的标准成本在生产之前已有预先估计,并在生产后与实际成本相比较,这样标准成本成为控制工具。财务比率的设定是在计划阶段,将这些设定的财务比率与本行业中其他企业的比率或本行业的平均比率进行比较,就可以衡量本企业的业绩状况和进展情况。

三、质量控制

美国质量控制协会将质量定义为一种产品满足确定的或潜在需求的能力的总体特性。质量有八个特性,即绩效、特色、可靠性、一致性、耐用性、维护保养方便性、美观性及感觉到的质量。对产品质量特性按一定的尺度、技术参数或技术经济指标规定必须达到的水平就形成了质量标准。它是检验产品是否合格的技术依据。质量控制就是以这些技术依据为衡量标准来检验产品质量的。为保证产品质量符

延伸阅读

合规定标准和满足用户使用的目的,企业需在产品设计试制、生产制造直至使用的全过程中,进行全员参加的、事后检验和预先控制有机结合的、从最终产品的质量到产品赖以形成的工作质量的全方位的质量管理活动。

四、生产控制

生产控制是生产系统的主要组成部分。生产控制的目标是以最低成本及时生产出数量和质量都符合要求的产品。生产控制中一个最基本的活动就是在生产过程中监督和指导工人。生产控制包括根据订单计划生产的批量、安排产品的生产顺序、进行生产监控直到产品生产完成以及协助管理控制的执行。

生产控制与计划越来越被联成一个系统。生产计划包括生产路径设计、作业计划和生产指令。在生产路径设计中,需要确定生产作业的具体顺序,即从接受原材料一直到产品生产的完成这一生产过程的路径。作业计划指的是在生产过程中作业的时间安排,即什么时候开始生产和什么时候完成,以及在开始和完成之间的各种作业的开始时间和完成时间。生产指令并不只是简单发布开始生产的命令,还包括从销售部门得到顾客订单到对生产部门的要求之间的一系列转换过程。控制包括按要求进行生产活动。这些

生产活动包括生产订单的实际发放（又称调度）、跟踪生产进度（监控）和采取纠偏措施。调度是将实际工作任务单派发给工人，准许他们开始工作。监控活动是与调度紧密相连的，包括跟踪观察生产作业的准备（如原材料和零件的供应、工具分派等）、生产过程（开始和完成时间、数量、工作流程等）、进度报告、向高层管理者汇报任何相对于标准和计划的显著偏差等。在出现偏差时，遵照高层管理者的建议，采取相应的纠偏措施。

一些生产控制工具，例如甘特图、关键路径法（CPM）、计划评审技术（PERT）及其他方式都已广泛应用于生产控制中。甘特图是以图的形式来说明生产作业计划和对各类生产部门或机器设备工作的控制。通过甘特图，我们可以很容易地看出哪个部门或机器是按照作业计划工作的，哪些是落后于作业计划的。PERT 和 CPM 我们已在第二章做过详细介绍。近年来，EDP（电子数字处理）系统或计算机信息系统都已运用于生产作业计划和控制中。

五、库存控制

库存控制是企业运作中一个必不可少的环节，是有效运营管理的基础，常备的库存是原材料库存、在制品库存、制成品库存和在途库存。存货过量会积压大量的资金，带来大量的利息支出。但是若不保持充足的存货，生产过程就可能会拖延，从而造成产品不能及时进入市场，将导致销售损失。为了使生产系统的运行有效率并保持高效，必须在这两种情况之间保持一种平衡。存货控制技术就是用来达到这种平衡的。

通过对比存货成本和销售成本，可以计算出存货周转率。将此比率与行业标准或本企业以前年度的存货周转率相比较，就可对存货控制的有效程度进行衡量。

$$存货周转率 = \frac{销售成本}{平均存货成本} = \frac{销售成本}{（期初存货成本 + 期末存货成本）/2}$$

在存货是标准件的情况下，所采用的最低存货数量可以是安全存货或最小存储量，这个存货水平的一个重要原则是存货数量不允许为零，且当存货下降到安全存货限度时，就需要考虑再订货了。

六、审计控制

审计是对反映企业资金运动过程及其结果的会计记录和财务报表进行审核、鉴定，以判断其真实性和可靠性，从而为控制和决策提供依据的一种控制方法。根据审查主体和内容的不同，可将审计分为外部审计、内部审计和管理审计三种主要类型。

外部审计是由外部机构（如会计师事务所和国家审计部门等）选派的审计人员对企业财务报表及其反映的财务状况进行独立的评估。为了检查财务报表及其反映的资产与负债的账面情况与企业真实情况是否相符，外部审计人员需要抽查企业的基本财务记录，以验证其真实性和准确性，并分析这些记录是否符合公认的会计准则和记账程序。外部审计实际上是对企业内部虚假、欺骗行为的一个重要而系统的检查，起着鼓励诚实的作用。外部审计的优点是审计人员与管理当局不存在行政上的依附关系，只需对国家、社会和法律负责，因而可以保证审计的独立性和公正性。缺点是由于外来的审计人员不了解内部的组织结构、生产流程和经营特点，在对具体业务的审计过程中可能产生困难。此外,处于被审计地位的内部组织成员可能产生抵触情绪,不愿积极配合,这也可能增加审计工作的难度。

内部审计是由企业内部的机构或由财务部门的专职人员来独立地进行的内部控制方法。内部审计不仅要像外部审计那样核实财务报表的真实性和准确性,还要分析企业的财务结构是否合理;不仅要评估财务资源的利用效率,而且要检查和分析企业控制系统的有效性;不仅要检查目前的经营状况,而且要提供改进这种状况的建议。内部审计是企业经营控制的一个重要手段,它提供了检查现有控制程序和方法能否有效地保证达成既定目标和执行既定政策的手段,同时,根据对现有控制系统有效性的检查,内部审计人员可以提供有关改进公司政策、工作程序和方法的对策建议,以促使公司政策符合实际,工作程序更加合理,作业方法被正确掌握,从而更有效地实现组织目标,此外,内部审计不仅评估企业的财务记录是否健全、正确,而且为检查和改进现有控制系统的效能提供一种重要的手段,因此有利于促进分权化管理的发展。

管理审计的对象和范围则更广,它是一种对企业所有管理工作及其绩效进行全面系统的评价和鉴定的方法。管理审计虽然也可由组织内部的有关部门进行,但为了保证某些敏感领域得到客观的评价,企业通常聘请外部专家来进行管理审计的方法是利用公开记录的信息,从反映企业管理绩效及其影响因素的若干方面将企业与同行业其他企业或其他行业的著名企业进行比较,以判断企业经营与管理的健康程度。管理审计是对整个组织的管理绩效进行评价,因此,它可以为指导企业在未来改进管理系统的结构、工作程序和结果等提供有用的参考。

七、标杆管理

标杆管理是指从竞争对手或其他组织中寻找让企业获得卓越绩效的一种管理控制方法,标杆就是用来测量和比较的卓越标准。因此,标杆管理的重要内容就是要识别标杆。标杆通常来自外部的竞争者,但也可以来自组织的内部。从根本上来说,标杆管理就是向领先者学习,在分析具体的绩效差距和潜在的可提升领域的基础上,通过复制内外部各个领域领先者所采用的方法来提升绩效。

标杆管理通常可以通过五个步骤来进行学习:① 成立标杆管理的团队,确定标杆分析的领域、对象和数据收集的渠道;② 收集内部和外部的信息;③ 分析数据以识别绩效差异;④ 设计并落实行动方案;⑤ 总结经验,开始新一轮的标杆管理。

延伸阅读

八、平衡计分卡

平衡计分卡是由哈佛大学罗伯特·卡普兰(Robert Kaplan)教授和诺顿研究院执行院长大卫·诺顿(David Norton)于20世纪90年代提出的一种新的综合性企业绩效评估方法。在他们随后的一系列文章和著作中,两位作者将平衡计分卡从普通的绩效评估工具扩展为企业战略管理和实施的方法。经过近20年的发展,平衡计分卡已经发展为全球企业战略管理的通用工具,在战略规划的执行管理方面发挥着重要的作用。因此,平衡计分卡不仅可以用作企业绩效的评估方法,而且可以用作战略管理方法,同时,它还是一种企业控制工具。

管理者应用平衡计分卡方法,从财务、顾客、内部流程、人员学习与成长四个维度将组织战略落实为可衡量的指标和目标值,同时,四个维度之间存在着紧密的因果关系,层层递进,以最终实现组织的远景和战略。平衡计分卡控制的四个维度如图5-8所示。

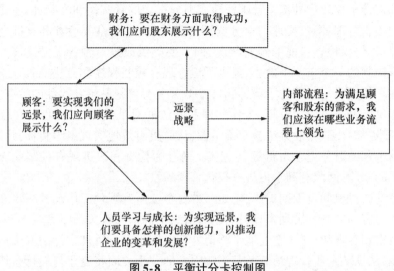

图5-8　平衡计分卡控制图

成功的平衡计分卡控制制度,是把企业的战略和一整套财务和非财务性评估手段联系在一起的一种手段。平衡计分卡的控制作用体现在:① 阐明战略并在企业内部达成共识,且在整个组织中传播战略;② 把部门和个人的目标与这一战略相联系;③ 把战略目标与战术安排衔接起来;④ 对战略进行定期和有序的总结;⑤ 利用反馈的信息改进战略。因此,平衡计分卡不仅仅是一种控制和业绩评价手段,而且是一种战略管理方法。

延伸阅读

第六节　危机与管理控制

控制的目的是根据预定的目标和标准实时监控企业的经营活动,使之根据预定的计划有效地进行,防止出现重大的偏差。然而,由于企业经营是面向外部与未来的活动,活动过程中要受到许多企业无法控制的因素和力量的影响,因此,在企业经营实践中,不仅可能存在不希望出现的偏差,甚至有可能产生引发影响企业生存的危机。本节通过描述企业危机的本质与特征,探讨危机管理控制的工作内容。

一、危机的定义

危机理论研究的先驱查尔斯·赫尔曼(Charles Hermann)从国际政治学的角度指出"危机是指一种情境状态,在这种形势中,其决策主体的根本目标受到威胁且做出决策的反应时间很有限,其发生也出乎决策主体的意料之外"。该观点强调了危机的突发性、威胁性、破坏性和难以预测性。荷兰危机研究专家尤里埃尔·罗森塔尔(Uriel Rosenthal)从社会价值的视角阐释"危机是指对一个社会系统的基本价值和行为准则架构产生严重威胁,并在时间压力和不确定性极高的情况下,必须对其做出关键决策的事件",该观点强调了危机在基本价值体系中的反常性、威胁性和难以预测性等。美国学者劳伦斯·巴顿(Laurence Barton)从组织管理学的视角指出"危机是一个会引起潜在负面影响的具有不确定性的大事件,这种事件及其后果可能对组织及其员工、产品、资产和声誉造成巨大的伤害",该观点强调了危机事件的潜伏性、不确定性和危害性。

以上这些定义从不同侧面描述了危机的特点,由此可以总结出危机的三个基本特征:

(1)危机的实质是企业经营中出现的"严重问题"。所谓问题,是指企业经营活动中的实际状况与预定目标之间的一种偏离。本节讨论的管理控制从一般意义上来说就是要界定这种偏离。

(2)具有危机性质的严重问题不仅危及企业的长期发展,而且可能影响企业目前的生存。活动状态与预定要求的任何偏离对企业的长期持续发展都有可能产生不同程度的影响,但危机式的偏离可能使企业目前的生存都难以为继。

(3)引发危机的根源是企业内部或外部的突发性事件。危机性的严重偏离既可能来自外部的突然变化,也可能源自内部的严重性偶发事件。从企业外部来说,既可能是全新技术的突然涌现,也可能是宏观政策的突然转向;既可能源自市场矛盾的积累,也可能是因为偶发事件的突然冲击。从企业内部来说,既可能是企业过快扩张导致的不同领域间的严重不平衡,也可能是管理不善导致的灾难性事故。

二、危机的管理控制

危机管理的概念最早是由美国学者在20世纪60年代提出,主要是从组织或企业管理的学科视角来界定危机管理的内涵。对于危机管理的概念有诸多说法,美国著名咨询顾问史蒂文·芬克(Steven Fink)认为"危机管理是指组织对所有危机发生因素的预测、分析、化解、防范等采取的行动,主要是一种危机的规避方式"。它是"对于组织前途转折点上的危机,有计划地挪去风险与不确定性,使组织更能掌握自己前途的艺术"。格林(Green)认为"危机管理的一个特征是事态已经发展到不可控制的程度,一旦发生危机,时间因素非常关键,减小损失将是主要任务"。W. T. 库姆斯(Coombs W. T.)认为"危机管理旨在避免危机或减少由危机所造成的实际损失而采取的系列行动,包括危机的避免、危机的准备、危机管理绩效评估以及从危机中学习等几个阶段"。

根据危机管理的定义,可以总结出危机爆发前后的主要管理控制工作包括危机辨识、危机消解、危机沟通以及从危机中学习。

(1)危机辨识。危机辨识不仅包括危机爆发后迅速识别其有可能对企业造成的冲击从而尽可能迅速地采取应对措施以尽量减少危机损失,更应包括危机爆发前捕捉危机信息,尽可能采取早期的预防和消解。现实中,危机的发生具有多种前兆,几乎所有的危机都是可以通过预防来化解的。危机的前兆主要表现在产品、服务等存在缺陷、企业高层管理人员大量流失、企业负债过高长期依赖银行贷款、企业销售额连续下降和企业连续多年亏损等。所以,管理层特别是高层管理者应对这类信号及其反映的问题有高度的敏感性,要从危机征兆中透视企业存在的危机,企业越早认识到存在的威胁,越早采取适当的行动,越可能控制住危机的发展。

(2)危机消解。危机性事件一旦爆发,管理层就应迅即采取行动,防止事件产生的负面影响蔓延。危机管理控制的关键是行动的及时性。从某种意义上说,要达到缩减危机冲击的目标,行动的迅速性可能比行动的正确性更加重要。等到应对方案非常完善了再采取行动,危机对企业可能已经产生了不可挽回的伤害。

(3)危机沟通。危机沟通包括企业与外部公众以及内部员工的信息沟通。危机爆发后,不仅受事件直接冲击的利益主体急需了解事件的真相、危害程度、企业的态度,特别是企业目前正在采取的应对措施,而且企业内部和外部的其他公众也非常希望及时掌握相关信息。在网络传播渠道已经遍及全球各个角落的今天,企业基本不可能隐瞒或封锁任何消息。掩盖和迟缓带来的只能是不满甚至愤怒。企业唯一能做的就是危机爆发后在不影响企业商业机密或技术秘密的前提下诚恳、及时、迅速地传递真实的信息。真实信息的传递,不仅反映企业真诚的态度,而且可以避免企业不同部门在与外部接触时可能出现的不一致以及因此而可能导致的各种猜疑。

(4)从危机中学习。从发展的视角来看,危机是一种紧张无序的不确定态势,但是危机未必仅仅等同于不利趋势和负面作用,因为它既包含难以预测的风险,也包含长远的发展机遇。正如"一张纸"的正反面,危机同样具有危险与机遇并存的特点,它是"危险"和"转机"的融合点,是"覆灭"与"生机"的转折点。所以,从危机中学习,首先就是要在危机中发现和挖掘机会。其次,在危机中学习,还意味着要通过危机管理的实践掌握危机管理的一般规律。因为,防患于未然永远是危机管理控制最基本和最重要的要求,所以,危机管理的重点应放在危机发生前的预防上,预防与控制是成本最低、最简便的方法。为此,建立一套规范、全面的危机管理预警系统是从危机中学习的重要内容。

❑ 本章小结与提示

控制是管理工作的第四项职能,是管理过程循环的最后一环。通常认为,管理工作始于计划的制订,然后是组织和领导计划的实施,但计划实施的结果如何? 计划所确定的目标是否能顺利得以实现? 甚至计划目标本身是否制定得科学合理? 要掌握这些情况并处理所出现的问题,就需要开展有效的控制工作。在本章的学习过程中,值得注意的问题如下:

1. 控制职能作为管理的最后一项职能,其重要性表现在:(1)它是管理者了解目标能否实现以及目标为何没有实现的唯一方法;(2)它能够提供必要的信息和反馈,从而使管理者放心地实施员工授权;(3)它帮助保护组织及其资产。

2. 理解控制的定义要把握以下几点:(1)控制工作与计划工作密切相关;(2)控制工作是从总经理到班组长在内的每一位管理人员的职能;(3)控制系统越是完善,管理者实现组织的目标就越是容易;(4)控制是联结管理过程循环的支点,没有这个支点,管理过程就不能实现循环。

3. 管理控制的目标主要有四个,即限制偏差的累积、适应环境的变化、处理组织内部的复杂局面、降低成本。

4. 控制过程包括建立控制标准、衡量偏差信息和采取矫正措施三项基本要素,它们相互关联,相互依存,缺一不可。

5. 控制工作的重要性可从两个方面来理解:一是任何组织、任何活动都需要进行控制;二是控制工作通过纠正偏差的行为与其他三个职能紧密地结合在一起,使管理过程形成了一个相对封闭的系统。

6. 制定控制标准是控制过程的第一步,其具体的内容包括确立控制对象、选择控制重点、选择控制标准、选择制定标准的方法、控制标准制定的要求。

7. 衡量实际工作是控制过程的第二步,应该关注以下几点:(1) 通过衡量工作成效,可以检验标准的客观性和有效性,从而制定出科学的控制标准;(2) 适宜的衡量频度;(3) 建立有效的信息反馈网络;(4) 从管理控制工作职能的角度看,除了要求信息的准确性,还要对信息的及时性、可靠性和适用性提出更高的要求;(5) 为了获得控制信息,管理人员在实际工作中可以采用亲自观察、分析报表资料、召开会议、口头报告、书面报告和抽样调查等方法去收集信息,各种获取信息的方法都有其优缺点,具体衡量实际工作时应综合利用不同的方法。

8. 鉴定偏差并采取矫正措施是控制过程的最后一步,把握该过程时,应关注以下几点:(1) 首先需要找出产生差距的原因;(2) 在采取纠正措施以前,必须首先对反映偏差的信息进行评估和分析;(3) 纠偏的对象可能是进行的活动,也可能是衡量的标准,甚至是指导活动的计划;(4) 针对产生偏差的主要原因,在纠偏工作中采取的方法主要有三种,但具体的纠偏措施有两种,一种是立即执行的临时性应急措施,另一种是永久性的根治措施。

9. 有效控制的原则是:(1) 控制应该同计划与组织相适应;(2) 应该突出重点,强调例外;(3) 控制应该具有灵活性、及时性和经济性的特点;(4) 控制过程应避免出现目标扭曲问题;(5) 有效的管理控制需要将财务绩效控制与非财务绩效控制有机地结合起来;(6) 控制工作应该培养组织成员的自我控制能力。

10. 控制方法包括预算控制、会计技术控制、质量控制、生产控制、库存控制、审计控制、标杆管理、平衡计分卡。

11. 危机是由于内部矛盾累积或某种意外引发的,一种严重威胁系统的基本结构或者价值规范,对系统的生存和发展构成威胁的特定事件。具有突发性、紧急性、破坏性、不确定性和严重社会影响性等特点。

12. 危机管理包括危机辨识、危机消解、危机沟通以及从危机中学习。

❑ 重点术语

控制　控制过程　前馈控制　现场控制　反馈控制　关键控制点　衡量频度
有效控制　预算控制　质量控制　库存控制　审计控制　标杆管理　危机控制

❑ 思考题

简答题

1. 什么是控制？在管理中进行控制的必要性是什么？

2. 计划与控制的关系是什么？

3. 一个有效的控制系统应具备哪些条件？

4. 什么是控制的"PDCA"循环？

5. 什么是关键点控制原则？

6. 什么是前馈控制、反馈控制和现场控制？

7. 什么是平衡计分卡？

8. 危机控制的主要工作是什么？

9. 什么是标杆管理？标杆管理的步骤是什么？

10. 什么是审计控制？具体有哪几类？

分析题

1. 计划与控制是如何产生联系的？为什么在实际管理控制的过程中"衡量什么"比"如何衡量"更关键？

2. 你是否认为控制越全面、越严格越好？按照控制的关键点原理和例外原理进行控制，是否有可能导致控制工作的无效或不力？依你看，成功地运用控制关键点原理和例外原理的关键是什么？

3. "每位员工都在组织控制工作活动中起到了作用"，你同意这一观点吗？或者你赞同"控制仅仅是管理者的责任"的说法吗？请陈述理由。

4. 管理学教材中经常将管理过程概括为以计划职能为起点的"计划—组织—领导—控制"。你认为，在实际管理工作中，计划与控制究竟哪个是管理工作过程的开始？

5. 你如何在自己的个人生活中运用控制管理？请具体阐述。

6. 请结合实际案例说明有效的控制工作对调动员工积极性的作用。

7. 结合实际思考管理者为什么要合理地掌握控制的"度"？

8. 结合实际思考企业开展全面有效的管理控制的主要困难与对策是什么？

9. 结合实际思考，为什么控制应该既具有灵活性和及时性，又应该具备经济性？

10. 论述一下可以用来监控和测量组织绩效的各种工具。

11. 成语"防微杜渐"是否体现了管理学理论中控制职能的思想？请解释。

❑ 案例分析

危机来临，怎么接招

2019 年 2 月 22 日，任正非在武汉研究所发表了"万里长江水奔腾向海洋"的讲话。以下是讲话全文：

万里长江水千万不要滞留洞庭湖,我讲过都江堰、秦淮河、洞庭水的温柔……我是担心由于内地环境的安宁,而使我们内地研究机构也平静,以为太平洋真太平。没有理想的沸腾,就没有胜利的动力。

公司已进入了战时状态,战略方针与组织结构都做了调整,所有技术员工,都应阅读与对比我在上研所无线大会上讲话的第一点,看看技术与产品的方针是否正确,要允许批评。所有管理干部都要学学第二点,组织建设要对准目标,而不是对准功能,齐全的功能会形成封建的"土围子",我们的目标是"上甘岭",要建设有力的精干的作战队伍。过去对准部门功能的建设思想要调整。各个部门要面向目标主战,去除多余的非主战的结构与程序,去除平庸。将一部分必需的非主战功能移至平台,或与其他共享。这点要向运营商 BG 的改革学习。请丁耘给你们讲一课,他从"弹头"到能力、资源中心的建设,都有心得。

如何打赢这一仗,胜利是我们的奋斗目标。研发不要讲故事,要预算,已经几年不能领先的产品线要关闭,做齐产品线的思想是错的,应是做优产品线,发挥我们的优势,形成一把"尖刀"。我们不优的部分,可以引进别人优势的部分来组合。终端推行"一点两面、三三制、四组一队"取得了一些经验,是正确的、成功的。关键是一点,我们要聚焦成功的一点,不要把面铺得太开。铺开了就分散了力量,就炸不开"城墙口",形不成战斗力,这是"鸡头"在作怪。内地感觉不到"硝烟","鸡头"林立,故事很多,预算集中度不够,我们没有时间了,要和时间赛跑,力量太分散了,跑不赢。

我们不管身处何处,我们要看着太平洋的海啸,要盯着大西洋的风暴,理解上甘岭的艰难。要跟着奔腾的万里长江水,一同去远方,去战场,去胜利。

1. 本案例中哪种控制对华为更重要:前馈控制、反馈控制还是现场控制?

2. 在今后的管理中,华为应该主动采取哪些其他的管理控制方法?

3. 其他组织可以从华为的危机管理中学到什么?

● 案例分析要点:

1. 最理想的控制是事前控制,因为它发生在危机问题出现之前,但是目前危机已经发生,事后控制也是非常重要的。

2. 生产控制、库存控制、审计控制、标杆管理和平衡计分卡等都有助于华为的管理。

3. 危机消解—迅速反应,危机沟通—告知实情,以及从危机中学习。任正非在华为的多次讲话中透露的信息很明确,一是企业和所有员工都要有危机感,二是目标管理才是唯一的衡量标准。

参考书目

1. 吴照云:《管理学》(第 3 版),北京:经济管理出版社 2000 年版。

2. 邢以群:《管珵学》(第 2 版),杭州:浙江大学出版社 2006 年版。

3. 杨文士、张雁:《管理学》,北京:中国人民大学出版社 1994 年版。

4. 张玉利:《管理学》(第 2 版),天津:南开大学出版社 2004 年版。

5. 王凤彬、李东:《管理学》(第 4 版),北京:中国人民大学出版社 2011 年版。

6. 周三多、陈传明、鲁明泓:《管理学:原理与方法》(第 4 版),上海:复旦大学出版社 2008 年版。

7. 芮明杰:《管理学:现代的观点》(第 2 版),上海:上海人民出版社 2005 年版。

8. 张德:《现代管理学》,北京:清华大学出版社 2007 年版。

9. 〔美〕彼得·圣吉:《第五项修炼——学习型组织的艺术与实务》(第 2 版),郭进隆译,上海:上海三联书店 1998 年版。

10. 〔美〕斯蒂芬·P.罗宾斯、玛丽·库尔特:《管理学》(第 7 版),孙健敏等译,北京:中国人民大学出版社 2004 年版。

11. 〔美〕罗伯特·N.卢西尔:《管理学基础:概念、应用与技能提高》(第 2 版),高俊山、戴淑芬译,北京:北京大学出版社 2007 年版。

12. 〔美〕加雷斯·琼斯、珍妮弗·乔治:《当代管理学》(第 3 版),郑风田、赵淑芳译,北京:人民邮电出版社 2005 年版。

13. 〔美〕里基·W.格里芬:《管理学》(第 8 版),刘伟译,北京:中国市场出版社 2006 年版。

14. Luis R. Gomez-Mejia, David B. Balkin, Robert L. Cardy, *Management*: *people*, *performance*, *change*, McGraw-hill/Irwin, 2006.

15. Stephen P. Robbins, David A Decenzo, *Fundamentals of Management*(Fifth Edition), Prentice-Hall, 2005.

教辅申请说明

　　北京大学出版社本着"教材优先、学术为本"的出版宗旨，竭诚为广大高等院校师生服务。为更有针对性地提供服务，请您按照以下步骤通过**微信**提交教辅申请，我们会在 1~2 个工作日内将配套教辅资料发送到您的邮箱。

◎扫描下方二维码，或直接微信搜索公众号"北京大学经管书苑"，进行关注；

◎点击菜单栏"在线申请"—"教辅申请"，出现如右下界面：

◎将表格上的信息填写准确、完整后，点击提交；

◎信息核对无误后，教辅资源会及时发送给您；
如果填写有问题，工作人员会同您联系。

温馨提示：如果您不使用微信，则可以通过以下联系方式（任选其一），将您的姓名、院校、邮箱及教材使用信息反馈给我们，工作人员会同您进一步联系。

教辅申请表
1. 您的姓名： *
2. 学校名称 *
3. 院系名称 *
··· ···
感谢您的关注，我们会在核对信息后在 1~2 个工作日内将教辅资源发送给您。
提交

联系方式：

北京大学出版社经济与管理图书事业部
通信地址：北京市海淀区成府路 205 号，100871
电子邮箱：em@pup.cn
电　　话：010-62767312 /62757146
微　　信：北京大学经管书苑（**pupembook**）
网　　址：www.pup.cn